U0961058

丰台区丰台第一小学

殷楠校长

丰台区丰台第一小学建于1963年，是一所办学规模较大，在市区具有一定影响的公办小学，现有一校三址，共78个教学班，198名教师，2903名学生。

学校以学生全面发展为本，确立了“培育具有中国情怀国际视野的小公民，为学生幸福人生奠基”的培养目标，紧紧围绕“主动参与、学会尊重、勇担责任”的核心价值理念开展公民教育，不断探索公民教育的方法与途径，以满足学生的发展需求；依据特色发展规划，以课题研究为抓手，以校本教研为平台，与大学和科研部门建立友好联系，开展“互动课堂”“创建优秀班集体，培育合格小公民”“教育国际化项目研究”等活动，进一步转变教师教育观念，提升整体育人水平，在融合创新中发展学校的办学特色；围绕公民教育的核心价值追求，倾力打造特色课程，引导学生在体验中形成正确的公民意识。

学校曾先后获得“全国文明单位”“全国名优学校”“首都文明单位标兵”“北京市教育科研先进校”“丰台区中小学全面实施素质教育先进校”“丰台区师德先进集体”“丰台区德育管理先进校和教学管理先进校”等多项荣誉称号。

学校管乐团成立20周年专场音乐会

师生赴加拿大米申教育局游学交流

宋更君老师执教公民教育课程

开展“互动课堂”教学研究活动

丰台区丰台第五小学

李磊校长

丰台区丰台第五小学创建于1951年，是丰台区最早建立的完全小学之一。学校位于丰台区政治、经济中心地带，紧邻丰台区政府、高科技园区。现学校一校四址，200余名教职工及73个教学班的3000多名学生在这所历史悠久、文化氛围浓郁的学校中工作、学习、生活。

学校明确提出"幸福教育"主张，确立以内涵发展为重点，打造学校的"幸福文化"。以"精彩天地、幸福摇篮"为办学总目标，把"共创幸福"作为学校的办学理念和核心价值观。学校把课堂作为开展"幸福教育"的重要途径，从自主高效的课堂教学、特色多元的课程建设、个性多样的实践活动、卓越优异的艺术教育等方面落实学校特色发展，为师生的成长着上幸福的底色。

"幸福教育既是一种教育理想，更是一种教育实践。"学校的理想是让所有的师生成为幸福的人，追求的是努力把追求幸福的过程也变得幸福。

第二届北京阅读季青少年快乐阅读风采展示活动

《卢沟谣》荣获"唱响中国"歌曲比赛十大金曲

我上学啦——留下成长的印记

李磊校长做办学实践研讨会报告

丰台区大红门第一小学

马丽丽校长

丰台区大红门第一小学位于天安门南五公里，与共和国同生，是一所具有优秀传统文化的学校。学校秉承“营造和谐氛围，凝聚群体智慧，促进学校健康发展”的办学理念，在“勤奋、健美、文明、求实”校风的倡导下，努力营造“教书育人、管理育人、服务育人、环境育人”的良好氛围。近些年，学校参与了丰台区“比较阅读”“整体阅读——课内拓展阅读”的实践研究。在课题研究的引领下，老师们潜心钻研，以课堂教学为阵地，以提高学生能力为目标，着力打造高效课堂，在和谐的课堂氛围中师生共同成长进步。

学校全体教师团结一心，充满智慧地开展工作。畅想明天，我们心中充盈着无限的希望。相信在全校师生的共同努力下，大红门一小一定能够拥有更加灿烂辉煌的明天！

和谐团队——共创辉煌

快乐吟诵——扎根语用

丰台区角门小学

张会军校长

丰台区角门小学始建于1991年，坐落于幽静的角门东里小区内。学校秉承“和谐、智慧、发展”的办学思想，以制度约束与人文管理相结合，着眼于学校发展、教师发展和学生发展。

学校努力为学生营造宽松、和谐的受教育氛围，力求让每个孩子的品德树起来，责任立起来，生活乐起来，学业亮起来，最大限度地为孩子的幸福人生奠基。

学校努力为教师的专业化发展提供平台，创造机会。近年来，学校积极开展丰富、有效的校本教研活动，已逐步形成了“互动研修，共享共进，凝聚智慧”的研训氛围。

角门小学很小很小，其貌不扬，其名淡淡；角门小学很大很大，心胸博大，志向远大。我们希望“让每一个孩子在角门小学生活得快乐、自信”，我们追求“让每一位教师在角门小学享受到教师职业的幸福”！

学校大门

我们的课堂

全校教师合影

学生获奖

丰台区长辛店第七小学

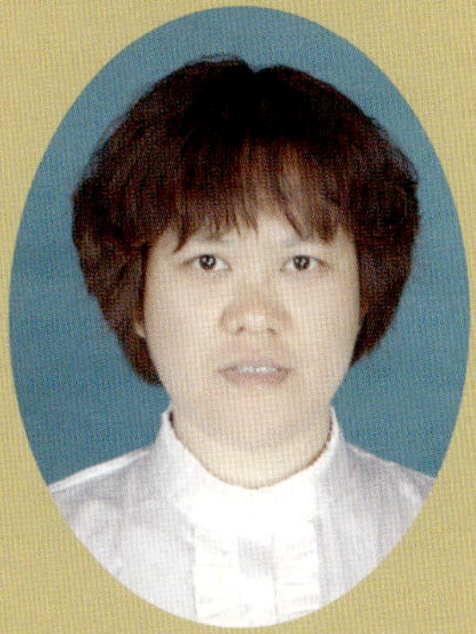

李旭红校长

丰台区长辛店第七小学创建于1963年，有着悠久的办学历史、优良的文化底蕴和较为先进的办学理念。学校现有学生645人，教职工45人，市区骨干8人，教学新秀2人。经过多年的磨砺，学校稳步发展，办学业绩骄人，在当地具有较高影响力。

追求有效教学，构建高效课堂，是学校每个教师的永恒追求。近年来，学校大力推进课程改革，通过自主合作、研训一体的多样化教研方式，不断更新教师观念，逐渐探索并形成“一主三思一提升”的课堂教学模式。我校语文教学以“比较阅读”课题为龙头，以写景状物类文章和名家经典为切入点，在阅读、写作、口语交际方面开展了卓有成效的研究，拓展了丰富多彩的语文学习载体，积淀了师生丰厚的语文素养，朴实、精巧、和谐、开放的教学风格已成为我校鲜明的学科教学特色。

研读教材

导师带教

课题研讨

教学研讨

北京小学丰台万年花城分校

北京小学丰台万年花城分校坐落于丰台万年花城社区，2009 年 9 月建校，是丰台区引进的优质教育资源。

学校在传承北京小学本校“主体教育”的基础上，提出了“自主教育”的办学理念，以“让孩子拥有自主的人生”为核心价值观，以“创建一所具有国际视野、民族内涵，富有儿童特点，体现科学文明，适合学生自主发展的品牌学校”为办学目标，努力造就自主发展的人。

在办学实践中，学校着力于推进学科教学的改革，以“自主学习”为目标，以“小组合作学习”为推进方式，以“课型”为保障，以“增值性评价”为引导，丰富学生的学习方式，营造民主氛围，让学生成为课堂的主人，构建“自主、高效”课堂。

刘显洋校长

刘校长参加习作课题研究

家长大讲堂活动——退休爷爷讲授种植课，带领孩子们在春季播种

北京小学教育集团教学交流研讨活动

于春祥专家来校指导

北京市京源学校小学部

李晓军校长

北京市京源学校小学部始建于1998年，坐落在石景山区东部鲁谷社区。学校现有22个教学班，学生近600人。学校教师队伍结构优化，业务精良，市区级骨干教师占26%，硕士学历的教师占15%。

学校秉承“为孩子终身发展、一生幸福而工作”的核心理念，始终坚持实施小班化教育，致力于培养“全人”，使学生成为身心健康、全面发展的“现代中华少年”。学校弘扬国学，美育人格，重视科技和艺术教育，倾心打造区域现代精品校。学生舞蹈、合唱在北京市中小学生艺术节比赛中多次荣获一等奖。

学校被评为“全国青少年行为习惯养成教育基地”“北京市礼仪示范校”“北京市课改实验校”“北京市绿色校园”“北京市平安校园示范校”“北京市足球传统校”“石景山区人民满意学校”。

石景山区六一小学

石景山区六一小学始建于 1961 年，毗邻风景秀丽的八大处公园，处于天然“绿色氧吧”之中，享有国家教育部授予的“全国绿色学校”之殊荣。学校占地面积 23800 多平方米，拥有两座教学楼，一座逸夫多功能综合楼，一座可容纳 400 名学生的宿舍楼，还有学生、教师食堂，南、北操场，健身乐园，轮滑训练场，等等。

在五十余年的办学历程中，学校始终以“文化引领内涵发展、课程实现育人目标”为办学思路，以“六年为一生奠基”为办学目标，锤炼了一支高素质的师资队伍，构建了一系列丰富立体的“六一课程”，打造了灵动高效的课堂，形成了社会认可、家长满意的学校品质。

王京兰校长

规范化建设工程展示

精品录课室

石景山区实验小学

石景山区实验小学建于 1988 年，原名八角三小，1990 年更名为实验小学，2003 年与科技艺术实验学校合并，2007 年成为北京市首批规范化建设示范校。现一校两址，有 35 个教学班，1300 多名学生，100 余名教职员工。

叶艳校长

学校秉承“尊重、合作、和谐、发展”的办学理念，提出“高起点规划、高品位提升、高质量教学、高效益发展”的办学思路，从 1998 年起先后与日本、韩国、德国、瓦努阿图等国的学校建立友好往来，通过国际交流推动学校多元发展。近年来，学校在“尊重生命、尊重差异、尊重规律”理念引领下，形成了“扬长”的教育特色。

经过 25 载的不懈努力，学校以科学的管理、和谐的环境、优质的教育赢得了社会的认可，成为石景山区窗口示范校。

科学课上探究声音的传播

语文课上感悟语言魅力

面塑之《西游记》人物

收集雨水浇灌植物

石景山区外语实验小学

石景山区外语实验小学位于石景山黄南苑小区内，2002年正式招收学生，现有六个年级，12个教学班，360名学生。

建校之初，学校就着力打造小型精品学校，走“学生成长需要的，就是我们要做的”办学道路。学校把尊重教育作为教育理念，以“全面健康发展，凸显人文素养；培养国际视野，彰显英语特长”为育人目标，致力于推进孩子终生发展的综合素质教育。经过十余年的探索，外语实验小学的教职员工精心创建精致学校，把“校本课程做精彩、学生教育做精巧、校园生活做精细”作为三个维度，努力建设充满生命活力的校园文化。现在，学校在英语教学、学生综合实践能力培养上取得了显著成效。

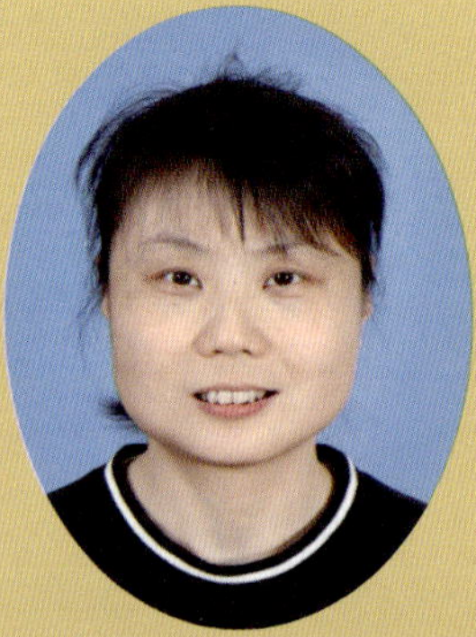

刘世彬校长

万圣节

阳光下成长

走进抗日战争博物馆

石景山区古城第二小学

王英校长

石景山区古城第二小学，始建于1965年，被北京市政府命名为“中秘友谊小学”，2011年加盟北京古城教育集团。学校现有42个教学班，1565名学生，百名教职工，主校区位于石景山区古城南路，低年级部位于古城地铁家园小区，拥有四座教学楼，一座专业教学楼，设有计算机、音乐、美术、书法、自然、劳动等专业教室。

学校继承建校40多年的优良传统，融汇可持续发展教育的理论，确立“以人为本、健康发展”的办学思想，提出“我健康、我快乐、我成长”的宣传口号，形成了人文、健康、快乐、发展的绿色教育办学特色。学校实施名师工程，推出“阳光行动计划”，通过五个名师工作室（“文学驿站”“数学沙龙”“艺海泛舟”“阳光团队”“心灵小屋”）的建立，打造了一支优秀的教师队伍。

区运动会上表演团体操

红五月歌咏比赛

骨干教师到手拉手学校

相聚

门头沟区大峪第一小学

高瑞红校长

门头沟区大峪第一小学始建于1914年，是一所近百年的老校。现有正式教学班27个，学前班4个，在校学生1236人。在岗职工88人，一线教师76人，市级骨干教师7人，区级骨干教师21人，区级以上骨干教师占一线教师的36.8%。

学校在“以人为本，面向全体，全面发展，办有特色”的办学理念指导下，努力创建书香校园特色。学校的特色建设坚持“与教师发展相统一、与学生发展相统一、与学校内涵发展相统一”的原则，以打造“队伍特色、教学特色、德育特色”为路径，逐步实现“为学生的终身发展和教师的可持续性专业发展奠基”的书香校园建设目标，促进学校走内涵发展之路。

校园风貌

召开北京市课程建设研讨会

市骨干引领高效课堂研究

中华美食校本课程

门头沟区大峪第二小学

高海英校长

门头沟区大峪第二小学始建于1954年，迄今已有近60年的历史。多年来，学校坚持在继承中发展，在发展中创新，提出了“为学生的全面可持续发展奠基”的办学理念。在这一理念的引领下，学校以学习型学校建设为依托，培养可持续发展的干部教师队伍；以课题引领改革，推动各项工作的创新与发展。为了促进学生的全面可持续发展，学校注重学生综合素质的培养和价值观教育。

教师和学生的发展促进了学校发展。学校各项工作走在了全区乃至全市的前列，近三年先后获得三十余项国家级，市、区级集体荣誉。

学校操场

承办市级课题研讨会

科技博览会——环保时装秀

美术研究课

门头沟区育园小学

侯勇校长

门头沟区育园小学建校于1987年，位于区中心地带，占地面积11020平方米，现有教学班28个，学生1139人，教职工98人，是一所教学设施先进、教学环境优雅的区内窗口校。

从2006年开始，学校提出“以立志教育为核心构建学校整体文化”的办学思路，创建立志教育文化特色学校，形成了名人文化、团队文化和课程文化：打造以立志教育为主体的校园环境，校园内建名人墙，楼道内布置名人挂牌、名人班牌；进行办公室和教研组两个团队建设，办公室提出团队目标，进行团队展示，教研组进行三级课程研究；打造国家课程、地方课程、校本课程，特别开设了“学名人”校本课程，引领学生学名人、读名著、背名言。

学校校园

名人墙浮雕

高效课堂开题论证

学生在上竖笛课

北京第二实验小学永定分校

北京第二实验小学永定分校原名门头沟区永定中心小学，2006年3月，在市发改委、市教委名校办分校政策指引下，成为北京第二实验小学永定分校。2010年10月，学校迁入新址。

宋茂盛校长

学校提出“爱为源，人为本”的办学理念，以英语校本课程为突破口，开发了特色英语、人文素养、艺术素养、科技素养、体育素养五大门类的多元教育校本课程体系，打造“多元、自主、开放、发展”的课程文化。

学校积极推进管理、教师、学生、家长、课堂、课程、校园七大文化建设，提出教师培养的“翔云”计划和学生培养的“育鹰”行动计划，践行“爱为源，人为本”的办学理念。

《让好习惯为成长奠基》开学典礼

外教课堂

北京第二实验小学永定分校

房山区良乡第二小学

蔡建华校长

房山区良乡第二小学位于房山区区政府所在地，是一所有着30年建校史的区直属小学。

学校以“和谐发展，追求卓越”为办学思想，以“小学六年教育夯实学生一生做人基础”为办学宗旨，努力打造“体验教育”的办学特色。学校聚焦课堂，多年来一直致力于促进课堂教学“活”与“动”的研究，把“构建‘活’与‘动’的高效课堂，体验学习的快乐”作为学校教学特色。学校成立了各学科研究工作室，重点开展对课堂教学各个环节的研究，探索有效的教学方法，逐步构建“活”与“动”的教学模式。在“活”与“动”的研究中，教师在幸福地教中体验从教的幸福，学生在快乐地学习中体验学习的快乐。

学校办学特色日益显现，先后获得“北京市课程建设先进校”“北京市教育科研先进学校”等荣誉。

活与动的高效课堂

语文校本教研课例研讨活动

赵亚涛老师在北京市第八届语文教学评优中获得一等奖

学科工作室课堂教学模式研讨会

房山区良乡第三小学

王生校长

房山区良乡第三小学位于良乡西潞园小区，是房山区教委直属小学，现任校长兼党支部书记王生。

学校秉承“以质量创品牌，以服务求发展”的办学理念，努力打造“服务教育”的办学特色。以课程建设和两个专家工作室为抓手，为教师的发展搭建平台，培养出一批优秀青年教师。他们在北京市基本功大赛和北京市青年教师阅读大赛中取得佳绩，以周生利为代表的骨干教师队伍不断壮大。

学校以提高教学质量为中心，以全程评价为载体，聚焦课堂，研究课堂，评价课堂，坚持“专家指导、骨干引路”的原则，构建以尊重为核心，以互动为载体，以师生可持续发展为目标的“服务型课堂”，为学生的终身学习与发展奠基。

2013年4月10日良乡第三小学周生利语文工作室启动仪式

2012年6月1日良乡第三小学举办“弘扬北京精神第二届读书节”活动

房山区琉璃河中心小学

李庆华校长

房山区琉璃河中心小学始建于1905年，位于首都北京的南大门，下辖4所完小，现有42个教学班，学生940人，教职工107人。其中区校级骨干教师15人。

学校以“让师生享受阳光一样灿烂的教育”为办学理念，以“面向全体，均衡发展”为办学特色，以“四个面向”为办学目标，在“八个统一”管理思想的指引下，形成了“三yuè（悦、阅、越）”校园文化。学校在全员育人、校本研究、跨校上课、完小均衡发展等领域取得了突出成绩，办学质量得到社会广泛的认可。

近三年来，学校先后获得“全国科研先进实验校”“北京市校本教研先进集体”“北京市信息化先进集体”等荣誉27项，连续18年获得房山区综合质量评价一等奖，连续7年被评为“房山区人民满意标兵学校”。

教学研讨活动

市区骨干手拉手共建有效新课堂活动现场

房山区良乡行宫园学校

房山区良乡行宫园学校是房山区教委第一所直属九年一贯制学校。现有学生1389人，班级43个，教职工140人，北京市骨干教师4人，区级骨干教师22人，区级骨干班主任5人。

许春利校长

学校始终秉承“夯实基础，和谐发展”的办学理念，树立九年一贯制的整体管理体制和人本主义管理理念，引领人文校园和数字校园建设，促进小学、中学教育协调发展，在九年一贯制学校整体管理、中小衔接、队伍建设、艺术教育等方面取得了可喜成绩。

学校先后获得“北京市绿色学校”“北京市基础教育课程改革先进学校”“北京市健康促进学校”“北京市文明礼仪示范学校”“北京市艺术特色学校”等国家级、市级荣誉，受到了市人大、市基教研中心、区委区政府、区教委等各级领导的肯定及家长的一致好评。

市区学科联动走进行宫园学校

一年一度的师德表彰

燕山向阳小学

魏惠萍校长

燕山向阳小学是北京市关怀教育特色学校。“让每一位教师教有所成，让每一个孩子学有所得，让师生健康快乐地成长”是学校的发展目标。“让每一个教师将各种不同的才能带入同一所学校，让每一个孩子将各种不同的才能带入同一间教室，让不同的教室成为培养孩子不同兴趣爱好的孵化器”是学校的教学理念。为了促进师生成长，学校成立了研修团队，营造了“共享智慧团队共赢”的研究氛围。

学校先后获得“全国校园文化建设优秀学校金奖”“北京市创建学习型学校先进单位”“北京市‘十一五’科研先进单位”“北京市教育科研先进学校”“北京市基础教育课程教材改革实验先进单位”“北京基础教育校本课程建设优秀学校”等诸多荣誉。

分享教学智慧

分享阅读乐趣

YUWEN KECHENG GAIGE FAZHAN YU CHUANGXIN

语文课程改革发展与创新

BEIJING SHI XIAOXUE BAISUO MINGXIAO
YOUXIU JIAOXUE SHEJI JI LUNWEN JICUI

北京市小学百所名校
优秀教学设计及论文集萃

第四卷

北京市教育学会小学语文教学研究会 组编

主　　编：李春旺　张立军
编　　委：（按姓氏笔画排序）
门海英　马　妍　王秀琴　孔凡艳　石丽君
齐孝源　闫　勇　李　萍　李春旺　李新会
杨伟宁　杨红兵　吴焕海　宋燕晖　张　立
张立军　陈延军　郑秀红　赵方红　祖阿芳
袁红娥　高振宝　曹文军　常祖新　蒋杰英
程淑芬
执行编委：齐孝源

语文出版社
·北京·

图书在版编目（CIP）数据

北京市小学百所名校优秀教学设计及论文集萃. 第四卷 / 李春旺，张立军主编 ; 北京市教育学会小学语文教学研究会组编. -- 北京 : 语文出版社，2013.7
（语文课程改革发展与创新）
ISBN 978-7-80241-815-8

Ⅰ. ①北… Ⅱ. ①李… ②张… ③北… Ⅲ. ①小学语文课－教学设计－文集 Ⅳ. ①G623.202-53

中国版本图书馆CIP数据核字(2013)第152463号

责任编辑	张双亭
装帧设计	刘姗姗
出　　版	语文出版社
地　　址	北京市东城区朝阳门内南小街51号　100010
电子信箱	ywcbsywp@163.com
排　　版	河北华尚制版有限责任公司
印刷装订	北京市兆成印刷有限责任公司
发　　行	语文出版社　新华书店经销
规　　格	787mm×1092mm
开　　本	1/16
印　　张	27
字　　数	455千字
插　　页	10
版　　次	2013年8月第1版
印　　次	2013年8月第1次印刷
印　　数	1-5,300
定　　价	58.00元

010-65253954（咨询）010-65251033（购书）010-65250075（印装质量）

目 录

序

在课程改革进行十多年之后，在第29个教师节即将到来之时，由北京市小语会组织编写的《语文课程改革发展与创新——北京市小学百所名校优秀教学设计及论文集萃》面世了。这是对北京市语文课改的回顾与总结，是送给广大教师的节日礼物。

这套语文教学图书有以下几个特色。

一、规模较大。全书共六卷。入选教学设计394篇，教学论文180篇，可谓“鸿篇巨制”。它和北京市出版的同类书相比，不敢说“绝后”，但称得上“空前”。

二、作者众多。全书作者近600位，主要是百所名校的语文教师。这百所名校，凭借其教学水平、教研能力，的的确确在影响和引领着北京市的小学语文教学。我还欣喜地发现，教学设计的作者，不仅有教师，还有教学干部、教研员；教学论文的作者中，校长、主任、教研员则更多。学校领导、各级教研员“下水”，进行教学设计，撰写教学论文，一方面能起到示范、引领作用，另一方面能促使自己深入课堂，熟悉教情、学情，使自己的指导、引领，更有的放矢，更让人心悦诚服。

三、涵盖面广。教学设计，除了识字课、阅读课、习作课、口语交际课以外，还有比较阅读课、专题总结课、阅读整本书导读课、儿童诗赏析与创作课等，课型比较丰富。教学论文，更是应有尽有，精彩纷呈。有关于教学层面的，包括识字写字、阅读、习作、口语交际、综合性学习等方面。单单阅读，面就比较宽。在众多研讨讲读教学的论文之外，一些论文还把研究的触角伸到略读课文教学以及比较阅读、课内拓展阅读、课外阅读、海量阅读、文学作品欣赏等方面。关于方法、策略指导层面的论文，占了较大的比重，如学习习惯培养、质疑能力开发、学案导学研究、思维导图应用、文言文学习方法、班级读书会流程、信息技术运用、建构基于语言文字运用的教学等。此外，在教学研究、课题研究等方面，也有一些论文入选。

四、质量很高。在394篇教学设计中，有一些是各级研究课、评优课的设计，其中不光浸透了设计者的汗水，也凝聚了指导者的心血。有些教学设计经过反复推敲、试教、锤炼，堪称“经典”。180篇教学论文，绝大多数基于教学中的问题，曰“立地”；大多数能从理论高度、“课标”要求阐述，曰“顶天”，既有理论深度，又有针对性和普适性，广大教师学得来，用得上。还有些论文视角独特，案例典型，有很强的启发和引领作用。

北京是首善之区，教育强市，有非常好的小学语文教学、教研的基础，新中国成立以来，涌现了一批批语文名师、大家。这六卷本的《北京市小学百所名校优秀教学设计及论文集萃》，见证了自第八次基础教育课程改革以来，北京市语文教学改革的发展与创新，见证了一大批优秀教师、校长、教研员在专业上的迅速成长。衷心希望北京市的小学语文教学改革，进一步加强顶层设计，开展一些整体性、区域性的改革实验；进一步加强低年级识字、写字教学研究，加强在语文教学和日常生活中落实语言文字运用能力培养的研究；进一步加强让课外阅读进课程、进课堂、进评价，以促进学生语文素养的研究。在已有的基础上，使北京市的小学语文教学更上一层楼，继续在全国起到引领和辐射作用，使北京市的教师和学生，更快乐、更幸福地教语文、学语文，为广大小学生的语文人生奠基。

崔　峦

2013年6月

唯一的听众

（第二课时）

王淑昆（朝阳区芳草地国际学校远洋小学）

一、教学目标

1. 仔细阅读文章，通过品读不同情况下老教授对“我”说的几段话，想象人物心理活动，体会老人给予“我”在学琴历程中的帮助，以及“我”对她的敬佩、感激之情。

2. 有感情地朗读课文，感受作者坚持不懈的奋斗精神。

二、教学重点

了解课文内容，知道老教授是一位能给予他人真诚无私帮助的慈祥可敬的老人，体会作者对老教授的感激与敬佩的思想感情。

三、教学难点

体会老教授给予他人真诚无私的帮助。

四、教学过程

（一）创设情境，初探老人。

教师创设情境导入课题。（配乐：小提琴曲）

小提琴曲是多么美妙动听，可是能演奏出这样美妙的音乐要付出多少艰辛，经历多少磨难！而一个别人认为是音乐白痴的人却能在舞台上成功地演奏，每当这时我总会想起谁呢？这位听众可不是一般的听众，她是音乐学院最德高望重的教授。就是在她的帮助下最终成就了这样一个人。让我们继续品味故事中的人和事。

【设计意图】上课之初，我将多媒体的运用融入课堂，创设了美好的情境，调动了学生的情感，拉近了学生与课文的距离，使学生融入课文的意境之中。

（二）直奔重点，抓住变化。

1. 生联系前后文画出“我”的变化。

2. 师生对比读书，理顺“我”的变化。

这时老师概括引读第一～第七自然段中“我”的表现，并出示第八自然段，学生一句句对比读。

以前我不敢在家里练琴，现在——

以前我总是拉出折磨人的锯床腿的声音，现在——

以前我总是坐在木椅上练琴，现在——

以前我喜欢到山上的小树林里静静地拉琴，现在——

以前父亲和妹妹总是捂着耳朵不听我拉琴，现在——

以前老人总是说：“真不错，我的心已经感受到了。”现在——

以前我总觉得老人是个可怜的聋子，现在——

以前老人总是很平静地望着我，现在——

【设计意图】这部分设计我抓住了“变”这个中心词，以第七自然段为基点，进行与前文的对比学习。抓住文章的线索，简化教学程序，达到了同样的教学效果，并且突出了重点。同时学生在与教师对比读的过程中，强化了对“我”变化的认识，初步体会作者对老教授的感激与敬佩的思想感情。

3. 思考：我为什么会有这样大的变化？画出其中的重点词语，批注出我变化过程的心理、行动描写以及老人动作神态的描写。

4. 交流汇报。

（1）我变化的心理和行动。

又开始练琴、站得直、累得酸痛、汗水湿透、尽心尽力。

（2）描写老人。

带给快乐和幸福的感受；悄悄打着节奏；平静地望，像深深的潭水。

（3）从中你发现了什么？重点交流“……”在这里省略的是什么。

这里蕴含着老人的鼓励、赞扬、期待以及我的自信、勇气、毅力等。

【设计意图】运用变序的教学手法，让学生迅速找到文章中能“牵一发而动全身”的问题，并通过品析重点段中的重点词语悟出老教授的品格，以及我变化的根本原因，达到高屋建瓴、纲举目张之效。

5. 学生再次有感情地朗读第七自然段，加入自己的理解，在读中表达作者的情感和变化。

【设计意图】感知语言的精彩，感知语言的含义和语言背后的深意，感受语言的魅力，都是通过“读”来进行的。这里，学生读出了语感，读出了真诚。有感而读，及时地评价，使语文教学的丰富性尽在其中。

（三）解开秘密，聚焦老人

1. 过渡：我的进步，让专修音乐的妹妹大吃一惊，她断定我得到了名师的指点。当我告诉她，那个人是一个聋子时，一语“荒唐”，让我如梦方醒。老人的身份发生了巨变。如果是你，此时你会看到什么？听到什么？又想到什么？结合教授的语言、动作、神态，推想老教授的内心想法。

2. 交流。

（1）我的耳边仿佛听到：（预设学生读）

“是我打搅了你吗，小伙子？不过，我每天早晨都在这儿坐一会儿。”

“我想你一定拉得非常好，可惜我的耳朵聋了。如果不介意我在场，请继续吧。”

“也许我会用心去感受这音乐。我能做你的听众吗，每天早晨？”

（2）我的眼睛仿佛又看到：（预设学生读）

只看见老人微笑着靠在木椅上，手指悄悄打着节奏。

她慈祥的眼睛平静地望着我，像深深的潭水……

（3）此时的我仿佛又想到：（预设学生说）

老人装聋是为了 a. 安慰我，明白初学者最需要的是什么。

b. 保护我，自称自己是聋子。

c. 陪伴我，让我觉得自己不再孤单。

d. 鼓励我，教我坚持练琴。

e. 肯定我，认为我拉得有进步。

【设计意图】当作者知道了秘密之后百感交集，一幕幕又回到了眼前，据此安排了回读环节以及探究环节，并将以上两个环节巧妙地结合，深化了认识。通过再读描写老人语言神态的语句，一位慈祥善良的老人形象出现在我们面前，一位用心良苦的老人出现在我们面前，激发了学生对老人的崇敬之情。

（四）抒发真情，以写代读

1. 表达真情：饱含着对老教授的感激之情，第二天，当我再次出现在老人面前时，我会解开秘密，说出这份感动吗？课文只写了“……”。请你把第二天树林里的这一幕写下来。

2. 听众评价此时的内心感受。

3. 又出示原文中的这一段内容，对比本文中的“……”，思考这样安排的好处。（耐人寻味、想象、丰富、更有阅读的乐趣。）

【设计意图】“阅读是学生个性化的行为”，不同的人因为各自的“文化语境”和“阅读期待”不同，会产生千差万别的感受。大家的智慧相互碰撞，会对作者写作的意图有更深一层的理解，人物的形象在读者心中也将更加丰满。

4. 出示文章的结尾“……”，请你根据作者的发展变化过程以及自己的收获把自己的感受写下来。

【设计意图】设计这样的练笔，旨在为学生创造语文实践的机会，拓展学生的创造性思维，让学生在理解文本的基础上，内化文本，超越文本，重塑文本，同时，也进一步巩固培养学生学会感恩、学会自强的美好情感。

（四）布置作业与延伸

1. 将自己的收获读给同桌听。

2. 将这个故事讲给家长听。

附：板书设计

我	唯一的听众	老教授
	安慰	
自卑	保护	自信
	陪伴	
失败	鼓励	成功
	肯定	

古诗二首

（一课时）

张　征（海淀区中关村第一小学）

一、教学目标

1. 初步了解古诗大意，在学习中由浅入深理解诗句意思。

2. 有感情地朗读背诵，体会《别董大》中高适对朋友的劝慰、鼓励和《送元二使安西》中王维对朋友的依依不舍之情。

3. 在比较中了解两首古诗的异同。

二、教学重点

在对比学习中品悟诗境、感悟诗人情感，多角度、个性化地朗读。

三、教学难点

引导学生准确深刻地体会文字背后的丰富情感，在比较中感悟。

四、教学策略

“以读为本”与多种方法有机结合。

五、教学过程

（一）导入新课，渗透方法

1. 今天我们来讲两首古诗，请同学们齐读课题。透过题目发现了什么？

2. 通过前测我看到同学们都会背诵甚至默写这两首诗，哪位同学能背一背？

【设计意图】背时注意读准字音、把握节奏，由浅入深。

3. 这节课你希望从哪几方面学习这两首送别诗？

【设计意图】梳理学习古诗的方法，使学生的思维更有条理。

（二）自主学习，进入诗境

1. 自学古诗，了解大意。

【设计意图】六年级学生已经掌握了多种学习古诗的方法，可以充分给学生自学的空间，让学生自主学习。

2. 全班交流，悟情入境。

《别董大》。

（1）透过诗意，感受悲壮之景。

“黄云、白日、北风、雁、雪”这几种景物串起来勾画出了一幅怎样的画面？这就是景语，景中传递出的语言。把你的感受带入诗中，自己读一读，读出自己的感觉。自由读、指导读。

（2）透过壮景，感受别情之“愁”。

此景别董大，诗中哪个字写出了别时的心情？这是怎样的愁？难道这别“愁”仅仅只是来自眼前这凄凉的景吗？

【设计意图】深刻体会“愁”，学生由字面意思到诗中人物情感，理解层层深入。

学生介绍背景资料。

董大姓董，名叫董庭兰。姓董，在家排行老大，所以叫董大。他擅长弹古琴，是一名音乐家。董大要离开长安是因为这里盛行胡乐，高适此时的境遇与他一样，非常地落魄，两个人一个不得志，一个知音难觅，所以惺惺相惜，此时分别，别有一番愁苦之情。

【设计意图】深刻体会“曛”，渗透古诗中借景抒情、情景交融的写法，体会诗歌的魅力。

（3）跳出愁苦，感受别情之“豪”。

景的凄凉，前途的渺茫，人生的困惑，怎一个“愁”字了得！此刻应是挥泪告别，应是借酒消愁。然而，高适却写下这样的诗句——莫愁前路无知己，天下谁人不识君！

生交流诗意。

诗人以自己的豪情抹去了朋友的愁情。

（全班练读）

读出自己的理解，教师相机指导朗读。

两位挚友面对面，高适语重心长地劝慰好友。

望着好友的背影，高适放声豪迈地鼓励好友。

好友的身影模糊，高适心里默默地与好友共勉。

【设计意图】学生想象当时的情景，读出自己独特的感受。

是啊，荒凉的塞漠正因为有了英雄的襟怀才变得壮美动人，读出你的真情，读出你的豪放。

（生齐读）

《送元二使安西》。

（1）想象画面，体味景之美。

描述一下你所看到的画面——

引入柳的意象。

你知道在古典诗词中还有哪些意象？

这么多意象都是借眼前景抒心中真情的。

这青青杨柳中蕴含的是诗人依依难舍的真情，再读这句诗。

【设计意图】意象的引入既有利于学生深刻理解古诗的字字珠玑，又有利于学生积累文化常识。

（2）引入资料感受“送”之情。

a. 从地点的变化中感受惜别之情。

生结合资料谈（渭城、阳关、安西）大约有3000多公里。横穿了大半个中国。

读出惜别中遥远的祝愿。

b. 对比感受此时的渭城杨柳青青，街市繁华，而塞外荒漠，孤身漂泊，前途渺茫，生读：

“劝君更尽一杯酒，西出阳关无故人”——

玉门关是一个春风不度的地方，而安西更加荒凉，读——

c. 从时间上思考惜别之情。

当年张骞出使西域13年，苏武出使西域19年，班超出使西域30年，元二此行又要去多久？再读。

d. 品死别。

引入资料：这是一首送别诗，更是一首诀别诗啊！史料记载：诗人在送走友人后不满六年（于761年）便真的与世长辞了！这渭城一别竟成了永别！

让我们共同背诵这首诗，铭记这段以酒相送的千古佳话吧！（全班读诗）

【设计意图】 四次的资料引入使学生层层深入理解诗人依依不舍的情感。

（3）配乐朗读，读出不舍与哀婉。

（三）比较异同，读中感悟

这两首诗都写与好友分别，有哪些异同？请同学们默读，思考，再回答。

预设。相同之处：①都是唐代诗人。（朝代）

②都是写送别朋友的诗。（内容）

③都表达了朋友之间的真挚友情。（情感）

④都是先写景再抒情。（写法）

不同之处：（时间、地点、送别方式）描写的景色和所抒发的情感不同。回读两首古诗，读出不同。

（四）比较朗读，展现诗境

男女生分读，读出不同。

（五）了解诗人，深层比较

同样是离别，王维写出的这凄美的离别之诗与诗人的人生经历有关。（生介绍，师补充）

王维，字摩诘，科举成名，少年得志。“山水田园诗派”的代表人物。对自然美具有敏锐独特而细致入微的感受，他的诗，诗画一体，写景，色彩鲜明而优美，动静结合，尤善于细致地表现自然界的光色和音响变化。诗中常体现佛教及禅学思想，被称为“诗佛”。

高适，幼年丧父，深知世路的艰辛。靠自己的苦学，直到49岁时，方才科考成功。安史之乱时曾领兵平叛，晚年封侯。生活的磨难、边塞的军旅生涯以及自我奋斗的过程，练就了他顽强拼搏的毅力、自强不息的精神、昂扬向上的人生态度和豁达大度的性格。

不同的人生阅历和性格形成了诗人不同的诗风。

（六）拓展延伸，加强积累

送别诗资料。（生背诵，师补充）

洛阳亲友如相问，一片冰心在玉壶。——王昌龄《芙蓉楼送辛渐》

孤帆远影碧空尽，唯见长江天际流。——李白《送孟浩然之广陵》

谁见汀洲上，相思愁白苹。——刘长卿《饯别王十一南游》

（七）总结提升，布置作业

选择你喜欢的完成：

1. 用自己的话描写诗中的意境，完成一篇短文。
2. 用借景抒情的方法写一首小诗送给母校或老师、同学。
3. 为《别董大》配一首音乐并说说理由。

附：板书设计

	别董大	送元二使安西	意象（柳、月……）
景	曛	浥	诗言志
情	鼓励	不舍	诗无达诂
	豪放	哀婉	

祖父的园子

（第二课时）

赵红波（海淀区中关村第一小学）

一、教学目标设计

1. 通顺、流利、有感情地朗读课文，了解文章的主要内容。

2. 培养学生的朗读、批注、想象能力，感悟语言，体会情感。

3. 体会作者对童年生活和祖父的怀念之情，感受作者对“爱与幸福”的无限向往。

二、教学重点

通过多种形式的语言实践活动学习感受“我”与祖父在园中自由幸福的生活。

三、教学难点

体会作者对祖父的怀念之情和对“爱与幸福”的无限向往。

四、教学策略

“以读为本”与多种形式的语言实践活动有机结合。

五、教学过程

（一）回顾导入，初识作者

这是作家萧红，她在病痛中完成了生命中最后一部作品《呼兰河传》。今天我们学习的文章就选自这部小说。在书中她回忆在呼兰河小镇度过的童年时光。一生中最美好的一段记忆这样开始。指名读补充资料：“呼兰河这小城里边住着我的祖父。我生的时候，祖父已经六十多了，我长到四五岁，祖父就快七十了。我家有一个大花园……”让我们和萧红一起回到童年，回到这“祖父的园子”。（齐读课题）

（二）整体感知，初识园子

1. 浏览课文，回忆园子的特点。

2. 文中哪个自然段直接写出了园子的新鲜漂亮？（回忆第一节内容）

3. 明确本节课学习目标：在这漂亮的园子里我和祖父的生活是怎样的呢？上节课我们梳理了“我”和祖父生活的几个画面，这节课我们就透过这一段段文字，一个个画面来感受文字背后的浓浓的情感。

【设计意图】回顾前一节课的学习内容，明确本节课的教学目标。

（三）园中生活，感受幸福

1. 定格画面，感受爱：默读文章第四~第十五节，思考我与祖父在园中生活的哪个画面给你印象最深刻，进行批注。

2. 学生交流，小组内交流。

3. 感受爱与幸福。

交流分享：

预设：“我”和祖父铲地。（第六~第十二自然段）

策略：

（1）观察文字特点，小组内分角色朗读。

（2）师生配合读：（师读旁白，男生读祖父，女生读萧红）想一想你们感受到什么。

（3）角色采访，体会祖父对萧红的疼爱。

（4）配乐整体回读，体会祖父的爱。

过渡：有了祖父的宠爱我更加调皮，通过哪个画面可以感受到？

【设计意图】本组人物对话生动有趣，充分体现出祖父对儿时萧红的宠爱，让学生在分角色朗读和角色体验中感受人物内心情感。帮助学生在读中体会，将朗读训练和体会文字有机地融合。

预设：“我”和祖父浇菜。（第十四、第十五自然段）

策略：

(1) 学生自由读与指名读相结合，老师重点指导“大喊着”，引导学生读出快乐，读出自由。

(2) 表演读：我们都拿起水瓢，师：祖父浇菜……学生接读“下雨啰！下雨啰！”此时的我是怎样的？（快乐的、开心的、自由的）

(3) 想象补白：这雨落到了哪儿呢？（地里、菜上、自己的头上，还落到了祖父的身上）想象祖父会怎样。（慈祥地看着我、笑着看着我）会说些什么。（你这个小淘气）也许祖父什么都不说，什么都不做，只是慈祥地看着我。是啊，祖父就是这样呵护着、宠爱着我，让我整日过着无忧无虑、快乐无比的生活。在园中我还和祖父一起做些什么？

【设计意图】本环节将文章的内容进行适当拓展，让孩子对文章内容进行补白。想象泼出去的水会落到哪儿，祖父会怎么说、怎么做。从中更加深入体会到祖父对萧红的疼爱及儿时的萧红在祖父的爱中快乐与幸福地生活。

预设3：“我”和祖父形影不离（第四自然段）

策略：

(1) 读完这部分文字，你们发现什么？（我和祖父一刻不离）

引读：祖父戴一顶大草帽，（生接读：我戴一顶小草帽）；祖父栽花，（生接读：我就栽花）；祖父拔草，（生接读：我就拔草）补充：祖父修枝，（生接读：我就修枝）总之祖父（做什么），我就（做什么）。针对学生课堂生成的回答老师进行适度引导，创设我与祖父一起的温馨气氛。

(2) 我跟在祖父后面像什么？（小跟屁虫）从中我们感受到了作者对祖父的（依恋）。

这就是我与祖父在园中的快乐生活，这正像作者在原文中所写：就这样一天一天的，祖父，后园，我，这三样是一样也不可缺少的了。

【设计意图】设计时恰当地引用原著中的文字，帮助学生体会萧红和祖父在园中的生活是快乐与幸福的，感受到她和祖父互相依赖、难以割舍的亲情。

预设4：拥有爱，享受自由。（第十七自然段）

策略：

(1) 自读自悟，联系词句表达感受园中的“自由”。

(2) 学生谈理解，老师引读：在这园中花开了，（女生接读：就像睡醒了似的。）

鸟飞了，（男生接读：就像在天上逛似的。）

虫子叫了，（部分学生接读：就像虫子在说话似的。）

一切都活了，要做什么，就做什么。（全体接读：要怎么样，就怎么样，都是自由的。）

（3）在我眼中这园中还有什么也是自由的呢？学生想象，补充内容：蟋蟀愿意（　　）就（　　）；蜜蜂愿意（　　）就（　　）；我愿意（　　）就（　　）。

4. 想象补白，再现画面。

配乐：在这充满爱与幸福的家园中，我忘却一切烦恼。看着那蓝悠悠的天，那从祖父头上飘过的白白的云，听着那虫儿鸟儿的窃窃低语，我渐渐地，渐渐地进入了梦乡。让我们轻轻闭上眼睛，在梦中你仿佛看到什么？听到什么？（学生想象补白）

5. 配乐朗读，整体回顾。

6. 梳理板书：正是因为祖父的爱让“我”感到快乐与自由，所以“我”眼中的一切都是光明、自由的，这园子才是充满生机与活力的。

【设计意图】轻柔的音乐声中，老师用诗般的语言为学生创设温馨的情境，启发引导学生展开想象，为学生创设适当的语言实践活动。培养学生运用语言的能力，同时也帮助学生更加深刻地体会出这园中生活的快乐与幸福。

（四）痛失祖父，伤心怀念

1. 资料引入，体会痛失祖父的伤感。

然而美好的时光总是短暂的。萧红长大成人离开了家乡、离开了祖父。当求学在外的萧红得知祖父病重的消息后万分悲痛。她曾在文章中这样写道：

祖父睡着的时候，我就躺在他的旁边哭，好像祖父离开我死去似的，一面哭着一面抬头看他凹陷的嘴唇，我若死掉祖父，就死掉我一生最重要的一个人，好像他死了就把人间一切“爱”和“温暖”带得空空虚虚。我的心被丝线扎住或铁丝绞住了。

2. 追忆温馨画面：重点语句再次复现，随着老师的结束语依次消失。

【设计意图】为了帮助学生体会萧红对祖父的深厚情感，选取了萧红回忆祖父的一段文字。在老师的有感情朗读和精心设计的结束语中，那些记录着“我”和祖父幸福生活的重点语句依次消失在演示文稿中，让学生更加深入地体会萧红失去祖父后的悲痛心情。从而感受到萧红和祖父间的深厚情感，突破了学习的难点。

（四）布置作业与延伸

1. 抄写积累文中精彩词句。（学生自选）
2. 有感情地朗读文章重点段落。（学生自选）
3. 推荐阅读《呼兰河传》。

附：板书设计（略）

卖火柴的小女孩
（第二课时）

孔雪春（海淀区中关村第三小学）

一、教学目标

1. 有感情地朗读课文，把握课文内容，关注课文中人物的命运，深入体会作者的思想感情。

2. 了解作者虚实结合的表达方法，关注环境描写、人物外貌描写等写法，体会这样表达的效果。

3. 通过阅读童话，使学生走近安徒生，感受经典的魅力。

二、教学重点

有感情地朗读课文，把握课文内容，关注课文中人物的命运，深入体会作者的思想感情。

三、教学难点

了解作者虚实结合的表达方法，关注环境描写、人物外貌描写等写法，体会这样表达的效果。

四、教学策略

自主探究，读中感悟。

五、教学过程

（一）整体回顾，走近文本

说说这是一个怎样的小女孩。（板书：可怜）

为什么这篇童话故事如此打动人心呢？这是研读的核心问题，在这节课上我将重点带领学生一起去探究、发现这篇童话成为经典的秘密。

（二）深入文本，走近女孩

1. 抓现实处境，感受可怜。

默读课文，思考：课文中哪些描写最打动你的心，让你感受到小女孩可怜？找出相关语句，做简单批注。

重点品读：

（1）“一整天，一根火柴、一个硬币”，学生谈谈听后的感受。

联系起来读，加深认识，进一步体会小女孩缺少关爱，感受当时社会的冷漠。

（2）在交流中，学生会逐步发现作者从以下几个方面描写让我们感受到小女孩的可怜，我帮学生及时梳理、归类。

a. 冷：哆哆嗦嗦、红一块青一块。

b. 饿：烤鹅（反衬）一整天。

c. 冷漠：小男孩捡、跑；马车冲、吓；没有一个人买一根。

d. 缺少爱：不敢回家、爸爸打他。

e. 特定环境：大年夜、天黑、冷、下着雪。

【设计意图】阅读是学生个性化行为，因此我顺学而导，以学定教，尊重学生的体验思考，这一环节的设计避免了烦琐的、逐段逐句的分析，通过对内容的整合，引导学生在入情入境的朗读中加深体验，在对感动点的梳理中发展思维。

2. 抓虚实结合，体会悲惨。

（1）默读第五～第十自然段，探究五次擦燃火柴在表达上的共性，感悟“虚实结合”的写法。

【设计意图】小女孩五次擦燃火柴，产生五次幻象，这是这篇文章的重点。“虚实结合”的写法和它产生的文学效果是学生在读这篇文章时没有深度揣摩的，因此我通过“自主探究”的学习方式突破这一教学重点和难点。

（2）师生对读体会精妙。（以第一次划燃火柴的内容为例）老师读现实描写，学生读美好幻象。

（3）删改对比体会精妙。（去掉美好的幻想，让学生对比读，体会虚实结合的表达效果）

（4）小组合作，以点带面。（自主探究学习后四次划燃火柴的部分）

【设计意图】充分体现以点带面的教学方法以及以学生为主体的教学理念。

（5）探究不同。

（幻想的内容、需求不同）

用换一换的方式，感受作者的独具匠心。

【设计意图】这一环节的设计旨在帮助学生体会作者在组材上是有顺序的，符合人的心理需求的五个层次，是合情合理的。

对比切入不同：找到过渡句，体会女孩的情感变化。

【设计意图】知道虚实结合的写作方法，不是这段教学的最终着眼点，让学生通过朗读真切感受这样的描写方法与效果之间的关系，这才是学习的重点。

（三）品味结尾，走近作者

1. 用两个“幸福”回看上文，感悟两个幸福的两层含义。

2. 拓展《海的女儿》《丑小鸭》的结尾，感受安徒生童话结尾的妙处。

3. 回扣核心问题：为什么写得如此生动感人？

（1）虚实结合；（2）特定环境的刻画；（3）布局谋篇前后关联；（4）生活背景经历。（补充资料）

【设计意图】通过体会两个幸福，在引领学生感受作者情感的同时，品味安徒生式“以喜写悲”的结尾效果。

（四）读法指导，走近名著

1. 读法指导。

2. 拓展阅读。

【设计意图】通过阅读方法指导，激发学生阅读名著的兴趣，引导学生多角度品味经典，培养学生面对挫折困难的积极、乐观的人生态度。

附：板书设计（略）

献你一束花

（第二课时）

肖　辉（中国人民大学附属小学）

一、教学目标

1. 学会正确对待挫折和失败，正确对待失败者。

2. 体会插叙的作用，理解机场女服务员向失败者献花的原因。

3. 有感情地朗读课文，积累“让失败属于过去，胜利才属于未来”等名言。

二、教学重点

体会插叙的作用，结合课文内容理解机场女服务员向失败者献花的原因。

三、教学难点

学会正确对待挫折和失败，正确对待失败者。

四、教学策略

“以读为本”与多种方法有机结合。

五、教学过程

（一）谈话导入，引动思考

1. 指名读课题，运用“题目扩展法”回忆课文的主要内容。

2. 围绕“献花”这一事件，课文第一自然段出现了这样一句话，自由读。

出示：鲜花，理应呈送给凯旋的英雄，难道献给黯淡无光的失败者？

3. 你们从这句话中体会到了什么？指导学生个性化朗读。

【设计意图】人们常说“胜者为王”，歌颂的自然是成功者，然而冯骥才在这篇文章中却满怀深情地来礼赞失败者，这是文章特殊的地方。我们与文本对话时，就是一个二度创造，不是仅去理解作者在写什么，还要了解怎么写，为什么这么写。同样，学生和文本对话的时候，他们也想到了老师的问题：鲜花为什么要献给失败者？这是学生思维的一个点，本课一开始就关注学生思维，首先想到学生看到这篇课文，和文本对话时，他们可能会想到什么。

（二）自读感悟，探究明理

1. 感受空前热烈的献花场景。

（1）文中哪部分描写了鲜花献给凯旋的英雄？自由地读一读。

（2）凯旋的运动员回国时，迎接他的是一个怎样的场面？指名回答，并指导朗读。

（3）老师小结：两年前，女运动员夺冠归来，迎接她的是鲜花、掌声、闪光灯，多么风光，多么荣耀！引导学生齐读：回国时→雪亮的闪光。

（4）鲜花，为什么理所应当呈送给凯旋的英雄？指名回答。

（5）这个场面描写的是两年前运动员凯旋时的情景，这里运用的是什么叙述方法？

【设计意图】当我们了解了作者的写作意图时，把它带入课堂，那就是预设与生成的结合。在教材的处理上，冯骥才的文本又有一个学生的思维点，那就是插叙。本课是北师大版教材第二次出现插叙，第一次出现插叙的概念。为什么要用插叙？她获得成功回到机场受到热烈欢迎的场面为什么要写？这样写有什么好处？课程标准在学段目标中指出要在阅读中了解文章的表达顺序，也就是文章的文路。此处采用变序法中的切入教学法，抓住首尾段，一下子就引入重点段，课堂上紧紧抓住学生的思维，不仅解决了为什么要献给失败者，而且使学生明白了文章的文路，把插叙介绍给学生。

2. 感受女服务员献花的感人场景。

（1）两年后的今天，同样在机场大厅，当女运动员失败归来时，她的动作和心情又是怎样的？请你轻声读一读文中的有关描写，并画一画有关词句。

（2）指名读，交流感受。

（3）再读第一自然段：鲜花，理应呈送给凯旋的英雄，难道献给黯淡无光的失败者？

（4）默读课文第六~第十一自然段，服务员说的哪些话最让你感动，请你画一画，再读读。

a. 学生交流感动的语句。

b. 老师相机点拨。

（a）捕捉“特意”这个词语，谈体会。

（b）“不，你同样用尽汗水和力量。”结合体会有感情地朗读。

（c）“谁都不能避免失败。我想，失败和胜利对于你同样重要。让失败属于过去，胜利才属于未来。”先交流，带着感受个性朗读。

c. 采用多种形式进行朗读。

（a）同桌合作读；分男、女生读。

（b）老师引读：此时此刻，已不需要更多的言语，她听了这话，重新抬起头来，只见女服务员……（配乐指名读）

（c）师生合作读。

d. 文中这些富含哲理的话语，可以成为激励我们前进的格言。你还积累了哪些格言？

（三）感悟写法，拓展延伸

1. 再读课题，从这个“献”字中你又读懂了什么？

老师小结：我们现在更清楚地了解到本篇叙事散文是以写人记事为主，其目的都是为了借“事”明“理”。

2. 本文第二、第三、第五自然段一直到课文的第十一自然段，都是按照事情的发展顺序写下来的，第四自然段却是插叙两年前发生的事情，它的作用是什么呢？

3. 出示：鲜花，理应呈送给凯旋的英雄，（　　　）要献给黯淡无光的失败者。请你在这个句子中填上一个词语，把现在的体会告诉大家。

4. 指名读结尾段，体会作用。

5. 这样引人深思而又有力的结尾，不仅在本文出现过，在冯骥才的很多散文中也出现过。出示《挑山工》《花的勇气》《珍珠鸟》等文章的结尾，体会特点。

【设计意图】本文是一篇叙事明理的散文，作者冯骥才的写法怎么不一样呢？把阅读与习作结合在一起，凡是明理的文章何止是首尾呼应，把哲理点破，让学生学一学，将来写一件事怎么把理点出来，这就是智慧。本课结尾处在“辞”的处理上是别具匠心的。

（四）作业超市，自由选择

1. 给善思考的你：巩固字词、积累句段、点评人物、感悟写法、亲师互动……（自行设计语文作业）

2. 给爱阅读的你：冯骥才《花的勇气》《珍珠鸟》。

附：板书设计

事 —献你一束花→ 理

鲜花　　　　尊重

法

插叙

信　　任

（第二课时）

王立娟（中国人民大学附属小学）

一、教学目标

1. 通过不同形式不同层次的读，感悟“人与人之间信任与被信任的喜悦”，感受桃园主人的真诚。

2. 抓住文中对小猫、纸条等语句的描写，初步领悟侧面描写在文章中的作用。

3. 读写结合，以书写感言的形式深刻感悟信任的内涵，培养学生运用语言的能力。

二、教学重点

1. 通过不同形式、不同层次的读，感受“人与人之间信任与被信任的喜悦”，感受桃园主人的真诚。

2. 抓住文中对小猫、纸条等语句的描写，初步领悟侧面描写在文章中的作用。

三、教学难点

读写结合，以书写感言的形式深刻感悟信任的内涵，培养学生运用语言的能力。

四、教学策略

本课教学通过品词析句、情境体验、口语交际、读写结合等教学方法引导学生重体验悟信任、创情境感真诚，在语文实践中学语文、用语文。

五、教学过程

（一）复习词语，整体感知

1. 听写与桃园有关的词语，重点反馈易错字。（丰实、根深叶茂、沁人心脾、馋涎欲滴）

2. 浏览课文，理清文章结构，板书采摘路线图。

教师借助文本中描写桃园的词语板书“桃园”，并引导学生浏览课文回顾：课文是按着“初入桃园、桃园采摘、桃园付款、离开桃园”的采摘顺序连段成篇的。教师随机板书采摘路线图。

3. 引出重点句。

借助问题“在桃园，我们得到了什么”引出重点句，齐读：

“在那儿，我们得到的是人与人之间信任和被信任的喜悦。”

【设计意图】关注易错字“涎”，做到正确书写，落实课标要求。遵循高年级阅读教学年段特点，从整体入手，关注篇章结构。从学生感受出发，直奔中心。

（二）品读课文，感悟信任

默读课文，思考：你能从文章中哪些地方感受到“人与人之间信任与被信任的喜悦”？

画出相关语句，并做批注。

交流汇报，顺学而导。

1. 初到桃园，感受信任中的真情。预设学生发言：从纸条中感受到信任。（板书：纸条）

教学策略一：三读纸条，品词析句悟信任。

一读，抓“尽管”，对比读中悟信任。

出示句子，去掉“尽管”，对比原文体会：想怎么采就怎么采，随便之中可见信任、真诚。

二读，抓“朋友”，变序读中悟信任。

出示课件：变换“朋友”“欢迎您”的语序，从“朋友”这个称呼中突显桃园主人的亲切、热情。

三读，抓动词，比较读中见信任。

预设：学生会关注纸条中“压”这个动词。于是，教师请学生换和“压”相近的词语，并放到句中进行比较。学生可能会换成“贴”“放”等词语，在比较中悟出用“压”这个词语更能够表现出主人的周到与真诚。

教学策略二：三次引读，创设情境悟真情。

师：一张小小的纸条，一个不经意的动作，却让我们感受到主人的信任——

生：朋友，欢迎您！每篮桃子五元钱，尽管自己采，然后把钱放在箱子里。祝您愉快！

师：一张小小的纸条，一个“尽管”，却让我们感受到主人的真诚——

生：朋友，欢迎您！每篮桃子五元钱，尽管自己采，然后把钱放在箱子里。祝您愉快！

师：一张小小的纸条，一个“朋友”的称呼，却让我们感受到主人的真情——

生：朋友，欢迎您！每篮桃子五元钱，尽管自己采，然后把钱放在箱子里。祝您愉快！

师生对话：采摘人，看到这样的留言，你的心情是？（预设：高兴、舒服）

齐读重点句：在那儿，我们得到的是人与人之间信任和被信任的喜悦。

【设计意图】 抓住纸条这一细节，对学生进行语言文字训练，并采用不同形式的读，引导学生体会主人的真诚，达到语文学科工具性和人文性的统一。

2. 走进桃园，感受信任中的欢愉。

预设学生发言：从采摘中感受信任。

（1）创设情境，角色体验。

在学生自由读第五自然段的基础上，教师出示桃园图片，配乐渲染：让我们带着主人的信任，钻进果林，飞奔树下，尽情采摘吧！总以为摘到一个最好的，却发现还有更红、更大的，于是，再采再摘，你是什么心情？（学生可能会说：兴奋、满足、惬意……）

（2）多元理解，个性朗读。

为什么会这样“欢愉”？（桃子长得好、自由采摘乐、主人信任美）学生个性朗读，感受自己欢愉的心情。

齐读重点句——在那儿，我们得到的是人与人之间信任和被信任的喜悦。

【设计意图】本环节通过创设情境激发学生的情感，以读代讲，在角色体验中感受信任。

3. 离开桃园，传递信任中的真诚。（板书：钱箱）

预设学生发言：从大花猫看钱箱中感受信任，从“我们”为他人指路中感受信任。此处，引导学生两人一组，在口语交际中深化主旨。

课件：主人不担心________________，因为________________；

我们会________________，因为________________。

预设：

学生可能理解不到我们会传递信任。此时，教师引导学生再读第七、第八自然段，自然明白我们还会给路人指路，因为我们回馈桃园主人对我们的信任，因为我们要把信任传递给他人。教师相机出示宋代程颐的名言：“以诚感人者，人亦诚而应。”

教师总结：信任与被信任本身是相互的，这真诚更是可以传递下去的。（板书：被信任）

再次回读重点句：在那儿，我们得到的是人与人之间信任和被信任的喜悦。

【设计意图】创设语言运用的情境，角色体验，引导学生在口语交际的过程中，深入文本，深刻感悟信任的含义，感受真诚。

4. 回望桃园，珍视信任中的情感

（1）变文本语言为诗歌，配乐诵读。

就要离开桃园，回望桃园，你有怎样的感受？请你读出来。

出示课件：

汽车慢慢朝来路驶去。
我不禁回头，
久久地注视着
那片果林，
那间小屋，
那张木桌和那道木栅栏
——一个朴实而又真诚的地方。
在那儿，
我们得到的是

人与人之间信任和被信任的喜悦。

（2）读写结合，评价提升。

在舒缓的音乐声中，学生完全沉浸在桃园主人创设的信任与被信任的喜悦与幸福中。此时让学生联系生活实际，在感言卡上用一两句话写出自己对信任的理解和感受。可以运用形象的比喻，可以展开大胆的联想……

在展示交流中，教师要从内容、写法、主旨方面进行点拨，并适时总结升华：信任和被信任是心与心的交融，人与人之间的和谐美好来源于彼此的真诚。（板书：真诚）

【设计意图】诗化文本，为学生动笔实践做好情感铺垫，以读促写，深化学生对文章主旨的理解，升华情感。

（三）回顾全文，领悟写法

1. 借助板书，引发思考：信任本是人与人之间美好的情感，而桃园主人一直没有出现，却写了（猫、狗），这是为什么呀？（板书：侧面描写）

2. 回读全文，体会作用。（侧面描写能够更好地烘托人物品质，更能体现信任）

（四）布置作业，拓展延伸

1. 写一个你最熟悉的人物片段，尝试用侧面描写的方法表现人物性格、品质。

2. 推荐阅读冯骥才的《珍珠鸟》。

附：板书设计（略）

圆明园的毁灭
（第一课时）

贾　宁（北京大学附属小学）

一、教学目标

1. 认识“珑、剔、莱、瑶、宏、烬”六个认读字和“杭、损、皇”等十四个生字；理解并积累“举世闻名、皇家园林、金碧辉煌、玲珑剔透、诗情画意、奇珍异宝、一片灰烬、不可估量”等四字词语。

2. 了解文章的表达顺序，初步领悟文章反衬的表达方法，明晰各段间的联系。

3. 有感情地朗读课文，了解昔日圆明园的辉煌和毁灭的过程，感受民族精神和爱国热情。

4. 学习整理搜集到的有关资料，并在语文学习中加以运用。

二、教学重点

1. 根据阅读的需要从课文中提取关键性信息，并联系重点内容的构建感知昔日圆明园的辉煌。

2. 学习整理搜集到的有关资料，并在语文学习中加以运用。

三、教学难点

学习整理搜集到的有关资料，并在语文学习中加以运用。

四、教学准备

（一）学生的准备

1. 熟读课文。

2. 搜集圆明园的相关资料。

（二）教师的准备

1. 阅读圆明园的相关资料。

2. 多媒体课件。

五、教学过程

（一）起势：导入新课

在中国近代文化史上，有两件事让咱们中国人特别心痛。一件是敦煌的蒙难，还有一件，便是这圆明园的毁灭。

（二）承接：初读文本，理清顺序与结构

1. 初读课文，了解文章写作顺序，明晰各段间的联系。

自读提示：轻声读课文。注意读准字音，想想每个自然段讲了什么。

2. 根据学生对自然段内容的认知进行整理，梳理出基本结构。

（三）聚焦：感悟文本，激活语言与情感

1. 感悟昔日圆明园带来的震撼与自豪。

（1）自读自悟，联系词句表达看辉煌。

提出自学要求：

默读第二~第四自然段，看看昔日的圆明园给你留下了怎样的印象。圈画出相应的四字词语，并想一想，从中感受到了什么，做简单批注。

（2）交流分享，联系结构安排看辉煌。

第二自然段：

重点感受圆明园是举世闻名的皇家园林。

第三自然段：

重点感受圆明园是园林艺术的瑰宝、建筑艺术的精华。

a. 学生初谈感受。

b. 老师相机点拨。

（a）师生合作读，感受风格迥异之美。

圆明园中，有金碧辉煌的殿堂，也有玲珑剔透的亭台楼阁；有象征着热闹街市的“买卖街”，也有象征着田园风光的山乡村野。

（b）生生对比读，感受风格迥异之美。

园中许多景物都是仿照各地名胜建造的，如，海宁的安澜园，苏州的狮子林，杭州西湖的平湖秋月、雷峰夕照；还有很多景物是根据古代诗人的诗情画意建造的，如，蓬莱瑶台，武陵春色。园中不仅有民族建筑，还有西洋景观。

（c）师生整合读，感受集大成之美。

圆明园中——

圆明园中——

圆明园中——

这大大小小、古今中外、虚幻现实的景观，就融在这一座圆明园中！

c. 形成联想朗读。

漫步园内，有如漫游在天南海北，饱览着中外风景名胜。流连其间，仿佛置身在幻想的境界里。

第四自然段：

重点感受圆明园是当时世界上最大的博物馆和艺术馆。

（3）资料拓展，结合语言运用看辉煌。

你还可以怎样描述昔日圆明园的辉煌？试着写一写。大家可以充分运用搜集的资料和平日读书的积累。

2. 感悟圆明园的毁灭带来的沉痛与反思。

（1）视频引入，拨动文字背后的情感。

（2）自由朗读，抒发文字包蕴的情感。

1860年10月6日，英法联军侵入北京，闯进圆明园。他们把园内凡是能拿走的东西，统统掠走；拿不动的，就用大车或牲口搬运；实在运不走的，就任意破坏、毁掉。为了销毁罪证，10月18日和19日，三千多名侵略者奉命在园内放火。大火连烧三天，烟云笼罩了整个北京城。我国这一园林艺术的瑰宝、建筑艺术的精华，就这样化成了一片灰烬。

（3）整合前后内容读，延伸文字的情感。

3. 揭示辉煌与毁灭的关系，解决课后问题。

课文题目明明是圆明园的毁灭，为什么用这么多笔墨写昔日的辉煌呢？

（四）收合：布置作业与延伸

1. 抄写本课生字新词。

2. 对比课文和你所搜集的资料，写下你对圆明园的补充描述。

附：板书设计（略）

（曾获全国第九届青年教师阅读观摩特等奖）

冬阳·童年·骆驼队

（第一课时）

徐　征（北京大学附属小学）

一、教学目标

1. 正确、流利、有感情地朗读课文。

2. 结合课文重点文字感受童年的美好，体会作者怀念童年的思想感情，并揣摩这种情感是怎样表达出来的。

3. 激发学生的阅读兴趣，拓展相关的阅读空间。

二、教学重点

品赏朗读、感悟语言、体会真情。

三、教学难点

领悟作者围绕有关“骆驼队”的回忆来表现童年生活的表达方法。体会写法。

四、教学过程

（一）审视题目，初步感受画面

1. 同学们，今天这节课，咱们一起学习第6课，来，齐读课题。

2. 读了这个题目，你想到了什么？（三方面：内容、主旨、命题形式）

过渡：这两个间隔号把三种不同的事物编织在一起，充满了诗情画意，让我们产生很多遐想。

（二）初读课文，整体感知文意

这节课，就让我们跟随作者林海音的回忆，去感受她的童年往事吧！

1. 自由读读课文：想一想作者写了童年生活中的哪几件事。

板书：学咀嚼、谈驼铃、想剪毛、问去向。

2. 这四件事，都与什么有关？都和骆驼有关。课文围绕着骆驼，写了这样的四件事。

（三）细读语言，回味童年，揣摩情感

是啊，骆驼队来了，停在我家门前，这骆驼给文中的大人们带来了什么？给童年的我带来的又是什么呢？

1. 浏览课文，自由思考：

骆驼给大人们带来了什么？拉煤、干活、挣钱、生存、生活……骆驼给童年时的我又带来了什么呢？快乐、回忆、新鲜、情趣、新奇……

质疑：你们说是回忆，是乐趣，可是作者却这样写道："冬阳底下学骆驼咀嚼的傻事，我也不会再做了。"

（1）指名读。

（2）点红"傻事"，（板书：傻。）真是一件傻事吗？我们一起看看。

【设计意图】 进入高年级之后，学生已经具备了一定的自学能力，教师应当给学生静心读书的时间，让学生批画文字，写出自己的理解，培养学生的自学能力。

2. 重点品读学咀嚼，体会童年的乐趣。

我站在骆驼的面前，看它们咀嚼的样子：那样丑的脸，那样长的牙，那样安静的态度。它们咀嚼的时候，上牙和下牙交错地磨来磨去，大鼻孔里冒着热气，白沫子沾在胡须上。我看呆了，自己的牙齿也动起来。

（1）指名读，顺势指导"嚼"的读音。

（2）自由读这件事，思考作者说是一件傻事，傻在哪儿呢？

我看呆了，自己的牙齿也跟着动起来。

换词体会"呆"的意思，带着理解读句子。

（3）过渡：作者第一次看见骆驼时也就五岁，只有这么高（指着腰部），当高大的骆驼蜷曲着跪在地上咀嚼的时候，小作者正好直视着骆驼的大脸，她看到了什么呀，让她都看呆了？

a. "那样丑的脸，那样长的牙，那样安静的态度。"

抓住三个“那样”，多层次读句子，感受骆驼的特点，体会小作者的仔细观察。

b. “它们咀嚼的时候，上牙和下牙交错地磨来磨去……”

（4）视频补充。谈感受，回读课文。

（5）资料引入，看金鱼片断：

我把鼻子顶着金鱼缸向里看，金鱼一边游一边嘴巴一张一张地在喝水，我的嘴也不由得一张一张地在学鱼喝水。有时候金鱼游到我的面前来，隔着一层玻璃，我和鱼鼻子顶牛儿啦！我就这么看着，两腿跪在炕沿上，都麻了。

a. 自由读，谈感受。

b. 再自由读，学咀嚼的段落。

过渡：冬阳下学骆驼咀嚼的小事，对于成年后的我来说是一件“傻”事，可对于童年时的我来说却是一件趣事。

【设计意图】这部分内容在本课为品读的重点段落，这个自然段对于骆驼的描写相当细致，教学中，通过各种形式的朗读，学生感受到作者对骆驼的喜爱之情。但这只是文章教学的第一个层面，重点在于以此为契机，引导学生体会作者看骆驼时好奇的“呆”、专注的“傻”，体会童真童趣。教学时引导学生抓住关键词句，深入理解课文，体会表达效果。通过拓展阅读的方式，体会作者用词的准确、动作描写的传神，感受童年的乐趣。

3. 自学其他三件事情，继续体会童趣。

（1）默读课文，批画文中让自己感觉有趣的句子。

（2）小组内交流。

（3）全班交流：作者童年的乐趣还体现在哪儿呢？

a. 第八自然段：谈驼铃。

谈到驼铃，爸爸想的是什么？狼，是出于安全的角度，而我考虑的呢？是情趣。

关于驼铃的用途，我和爸爸的想法是多么截然不同啊。回读句子。

b. 第十自然段：想剪毛。

图片补充：正在脱毛的骆驼，谈感受，读句子。

它的毛皮一大块一大块地从身上掉下来，垂在肚皮底下。我真想拿把剪刀替它们剪一剪，因为太不整齐了。

指导学生读出小作者真实的想法，体会作者迫切的愿望。

c. 第十一 ~ 第十四自然段：问去向。

分角色朗读。感受妈妈和小作者不同的心情，体会小作者不同于大人的牵挂和诸多问题。

【设计意图】耳边回响驼铃声，骆驼脱毛，追问骆驼队去向，放在一起教学，主要是考虑到这三部分的写作形式都是以人物对话展开，因此，主要的教学手段为分角色朗读。通过朗读让学生们感受到童年时作者的天真可爱。教学时教师有扶有放，对学生理解起来有困难的内容，教师要巧妙设计，帮助学生理解内容。对学生能够完全理解的内容，教师要让学生自己交流、互相补充，把课堂完全还给学生，体现以学生为主体的理念。

4. 回顾童趣，体会心情。

（1）联系趣事，引导写话。

冬阳底下学骆驼咀嚼的傻事，我也不会再做了。

随着时间的流逝，长大以后，她不会再说、不会再想、不会再问的又都是什么呢？请同学们结合前面学习内容填写。

____________________我也不会再说了。

____________________我也不会再想了。

____________________我也不会再问了。

____________________不会再有了。

a. 自由填写。

b. 交流填写内容。

（2）课件出示文中相关句子，配乐，整体回顾全文。

（3）引读句子，体会心情。

夏天过去，秋天过去，冬天又来了，骆驼队又来了，童年却一去不还了。

生谈体会，再读句子。

（4）齐读句子，体会情感。

我是多么想念童年住在北京城南的那些景色和人物啊！

5. 对比感悟，淡淡忧伤，重现童趣。

我默默地想，慢慢地写，又看见冬阳下的骆驼队走过来，又听见缓缓悦耳的驼铃声，童年重临于我的心头。

对比：童年一去不还了。

童年重临于我的心头。

对这两句话，你是怎样理解的？（淡淡的忧伤，童趣重临心头）

（四）拓展延伸，激发阅读兴趣

42 岁的林海音，完成了一部小说——《城南旧事》，书中回忆了她在北京城南充满了天真与好奇、快乐和情趣的童年生活。由此可见，童年，给她留下了难以磨灭的印象。

虽然大家读过《城南旧事》了，但学了这一课，你一定有了新的感受、新的体会。正所谓“好书不厌百回读”，课下，希望同学们再次走进《城南旧事》，你们一定会常读常新，有新的体会和收获的！

附：板书设计（略）

凡　　卡
（第二课时）

王　泓（北京大学附属小学）

一、教学目标

1. 有感情地朗读课文，理解凡卡悲惨的学徒生活，体会他在极度痛苦时强烈地渴望快乐和自由的心情。

2. 揣摩课文对比、反衬等表达方法，领悟其表达效果，更深刻地感受人物命运。

3. 拓展学生的视野，激发其阅读外国文学作品的兴趣。

二、教学重点

1. 了解凡卡悲惨的学徒生活，体会其渴望快乐和自由的心情。

2. 理解文章对比、反衬等表达方法，感受人物命运。

三、教学难点

揣摩课文的表达方法，领悟文章对比、反衬等表达效果，进而更深刻地感受人物命运。

四、教学过程

（一）导入——回顾文章内容

1. 自由读课文，引导学生回顾文章内容。

2. 明确：文章是从作者叙述、书信内容及凡卡回忆三方面穿插起来写的。

（二）浏览——感知内心渴求

浏览课文，了解凡卡的内心渴求，找出文中三处求爷爷带自己回家的语言。

亲爱的爷爷，发发慈悲吧，带我离开这儿回家，回到我们村子里去吧！我再也受不住了！……带我离开这儿吧，要不，我就要死了！……亲爱的爷爷，我再也受不住了，只有死路一条了！……快来吧，亲爱的爷爷，我求您看在基督的面上，带我离开这儿。……亲爱的爷爷，来吧！

1. 自由读三处语言，教师相机点拨，引导学生发现语句反复的特点。

2. 出示契诃夫名言“简洁是天才的姐妹”，让学生发现矛盾、产生疑问：崇尚语言简洁的契诃夫，为什么在此处如此啰唆反复？

3. 引导学生带着疑问走进凡卡的生活。

【设计意图】“反复”这种修辞方法教师并不直截了当地告诉学生，而是让学生在矛盾中发现反复，在阅读中感受反复，在回读中领悟反复，这样设计使学生更加深刻地感受到凡卡对回家的强烈渴望。

（三）细品——关注人物命运

1. 一品学徒生活，感受命运悲惨。

（1）自由读“凡卡写信”部分，寻找刺痛心灵的语句。

（2）小组讨论。

（3）交流汇报。

昨天晚上我挨了一顿打，因为我给他们的小崽子摇摇篮的时候，不知不觉睡着了。……他们叫我睡在过道里，他们的小崽子一哭，我就别想睡觉，只好摇那个摇篮。

a. 引导学生分凡卡“被毒打、吃不饱、睡不好”三个层次来学习。

b. 抓动词“揪、拖、揍”三个动词，体会凡卡学徒生活之悲惨。

c. 比较“戳”与“直戳”的表达程度不同，进一步体会凡卡连狗都不如的生活。

d. 通过“一点儿面包”“稀粥”，对比老板的“大吃大喝”，体会凡卡挨饿的痛苦。

……我原想跑回我们村子去，可是我没有鞋，又怕冷。等我长大了，我会照应您，谁也不敢来欺负您。

a. 抓住在鞋店学徒的凡卡反而“没有鞋穿”的细节，体会其生活之悲惨。

b. 补充资料，体会凡卡连狗都不如的悲惨现实，练习有感情地朗读课文。

莫斯科冬季平均气温只有零下10摄氏度，最低气温达到零下43摄氏度。

（4）指名回读三处语言，感受凡卡对回家的渴望。

2. 二品美好回忆，反衬命运悲惨。

（1）默读描写乡下生活的部分，寻找牵动心灵的语句。圈出词语，写下批注。

（2）汇报交流。

亲爱的爷爷，老爷在圣诞树上挂上糖果的时候，请您摘一颗金胡桃，藏在我的绿匣子里头……爷爷不由得叫起来，“逮住它，逮住它，逮住它！嘿，短尾巴鬼！”

a. 散谈，抓“总是”“也跟着吭吭地咳”“逗笑”“不由得”等词语谈感受。

b. 指导读：对比学徒生活的痛苦，感受生活之快乐。

c. 想象凡卡的心情并有感情地朗读。

天气真好，晴朗，一丝风也没有，干冷干冷的。那是个没有月亮的夜晚，可是整个村子——白房顶啦，烟囱里冒出来的一缕缕的烟啦，披着浓霜一身银白的树木啦，雪堆啦，全看得见。天空撒满了快活地眨着眼的星星，天河显得很清楚，仿佛为了过节，有人拿雪把它擦亮了似的……

a. 指名读，感受乡村生活景色之美丽。

b. 将文字变成诗歌形式，进一步感受乡村生活之美好，配乐朗读。

天气真好，
晴朗，
一丝风也没有，
干冷干冷的。
……

【设计意图】“一切景语皆情语”，文章对乡村的环境描写其实是凡卡内心世界的独白，表达了凡卡想回家的强烈渴求。此处设计旨在通过引领学生鉴赏文学作品中的语言，体会人物情感，从而提升学生的审美力。

（2）引导学生思考：乡村生活真的是幸福生活的天堂吗？

a. 从“爷爷已经65岁，还要给老爷家守夜，只能睡在大厨房里；守夜时要挨冻，砍圣诞树时爷孙俩都要‘冻僵’了”等细节体会到生活的贫困、劳动的繁重，体会乡下生活并不幸福。

b. 指导学生修改批注。

（3）体会乡村生活，反衬现实生活悲惨。

a. 作者为什么要插叙乡村生活的回忆片段？

b 师点拨，引导学生明确：乡村生活虽然困苦，但是相对于城市的学徒生活确实如此地“美好”，从而通过对比，反衬出现实生活更加悲惨。

c. 再次回读三处语言，体会“反复”的表达特点。教师引读，学生分组读，层层递进、升华情感，进一步感悟凡卡对自由的强烈渴求：

凡卡在鞋匠家受尽折磨，极其痛苦，所以他反复向爷爷发出了这样的呼唤：

亲爱的爷爷，发发慈悲吧，带我离开这儿回家，回到我们村子里去吧！我再也受不住了！……带我离开这儿吧，要不，我就要死了！……

凡卡想到家乡的生活如此美好，所以他反复向爷爷发出了这样的乞求：

亲爱的爷爷，我再也受不住了，只有死路一条了！……

尽管家乡的生活如此艰难困苦，凡卡还是反复向爷爷发出了这样的哀求：

快来吧，亲爱的爷爷，我求您看在基督的面上，带我离开这儿。……亲爱的爷爷，来吧！

d. 解答第二环节质疑——正是因为凡卡“想回家”的渴求强烈，所以文章才反复出现这些语句，从而体会“反复”这种修辞方法的效果。

（4）指导学生添加批注：对比、反衬、反复。

【设计意图】王国维《人间词话》中说：以乐景写哀，以哀景写乐，倍增其哀乐。《凡卡》一文以乡下生活并不美好的“美好”反衬城市生活之悲惨，让学生越发感悟到凡卡这个人物的悲剧色彩。

3. 三品甜蜜梦境，再衬命运悲惨。

（1）提出质疑：爷爷能收到信吗？他的心愿能实现吗？

（2）小组讨论。

（3）汇报交流：抓住“信封地址不详、醉醺醺的邮差、在梦中看到爷爷读信”的细节让学生谈感悟，发现这是一封永远无法寄到的信，不由得对故事的结局扼腕叹息，再次感受到凡卡命运的悲惨。

（4）小结：甜蜜的梦“似喜实悲”，这就是经典文学的魅力所在！

（四）对比——领略表达魅力

1. 将《凡卡》和《卖火柴的小女孩》对比读一读，看看从中能体会到些什么。

2. 预设：本文在讲凡卡悲惨遭遇时，将作者叙述、凡卡书信和美好回忆三部分内容穿插起来、互相映衬，这样的表达方式，更加凸显了人物悲惨的命运，为世界文学史又留下了一个经典的人物形象。

（五）表达——抒写个人感悟

这两篇经典作品中的人物形象给我们留下了深刻的印象。请大家写几句话分别赠给两位主人公。

附：板书设计（略）

北京的春节
（第二课时）

马玲玲（北京大学附属小学）

一、教学目标

1. 有感情地朗读课文，了解老北京春节的习俗，感受节日的热闹气氛，理解节日习俗中的民族文明和传统文化。

2. 领略老舍先生语言的特点，揣摩文章的表达顺序，体会详写、略写的好处。

二、教学重点

引领学生随作者的描述，感受老北京过春节的隆重和热闹，领悟民俗文化的丰富内涵。

三、教学难点

作者为突出北京春节的民俗特点所采用的表达方法。

四、教学过程

（一）复习导入，回顾春节，理清文章的表达顺序

1. 齐读课题。（板书：北京的春节）

2. 出示表格。（回忆老舍先生是按什么顺序写的）围绕表格说说照老规矩北京人是怎么过春节的？（板书：时间顺序）

表格如下：

时间	内容
腊月初八	熬腊八粥。 泡腊八蒜。
腊月初九至腊月二十二	预备年货。买吃的、玩的。
腊月二十三	放鞭炮、吃糖。
过了二十三	大扫除，把吃的准备充足。
除夕	除夕真热闹。 做年菜、穿新衣、贴对联、贴年画、灯火通宵、放鞭炮、吃团圆饭、守岁。
正月初一	店铺关门、男人拜年、女人待客、逛庙会。
正月初六	店铺开张。
正月十五	元宵上市，春节的又一个高潮到了。 看花灯、小孩放花炮、吃元宵。 这的确是美好快乐的日子。
正月十九	春节结束。

【设计意图】 回顾上节内容，了解作者写作思路，从而进一步明确文章的表达顺序，做到整体把握课文。引起阅读期待。

（二）品读体味，感受春节，感悟热闹背后的文化内涵

你对文章中描述的春节的哪一部分最感兴趣？

预设：

1. 除夕真热闹。

除夕真热闹。家家赶做年菜，到处是酒肉的香味。男女老少都穿起新衣，门外贴上了红红的对联，屋里贴好了各色的年画。除夕夜家家灯火通宵，不许间断，鞭炮声日夜不绝。在外边做事的人，除非万不得已，必定赶回家来吃团圆饭。这一夜，除了很小的孩子，没有什么人睡觉，都要守岁。

（1）从哪些方面体现“除夕真热闹”？

（2）通过重点词语体会。（家家、赶、到处、香味、男女老少等）

a. 从人们活动的角度来体会。

b. 从“味、色、音”的角度来体会。（板书：除夕热闹）

（3）补充图片，体会“除夕真热闹”（对联、年画、团圆饭），读出此时

的感受。

（4）补充资料，知道中国人除夕夜守岁有两重含义：上年纪的人除夕夜守岁有珍惜光阴的意思；年轻人守岁是为了给父母延寿。

（5）全班合作朗读，读出表达顺序。（总分段式特点）

【设计意图】在这一环节中，除了书本内容的品读外，适时加上生活中的点滴插曲，拓展文本，深化文本，再配以朗读指导，体现语文课开放性、实践性的特点，落实以人为本、以读为本的教学理念。

2. 截然不同的正月初一。

（1）借助词语“截然不同”引导体会。

（2）截然不同在哪？（和除夕作对比）（板书：初一喜庆）

（3）补充资料，了解老北京的春节与众不同的魅力：拜年是中国民间的传统习俗，是人们辞旧迎新、相互表达美好祝愿的一种方式。

3. 正月十五又一个高潮。

利用前面的学习方法，学生自读、自悟。

预设：

（1）体会“灯”的数量、种类多。

a. 通过“处处张灯结彩，整条大街像办喜事；有名的老铺子要挂出几百盏灯来”等具体语句理解灯的数量多。

b. 通过“有的……有的……有的……有的……”“……还有……”体会灯的种类多。

（2）播放视频，渲染气氛，指导朗读，读出此时的感受。（板书：十五美好）

（3）师生接读，读出排比句的气势。

【设计意图】由学生的已知出发，由浅层了解向文本背后挖掘。由热闹场景向热闹背后的文化探究，让学生更清楚地感受到老北京人过春节不仅是隆重、热闹，更重要的是这些民俗风情中蕴含了民族文明和传统美德。

4. 散落在平日的喜庆祥和。

补充图片，理解：腊八、腊月初九至腊月二十二、二十三小年、过了二十三人们的各种活动。

（三）回顾课文，总结写法，拓展延伸

1. 出示表格。深入观察，你又有什么发现？

预设：

（1）按时间顺序有条理地写春节。

（2）段式特点（总分、总分总）。

（3）详略得当。（板书：详略得当）

2. 请你快速阅读课后《过年》，与课文中的相关部分比较一下，看看有什么不同。（也可关注写法）

预设：

（1）详略安排不一样，如：做年饭、吃团圆饭。

（2）感情色彩不一样，第一自然段采用了反话的写法，淋漓尽致地写出了过年的忙碌与热闹，将各种风俗习惯融于其中。

3. 小练笔：用一段话记录自己经历过的春节，表达真实感受。

【设计意图】 小学语文教学强调让学生在得“意”中得“言”，因此本环节结合文本特点，在学生把握全文内容的基础之上体会详略得当的好处。同时“阅读链接”的练习，使学生扩展了节日习俗的信息，也训练了浏览，提高了浏览速度，培养了捕捉有用信息的能力。和课文相关部分比较，学生学习不同写法。引导学生理解语言，感悟语言，习得语言，达到工具性与人文性的统一。

4. 布置作业：节日集锦——除了春节，我国的传统节日及其习俗还有哪些，用自己喜欢的方式把你调查的结果记录下来。

附：板书设计

北京的春节

腊八　　　　喜悦

除夕　　　　热闹

初一　　　　喜庆

十五　　　　美好

时间顺序　　　　详略得当

一夜的工作

（第二课时）

韩彩云（清华大学附属小学）

一、教学目标

1. 独立识字学词。认字四个，写字六个，理解“审阅、咨询、浏览、劳苦、简朴”等词语在课文中的意思。

2. 正确、流利、有感情地朗读课文，从周总理辛勤工作的精神和简朴的生活作风中感受总理伟大的人格，体会作者对他的崇敬、爱戴之情。

3. 领悟本课用纪实性文字和生活中的细节展现人物高尚品质的写法，学会文章“以小见大”的细节描写和对比的写作手法。

4. 学习整理搜集到的有关资料，并在语文学习中加以运用。

二、教学重点

从周总理辛勤工作的精神和简朴的生活作风中感受总理伟大的人格，体会作者对他的崇敬、爱戴之情。

三、教学难点

学会文章“以小见大”的细节描写和对比的写作手法。梳理感情发展的脉络，深刻感受作者所表达的强烈感情。理解最后两段抒情的重要作用。

四、教学策略

“设置情境”“以读为本”与多种方法有机结合。

五、教学过程

（一）起势：导入新课

我们学习过《十里长街送总理》一课，人民爱总理、总理爱人民的感人情景深深地打动着我们，让我们再来看一看十里长街送总理那难忘的一幕吧！（播放十里长街送总理片段视频）看到此情此景，你想说什么？就让我们一起走进周总理的办公室，亲眼看一看总理这一夜的工作。

【设计意图】未成曲调先有情。入情之前先入境。

（二）质疑：自主学习，小组合作

1. 浏览全文，提出不同的问题。小组合作，解决简单问题并梳理核心问题，以备全班交流。自读提示：默读课文，画下最让自己感动的语句，并在旁边简单写出自己的感受。

2. 小组交流：组间交流，推选发言人进行班级交流。

【设计意图】通过小组合作和交流，教会学生合作学习的方法，培养合作意识，体会小组学习的重要性和必要性。带着问题走进课堂，引发思维的碰撞。

（三）聚焦：感悟文本，激发学生的情感，感悟总理人格魅力

1. 感悟总理生活的简朴。

（1）自读自悟，联系重点词句感受总理的简朴。

（2）交流分享，通过对比感受简朴。

a. 身份对比。

（a）数量词：一张、两把、一盏。

（b）形容词：不大、小。

b. 地位对比。

高大的宫殿式的房子。

介绍资料：这所房子原是摄政王的官邸。

c. 和总理的职务对比。

大胆想象：摄政王的官邸会有什么设施？

（3）师生合作读，感受总理的朴素作风。

论地位，他可是拥有近十亿人口、泱泱大国的总理呀！在他的办公室，你看到了什么？室内陈设极其简单，一个不大的写字台，两把小转椅，一盏台灯，如此而已。

论权力，他掌管着全国的经济命脉，在他的办公室，你看到了什么？室内陈设极其简单，一个不大的写字台，两把小转椅，一盏台灯，如此而已。

论声望，不论城市还是农村，国内还是国外，周恩来的名字响彻云霄，在他的办公室，你又看到了什么？室内陈设极其简单，一个不大的写字台，两把小转椅，一盏台灯，如此而已。

难道他不应该拥有一间像样的，摆设豪华的办公室吗？可是，在他的办公室你们看到了什么？室内陈设极其简单，一个不大的写字台，两把小转椅，一盏台灯，如此而已。

就是这样一位有权力、有地位、有声望的总理，他的办公设施却极其简单，我们分明感受到了这极其不简单的背后，就是总理极其简朴的一贯的艰苦朴素的本色呀！他真是人们的好总理，真是我们学习的典范！

【设计意图】 通过全班交流，教师引导学生抓住重点词语和对比，用发现的眼光和想象的空间深入地感受了总理与众不同的艰苦朴素作风，又通过适时适度的朗读引导读出了自己的感情。

2. 感悟总理工作的劳苦。

（1）结合重点词句感悟劳苦。

a. 看、圈、画、问。

b. 几个“一”。

（2）资料介绍：批阅的文件、回复信件、批示公文等照片展示。

（3）指名朗读、生生赛读，拨动照片背后的情感。

（4）情境导读，感悟文字包蕴的情感。

夜幕降临，华灯初上，刚接见完外宾的总理顾不上休息，拿起了第一份文件，只见他——

夜很深了，人们早已进入了梦乡，我们的周总理揉揉眼睛，继续审阅文件，只见他——

东方发白，晨曦微露，天就要亮了，周总理拿起了最后一份文件，我们依然看到他……

（5）语言训练：看到了操劳一夜的总理，看到了疲惫的总理，此时你想对总理说些什么？

（6）视频引入，延伸总理劳苦的一生。（教师画面解说）

总理 1972 年就被确诊患了癌症，可他依然拖着仅剩 30 公斤重的身体参加了建国25周年的活动，在场的人无不动容，泪流满面；在病床上，他念念不忘的还是工作；到了后来，他的双脚已经浮肿得穿不下皮鞋，可他依然坚持会见罗马尼亚党政代表：这是他最后一次手术，他放心不下工作，可是只交代了几句话就昏了过去；在生命垂危状态，他还关心着台湾的情况；这是生命中的最后一句话；他就是这样用自己的一生实践着为人民服务的誓言呀！

3. 领悟文章写法，感悟作者情感，激发崇敬之情。

（1）两段抒情能否去掉一段？为什么？

（2）师生共读：

我们对着高山说，高山在回音。

我们对着大海说，大海在呼啸。

【设计意图】引导学生抓住文章的小中见大、对比这两大写作特点，适时引入资料，使学生深刻感受到了总理工作的劳苦。又层层深入，由一夜拓展到每夜，进而拓展到总理的一生，立体地展现了总理工作的辛劳，更使学生感受到了总理伟大的人格魅力。通过多种形式的读，感受作者激动、崇敬、爱戴总理那不能自已的情感。

（四）收合：布置作业与延伸

1. 把对总理的怀念之情倾吐在日记中。

2. 读一读《怀念敬爱的周总理》一书，继续感受总理伟大与高尚的一生。

附：板书设计

			对　　比
一夜的工作	多么劳苦	崇敬	细节描写
每夜			
一生	多么简朴	爱戴	小中见大
			议论抒情结合

活 见 鬼

（第二课时）

胡 兰（清华大学附属小学）

一、教学目标

1. 读准课文，理解文意，明了故事情节。

2. 综合运用联系生活实际、链接资料等多种策略理解“撩、趋”等重点词语，丰富对课文的理解，培养想象力、口头表达能力。

3. 体会怪力乱神者的荒诞可笑，感受文言文凝练之美，培养对祖国语言文字的热爱。

二、教学重点

借助想象，加深对课文的理解。

三、教学难点

感受文言文的凝练之美。

四、教学策略

以想象促理解，以朗读促体悟。

五、教学过程

（一）读通文言故事

1. 朗读带有“鬼”字的成语。

神出鬼没、牛鬼蛇神、鬼使神差、装神弄鬼、疑鬼疑神、心怀鬼胎、鬼迷心窍、鬼哭狼嚎。

2. 指名带着感受朗读课文，体悟文章的画面感。

3. 学生结合成语内容，自由谈朗读过后眼前看到的画面。

4. 教师引导：文言文虽短，但其中留给了我们很多想象的空间，如果我们能够继续张开想象的翅膀，结合文言文当中省略的内容，好好读读，这则只有100来字的小故事，也许能带给我们很多别样的感受。

【设计意图】想象是促使人的心理活动丰富和深化的重要因素，是创造性地进行各种实践活动的必要条件。以想象贯穿全课，一方面基于文言文“言有尽、意无穷”的特点，同时有助于调动学生积极的阅读体验，发展学生的阅读能力。

（二）读懂文言故事

1. 想象故事发生的环境——品读“有赴饮夜归者，值大雨，持盖自蔽”。

（1）朗读：指名读文章第一句。

（2）提问：哪个字表现出当时的环境？为什么要写这样的环境？

（引导学生体会“夜、雨”二字，为文章勾勒出一个阴森恐怖的环境，也为后文夜归者无法识别同行者做好铺垫。）

（2）想象：这样的“夜”该是怎样的夜，“雨”又该是怎样的雨？

（　　）夜？（漆黑、惊悚、伸手不见五指……）

（　　）雨？（倾盆大雨、瓢泼大雨……）

（3）朗读：指导读出夜深、雨大。

（4）情境：在这样一个漆黑的风雨交加的夜晚，（播放风雨音效）听着狂风雷鸣，假如你就是那个“赴饮夜归者”，此时此刻，你的心情是什么？（害怕、提心吊胆、希望找个同路人……）

（5）朗读：带着这份害怕与恐惧，再次朗读。

【设计意图】阅读是理解的基础，情境创设理解的氛围，文言文距离学生实际生活有距离，学生在情境中，读准确、读通顺、读出感受，为文章的学习做好了充分的准备。

2. 想象故事中人物的心理——品读“见一人立檐下，即投伞下同行。久之，不语，疑为鬼也”。

（1）朗读：指名读文章第二、第三句。

（2）提问：这个“夜归者”怎么就怀疑另一个人是鬼呢？

（引导学生结合上下文理解文章，原来同行者出现在风雨之夜，本就不合常理，再加上不打招呼就投伞同行，同行者还久久不语，这都和人们通常意义上理解的鬼的形象吻合。）

（3）想象：夜归者，看到一人投伞下同行，“久之”什么心理？那人又“不语”，此时又是什么心理？拿起笔来，写一写。

（4）读写结合：

久之，________________________________

不语，________________________________

（5）朗读：带着这份心惊胆战，再次朗读。（指导读出，“久之”的时间之长，“不语”时静谧的气氛。）

【设计意图】在初步感受的基础上，进行读写结合训练，有助于学生得意、得言、得法，从而达到人文性和工具性的统一。

3. 想象故事中人物的动作。——品读“以足撩之，偶不相值，愈益恐，因奋力挤之桥下而趋”。

（1）提问：疑为鬼也，但此人到底是人是鬼，不可妄断，怎么办？怎么试探，既能辨别真假，又不至于让鬼怪发现？

（2）想象“撩”。

撩是一个怎样的动作？（蹬、碰、踢、点、扫）

请一名同学，用一只胳膊代替腿，表演撩，体会撩的“小心翼翼”。

（3）想象“偶不相值”。

再请一名同学配合表演，“偶不相值”，体会两个人的“小心翼翼”。

带着感受朗读。

（4）想象“趋”。

在文言文当中，“跑”通常被说成是“走”，这里偏偏用“趋”，猜猜看，走与趋有何不同？

出示“趋”的字理。

介绍：走字底上面托住的字念“刍”，原本是指牛将草不停地从一个胃传送到另一个胃，进行反刍。引申开来就指人像动物的反刍一样，不停地走，所以有了快走、疾走的意思。

猜猜看，“趋”和“走”有何不同？

指导读出“快速”“延长”“一溜烟”的感觉。

【设计意图】语文教学要追求悟与读的黄金分割，以读促悟、以悟促读，学生借助比较、表演、字理，体会到文章遣词造句的精妙之处，再用朗读表达自己的体会，不仅缩短了与文本的距离，更进一步加深了对文本的理解。

4. 想象故事中人物的语言——品读“值炊糕者晨起，亟奔入其门，告以遇鬼。俄顷，复见一人，遍体沾湿，踉跄而至，号呼有鬼，亦投其家。二人相视愕然，不觉大笑”。

（1）提问：看看两个人相遇时的样子，哪个人更惊恐？从哪儿看出来的？

（2）想象：这两个人，分别会怎样“告”？怎样“号呼”？

（3）表演：教师扮演炊糕者，请两名学生分别扮演夜归者和同行者，其他同学一边朗读课文、一边评判演员是否演出了“踉跄、号呼、相视愕然、不觉大笑”等情形。

（4）采访：夜归者和同行者，你们分别在笑什么？

（笑对方狼狈的样子；笑自己的疑心；笑结局意外。）

【设计意图】体验，是一种非常有效的语文学习方式，但学生的表演不能仅仅为了提升兴趣，更不能沦为“出洋相”。本环节当中，借助两名学生表演，让所有学生体验到文章中几个难以理解的重点词语的含义，以及主人公狼狈的样子，为深入理解文章提供了一种鲜活的、动态的参照。

5. 教师总结：世上本无鬼，庸人自扰之。由此，这个形容无中生有、古怪离奇的词语——活见鬼，也就成了一个典故，留在了我们心里。

（三）读好文言故事

1. 多种方式朗读课文：根据学生对文章的理解，可以配上动作、表情朗读。

2. 介绍作者：

冯梦龙，这位我国明代末年写过《喻世明言》《警世通言》《醒世恒言》（合称三言）的了不起的小说家，就是这样用一枝生花的妙笔，通过极为简练的文字，留下了这样一个让人百看不厌的故事。

3. 尝试背诵课文。

4. 总结全课：言有尽而意无穷，这就是文言故事的魅力。

【设计意图】“问渠哪得清如许，为有源头活水来”。通过感悟课文，学生产生了深切的情感体验，加上背诵练习、书目推荐，学生进而获得了积累语言和延伸阅读的机会，从而使教学更加扎实有效。

附：板书设计（略）

叶公好龙
（第二课时）

赵雪涛（中国人民大学附属小学）

一、教学目标

1. 学习本课生字新词，理解文中重点字的意思。

2. 练习正确、流利地朗读课文，读出古文的韵味，背诵课文。

3. 理解课文内容，体会这则寓言蕴涵的意思，从而知道做人要表里如一、言行一致。

二、教学重点

1. 学习本课生字新词，理解文中重点字的意思。

2. 练习正确、流利地朗读课文，读出古文的韵味，背诵课文。

三、教学难点

理解课文内容，体会这则寓言蕴涵的意思，从而知道做人要表里如一、言行一致。

四、教学策略

“以读为本”与多种方法有机结合。

五、教学过程

（一）齐读课题，导入新课

齐读课题，读准题目中的“好”字，提醒学生要做到据义定音。

【设计意图】据义定音，这是在语文学习中学生应该掌握的能力。在现代文中会有多音字出现，学生确定读音比较容易，而针对文言文的学习，据义定音就显得尤为重要。小学阶段的文言文学习不仅要培养学生热爱祖国语言文字的思想感情，而且要为初中学习文言文乃至其终生学习打下基础。此环节的设计看似无心，实则有意。

（二）读准字音，扫除障碍

1. 自由读文，要求：读准字音，读通句子。

2. 指名朗读课文，检查学生读文情况。

【设计意图】本文中个别字有古今读音的不同以及据义定音的情况，读通、读顺是学习古文的前提。

（三）标注字义，了解内容

1. 运用已掌握的学习古文的方法，标注字义。

（1）自学。

（2）同桌交流讨论。

2. 汇报重点字的意思，解疑。

3. 修改标注。

4. 再读课文，初步了解课文内容。

【设计意图】从学生的学习需求出发，理解重点字的意思，为深入理解文本做铺垫，引发学习期待。在师生互动、生生互动的过程中疏通文意，梳理学习文言文的方法，激发学生学习文言文的兴趣和热情。

（四）以读代讲，理解寓意

1. 体会叶公之“好”龙。

（1）从哪儿看出叶公非常喜欢龙？指名朗读文中相关句子。

课件出示：叶公子高好龙，钩以写龙，凿以写龙，屋室雕文以写龙。

（2）指导朗读，做到音段气连。

（3）想象拓展。

除此以外，想象一下，叶公的家里，哪里还会有龙？

课件出示：叶公子高好龙，钩以写龙，凿以写龙，屋室雕文以写龙……

（4）回读课题，表达理解。

此时如果让你读课题，你会怎样读？

（5）角色体验，表达感受。

如果你是好龙的叶公，见到自己心中所爱会有何表现？

【设计意图】此环节中想象续编的设计，带领学生深入到文本的语言中，意在不分析，多揣摩。让学生感受语言，借鉴语言。

2. 体会叶公之“弃”龙。

（1）叶公见龙有何反应？指名读相关语句。

课件出示：叶公见之，弃而还走，失其魂魄，五色无主。

（2）指导朗读。

策略：观察插图、结合自己的想象读出叶公见到真龙的样子。

（3）回读课题，表达理解。

此时如果让你再读课题，你又会怎样读？为什么？

（4）对比朗读，体会写法，感悟寓意。

课件出示：叶公子高好龙，钩以写龙，凿以写龙，屋室雕文以写龙。

叶公见之，弃而还走，失其魂魄，五色无主。

（5）理解寓意，个性朗读。

所以作者最后这样议论道：

课件出示：是叶公非好龙也，好夫似龙而非龙者也。

指导学生个性化朗读，或恍然大悟，或轻蔑不屑。

（6）回读课题，深化理解。

看来叶公不是真的喜欢龙，是假喜欢呀！此时如果让你给题目中的“好”字加一个标点，你想加什么呢？

【设计意图】高年级的学习应该加强写法的感悟，此环节通过学生的对比朗读，感悟对比写法，体会其对寓意的表达作用。

（五）练习背诵，丰富积累

1. 同桌互背。

2. 指名背诵。

【设计意图】学习古文重在积累，而背诵是积累的重要手段，在课堂上体现背诵既巩固了本课所学又减轻了负担。

（六）拓展延伸，感悟特点

课件出示《叶公好龙》在《新序》中的原文。

1. 教师简要介绍故事内容。

2. 提问：子张为什么要用一个寓言故事向鲁哀公表达自己的想法呢？

【设计意图】 补充寓言的出处，更有助于深入理解寓意，使学生进一步了解寓言这种文学体裁的特点。

（七）作业（任选其一）

1. 背一背：将课文背给家长听。
2. 积累：积累带有“龙”字的成语。
3. 译一译：用所学方法试着翻译原文。

【设计意图】 得法于课内，受益于课外，帮助学生巩固方法，最终形成能力。

附：板书设计（略）

夜莺之歌
（第二课时）

贾红斌（北京师范大学实验小学）

一、教学目标

1. 品读文章对“小夜莺”的外貌、语言、动作、神态的描写，在读中感受“小夜莺”机智、勇敢的形象，体会“小夜莺”爱国的品质。能正确、流利、有感情地朗读课文。

2. 联系时代背景、上下文和自己的积累，推想课文中“冷笑”“不慌不忙”“野兽”“轻蔑”等词语及重点句的含义，体会其表达效果。

3. 领悟文章“一语双关”“详略得当”“前后照应”以及通过对人物外貌、语言、动作的描写与环境烘托来表现人物品质的写作方法，积累写作经验。

二、教学重点

1. 品读文章对“小夜莺”的外貌、语言、动作、神态的描写，在读中感受“小夜莺”机智、勇敢的形象，体会“小夜莺”爱国的品质。能正确、流利、有感情地朗读课文。

2. 联系时代背景、上下文和自己的积累，推想课文中“冷笑”“不慌不忙”“野兽”“轻蔑”等词语及重点句的含义，体会其表达效果。

三、教学难点

领悟文章“一语双关”“详略得当”“前后照应”以及通过对人物外貌、语言、动作的描写与环境烘托来表现人物品质的写作方法，积累写作经验。

四、教学策略

“以读为本”与多种方法有机结合。

五、教学过程

（一）回顾课文，理清层次，引发思考

1. 回顾课文内容。

根据学生的回答，梳理课文的主要内容：苏联卫国战争时期，一个被游击队员称为小夜莺的男孩用夜莺的歌声诱敌上钩，巧妙传信，协助游击队歼灭德国鬼子。

2. 归纳故事情节。

根据学生的回答梳理出故事情节：引诱敌人（第一～第三自然段），与敌周旋（第四～第十九自然段），带路传信（第二十～第三十一自然段），诱敌成功（第三十二自然段），继续诱敌（第三十三自然段）。

3. 故事中哪个情节给你留下了深刻的印象？

引导学生抓住“与敌周旋”“带路传信”这两个情节重点学习。

【设计意图】复习旧知，引出问题，探究新知。

（二）精读课文，品味重点语句，感悟人物形象

1. 提出自学要求。

（1）默读第四～第十九自然段，用横线画出文中生动刻画小夜莺形象的句子。

（2）品读所画句子，并做简要批注。

【设计意图】阅读是学生的个体行为，不应以教师的讲解代替学生的阅读实践。应让学生在自主积极的思维和情感活动中，加深对课文的理解并有所感悟和思考，从中受到情感熏陶，获得思想启迪。

2. 全班交流，深入体会语言描写对刻画人物的作用。

（1）默读课文后，你的眼中出现了一个怎样的小夜莺？文中的哪些词句生动地刻画了小夜莺这一形象？

a. 引导学生抓住小夜莺与德国鬼子的对话进行分析。

“这玩意儿你做得还不错。”中尉点了点头，他那阴沉的脸上露出一丝冷笑，“谁教你这样吹哨子的？”

我自己学的。我还会学杜鹃叫呢。

通过分析德国兵与小夜莺的对话，引导学生体会德国鬼子的阴险与狡猾，进而体会出他们对小夜莺的怀疑。指导学生进行二次批注。

b. 对照读，体会小夜莺的应答自然、镇定。

我自己学的。

我自己学的。我还会学杜鹃叫呢。

c. 联系上下文，体会小夜莺的应答为后面传送情报做好了充分的准备。

我自己学的。我还会学杜鹃叫呢。

夜莺的叫声停止了，接着传来两声杜鹃叫。“两挺机关枪。”

教师小结：这自然、镇定的回答看似是无心的炫耀，实则是有心的计策。从中我们进一步感受到了小夜莺的机智与勇敢。指导学生进行二次批注。

（2）分角色朗读，进一步体会语言描写对表现人物的重要作用。

（3）继续体会小夜莺的机智与勇敢。

“村子里就剩你一个吗?”中尉继续盘问他，并且把望远镜拿到眼睛前。

怎么会就剩下我一个? 这里有麻雀、乌鸦、鹧鸪，多着呢。夜莺倒是只有一个!

引导学生体会：小夜莺的机智就表现在他不露声色的答非所问上。表现在这一问一叹的语气中。指导学生进行二次批注。

“你这个坏家伙!”中尉打断了孩子的话，“我是问你这里有没有人。”

“人? 战争一开始，这里就没有人了。”孩子不慌不忙地回答，“刚刚开火，村子就着火了，大家喊着‘野兽来了，野兽来了’，就都跑了。”

a. 体会“野兽”一词的巧妙运用，感受“一语双关”的作用，“野兽”一词表达了小夜莺对侵略者的蔑视与憎恨。

b. 借助第一自然段体会侵略者给苏联人民带来的灾难。

战斗刚刚结束，一小队德国兵进了村庄。街道两旁尽是黑色的瓦砾，烧焦的树木垂头丧气地弯着腰。

引导学生体会：小夜莺的智慧、勇敢就体现在他不慌不忙的语气中，体现在他“一语双关”的表达中。

c. 学生自由读，读出小夜莺不慌不忙的语气。

（4）对比句子体会，感悟小夜莺的机智勇敢。

“这玩意儿你做得还不错。”中尉点了点头，他那阴沉的脸上露出一丝冷

笑，“谁教你这样吹哨子的？”（怀疑）

“蠢东西！”中尉想着心事，轻蔑地冷笑了一下。（相信）

引导学生体会：是小夜莺的沉着冷静与机智勇敢逐渐消除了敌人的怀疑。

（5）继续体会小夜莺的机智与勇敢。

“怎么会不认识？”孩子很有信心地回答，“那里有个磨坊，我常到磨坊附近的坝上去钓鱼，那儿的狗鱼可凶呢，能吃小鹅！”

引导学生体会：从小夜莺反问的语气中，体会出他的自信。这种自信迫使德国兵相信小夜莺可以为自己带路。

（6）分角色朗读小夜莺与敌人的对话部分，感悟小夜莺的从容镇定与机智勇敢。

【设计意图】读是学生与文本进行情感交流的纽带，读的过程正是学生理解文本的过程。学生只有真正明白了蕴含在语言文字中的情感，才能读出感情。

（7）自由读第十九自然段，文章为什么这么具体地描写敌人的表现？

引导学生体会：敌人的威逼利诱对小夜莺不起作用，更衬托了小夜莺的机智与勇敢。

3. 默读“带路传信”部分，体会重点词句的表达作用。

（1）联系上下文学习，理解含义深刻的句子。

夜莺在带路时，有时学夜莺唱，（实际是在……）有时学杜鹃叫，（实际是在……）胳膊一甩一甩地打着路旁的树枝，或者后弯下腰去拾球果，或者用脚把球果踢起来。（实际是在……）他好像把跟在身边的敌人完全忘了。

（2）学生默读二十一自然段，体会环境描写的作用。

【设计意图】体会环境描写对渲染气氛、烘托人物、推动故事情节发展具有重要的作用。

4. 齐读第三十二自然段，感受战斗胜利的场面，体会文章详略得当的写法。

（三）默读结尾部分，体会文章前后照应的写法

请学生画出文章前后照应的语句并进行体会。

引导学生体会：小夜莺的穿着与表现都不是无意之举，而是有意之为，他不是一个普通的孩子，他是一名合格的小游击队员。他的机智与勇敢源于对祖国的热爱。

（四）理解课题，升华情感

“夜莺之歌”是对机智、勇敢、爱国的小夜莺的赞颂，是对苏联敌后游击队的赞颂，更是对苏联人民的赞颂！

（五）作业

写《夜莺之歌》读后感。

附：板书设计

夜莺之歌　　机智　勇敢　爱国

引诱敌人	与敌周旋	带路传信	协助歼敌	继续诱敌
(1—3)	(4—19)	(20—31)	(32)	(33)
	一语双关			

详略得当（与敌周旋—协助歼敌）

前后照应（引诱敌人—继续诱敌）

迟　　到

（第二课时）

申春娟（海淀区五一小学）

一、教学目标

1. 精读课文重点段落，抓住重点语句，读出自己的理解，懂得“严”与“疼”都是爱，父亲的爱对“我”成长的重要意义，引导学生能够正确地对待错误。

2. 让学生学会抓重点词语、句子的描写，理解人物的性格特点。利用换位思考的方法，引导学生揣摩人物的思想。

3. 培养学生自读、交流的习惯，在交流和讨论中，敢于提出自己的想法，做出自己的判断。

二、教学重点

1. 精读课文重点段落，抓住重点语句，读出自己的理解，懂得严与疼都是爱，父亲的爱对“我”成长的重要意义，引导学生能够正确地对待错误。

2. 让学生学会抓重点词语、句子的描写，理解人物的性格特点。利用换位思考的方法，引导学生揣摩人物的思想。

三、教学难点

培养学生自读、交流的习惯，在交流和讨论中，敢于提出自己的想法，做出自己的判断。

四、教学策略

抓重点语句，品读语言文字，感悟文章内容。

五、教学过程

（一）谈话导入，直接进入课题

林海音永远都忘不了的一件事是什么事？（根据学生的回答引入）

（二）研读重点，体会情感

1. 快速浏览课文，找出重点语句。（引导学生直接进入重点段落）

出示重点语句：

爸气极了，一下把我从床上拖起来，我的眼泪就流出来了。爸左看右看，结果从桌上抄起一把鸡毛掸子，倒转来拿，藤鞭子在空中一抡，就发出咻咻的声音。我挨打了！

（1）品读父亲打我的语句，抓住父亲的动作体会父亲当时的心情。（重点词语：拖起来、左看右看、抄起、倒转来拿、一抡、咻咻）

【设计意图】引导学生抓动作描写，想象当时父亲是什么心情，揣摩父亲的做法。联想品读，体会词语蕴含的深度。

（2）父亲打我到什么程度了？再次体会父亲这次打得很重。（那一条条鼓起的鞭痕，红肿的，而且发着热。）

2. 父亲为什么会这么重地打我呢？（读、悟重点句子，体会人物的内心情感。）

（1）理解父亲的语言，体会父亲为什么打我。（父亲管教我很严）

根据学生的回答，重点段落、语句指导：

他瘦瘦高高的，站到床前来，瞪着我：

“怎么不起来？快起！快起！”

“晚了，爸！”我硬着头皮说。

“晚也得去，怎么可以逃学？起！”

一个字的命令最可怕，但是我怎么了？居然有勇气不挪动。……

a. 默读课文第一 ~ 第十自然段，画出父亲痛打我的原因。

b. 同桌对读，交流情感。

c. 抓重点语句，训练语感。（激情品读，感受词语内在的生命）

“怎么不起来？快起！快起！”“晚也得去，怎么可以逃学？起！”

【设计意图】父亲的话虽然不多，但字字有力，我及时引导学生细读“逃学”“起”，体会父亲当时的心情。

d. 分角色朗读，体会父亲的想法。

读出父亲的心情，体会父亲的用心良苦，不能够犯逃学这样的错误。

【设计意图】换位思考，理解当时父亲的心情。

e. 联系课文前面林海音的做法，经常迟到，到这次上升到了逃学，太严重了，再次感受父亲为什么会这么重地打她。

（2）父亲的这次重打起作用了吗？

后来怎么样了，我已经不记得了。只记得从那以后，每天早晨我都是站在学校门口，等待着校工开大铁栅门的一个学生。冬天的早晨，站在校门前，戴着露出五个手指的那种手套举着一块热乎乎的烤白薯在吃着。夏天的早晨，站在校门前，手上举着从家里花池里摘下来的玉簪花，预备送给亲爱的韩老师，她教我跳舞。

a. 指名读，并说出自己的感受。（其他同学自由补充。）

b. 请同学们再读，对照课文第二自然段，林海音发生了怎样的变化？你还有什么感受？（引导学生抓住“等待着校工开大铁栅门的一个学生……”“冬天的早晨……”“夏天的早晨……”）

c. 自由发言，并带着自己的理解读出来。（在此让学生理解到，我从迟到到早到。）

d. 师生接读。（理解到现在每天早早地到学校，并且是高兴的）

我知道她以前总是一进教室就被罚站在门边，而现在的她每天早晨都是，——生接：

我知道她以前都是怀着恐惧的心情奔到学校去，而现在的她每天早晨都是，——生接：

我还知道她以前一看到阳光照到玻璃窗上心里就是一阵愁，而现在的她冬天的早晨，——生接：

夏天的早晨，——生接：

3. 我改正了错误，从经常迟到到早到，这次的打起了作用，还有其他的原因吗？父亲为我送花夹袄，感受父亲无声的爱。真的是很疼我的。

出示课件，引导学生抓重点语句。

爸没说什么，打开了手中的包袱，拿出来的是我的花夹袄。他递给我，看着我穿上，又拿出两个铜板给我。

（1）对比体会父亲无声的爱。抓住“看着”重点品读，理解无声的父爱。

看图，再读。（理解父亲无声的爱）指名读，然后学生之间评读。（其他同学自由补充，让学生之间产生思维的碰撞）

（2）此时此刻，你就是文中的我，你的心里又会想些什么呢？（换位品读，欣赏词语展开的画面，引导学生揣摩作者的心情）

4. 理解后来的结果，作者不仅从迟到到早到，还成才了。利用多媒体课件出示林海音的生平及取得的成绩，与父亲的教育是分不开的。

【设计意图】多媒体课件的运用，目的是帮助学生理解文章，只有有效地使用，才能发挥其作用。学生理解到林海音通过父亲的教育，此后再也没有迟到过。为了能够让学生深入理解父亲的这次打所起的作用，我及时出示了林海音的生平及取得的成就，让学生再谈体会。

5. 这次的迟到真的是令林海音永远也忘不了啊，她曾在七十多岁时写下过这样的话（教师出示，学生齐读。）林海音在父亲的影响下不但改正了错误，还成为著名的作家。

我七十多岁了，一生经历的事不少，但这件“迟到”的事，对我应当是刻骨铭心的，如果爸爸影响了我，我又影响了读者，该是一件多么好的事！

（三）内化情感，向生活中延伸

1. 联系自己谈体会。

同学们，我们已经是五年级的学生了，在我们的成长过程中，或许犯过这样那样的错误，或许也挨过打，或许已经改正了错误，或许有的错误还没有改正。谁愿意把你的经历说一说？如果能够影响到别人，那是一件多好的事啊！

结束语：其实每个人在成长过程中都会犯错误，犯了错误并不可怕，只要我们能够认真、冷静地去看待错误，并改正错误，我们就会感受到成长的快乐。

2. 推荐课外读物《窗》《城南旧事》《林海音童话集》。

附：板书设计（略）

大自然的秘密

（第二课时）

高鹏飞（海淀区五一小学）

一、教学目标

1. 引导学生认识自然、了解自然，明白自然万物都有其生存的规律，明确人类应遵循自然规律，敬畏真理。

2. 品味关键词句，感受人与自然的强烈冲突。

3. 学习进行场面描写，读写结合。

二、教学重点

1. 引导学生认识自然、了解自然，明白自然万物都有其生存的规律，明确人类应遵循自然规律，敬畏真理。

2. 品味关键词句，感受人与自然的强烈冲突。

三、教学难点

学习进行场面描写，读写结合。

四、教学策略

知识性阅读、情感性阅读、情境性阅读与多种方法有机结合。

五、教学过程

（一）承接所学，回顾人文

自由读课文，回顾课文重点描述了哪两个场面。

（二）抓“一只龟”，初感冲突

1. 幼龟。

突然，一只幼龟率先把头探出巢穴，却又欲出而止，似乎在侦察外面是否安全。正当幼龟踯躅不前时，一只嘲鹰突兀而来。它用尖嘴啄幼龟的头，企图把它拉到沙滩上去。

抓关键词“探、欲出而止、踯躅不前”和“突兀而来、啄、拉”，感受冲突。

2. 我们和向导。

我和同伴紧张地看着这一幕，其中一位焦急地对向导说：“你得想办法啊！”向导却若无其事地答道：“叼就叼去吧，自然界之道，就是这样的。”

向导的冷淡，招来了同伴们一片“不能见死不救”的议论。向导极不情愿地抱起幼龟，把它引向大海。那只嘲鹰眼见着到手的美食给抱走，只能颓丧地飞走了。

（1）抓关键词语：什么叫“若无其事”？这件事指什么？

（2）抓对比冲突：面对这件事，我们和向导有什么不同的反应？

（3）抓关联内容：联系上下文说说你支持谁。说说你的理由。

3. 运用句式，梳理思维：侦察兵一旦遇到危险，便会返回龟巢。如果________就________。

【设计意图】依据学生逐层深入的认知，逐步深入推进教学，促进学生思维发展。

（三）抓“一群龟”，再感冲突

过渡：在同伴们一片“不能见死不救”的呼唤声中。向导极不情愿地抱起小龟，把它引向了大海。然而，接下来发生什么了呢？请同学们继续读文。

1. 一群龟。

然而，接着发生的事却使大家极为震惊。向导抱走幼龟不久，成群的幼龟从巢口鱼贯而出。事实很快使我们明白：我们原来干了一件愚不可及的蠢事。

那只先出来的幼龟，原来是龟群的“侦察兵”，一旦遇到危险，它便会返回龟巢。现在幼龟被向导引向大海，巢中的幼龟得到错误信息，以为外面很安全，于是争先恐后地结伴而出。

黄昏的海岛，阳光仍很明媚。从龟巢到海边的一大段沙滩，无遮无挡，成百上千的幼龟结群而出，很快引来许多食肉鸟，它们确实可以饱餐一顿了。

（1）一读，抓关键词语，发现变化。

a. 读文，理解“鱼贯而出、结伴而出、结群而出”的意思。

b. 这三个词可以调换位置吗？朗读，表现出龟的数量越来越多。

（2）二读，抓补白想象，品情促思。

a. 看到沙滩上这越来越多的幼龟，你的心情怎样？为什么？

b. 作者在这里并没有详细地描绘这幅画面，你可以用一个词来形容你脑海中的画面吗？

（3）三读，抓前后关联，初悟道理。

你觉得为什么会造成这种惨剧？

2. 我们和向导。

我们的向导赶紧脱下头上的棒球帽，迅速抓起几只幼龟，放进帽中，向海边奔去。我们也学着他的样子，气喘吁吁地来回奔跑，算是对自己过错的一种补救吧。

（1）读文，感受人物表现的一致。

面对着惨不忍睹的场面，人们是怎么做的呢？

向导：赶紧脱下头上的棒球帽，迅速抓起几只幼龟，放进帽中，向海边奔去。

我们：也学着他的样子，气喘吁吁地来回奔跑。

（2）回顾，再现人物态度的对立。

回顾，在上文中我们和向导的态度各是怎样的？

向导：冷淡。

我们：紧张、焦急。

（3）纵观，发现变化，再悟道理。

整体看课文这一部分，你们发现我们和向导的关系有什么变化？为什么会有这么大的变化呢？

向导：冷淡　　对立
我们：焦急　　　↓
向导：抢救　　一致
我们：抢救

（四）抓关键句，深感冲突

1. 抓关键句：我们原来干了一件愚不可及的蠢事。

（1）理解“愚不可及”和“蠢”的连用。

“愚不可及”和“蠢”连用是不是个病句呢？作者为什么这么用？

（2）理解“原来”。（开始不明白，现在明白了。）

a. 对比理解：

我们干了一件愚不可及的蠢事。

我们原来干了一件愚不可及的蠢事。

b. 我们现在明白什么了？

2. 理解“自然之道”。

（1）通过字典理解“道”：大自然运行的方法、道理，就是大自然的秘密。

（2）联系生活感悟“道”：在你的生活中你都发现了哪些大自然的秘密？

（3）运用句式表达“道”。

我们只看见一只幼龟探出巢穴，欲出而止，却不知道________，

我们只知道________，却不知道________，

我们只想着按自己的想法去做事，却不去了解________，不按着________。

3. 抓中心句：运用句式，理解内容，自我教育。

人是万物之灵。然而，当人自作聪明时，一切都可能走向反面。

人是万物之灵。然而，当人________时，一切都可能走向反面。

【设计意图】三个层次将学生的思维引向深处，促进学生思维发展，使学生逐步深入地理解自然之道，敬畏真理。

（五）抓写法，四明冲突

1. 写作方法总结。

我们刚才走进了两个场面，只要是场面描写，必定视野开阔，有很多事物，在所有事物当中必定有一两个是中心事物，其他事物的描写也是有重要作用的。

2. 了解其他事物的作用。

（1）明媚的阳光：美景写哀境，哀更哀。

明媚的阳光给你什么感觉？如此惨烈的场面为什么要写如此美好的阳光？

（2）欢叫的食肉鸟：乐情写悲情，悲更悲。

这里刚刚发生了一场屠杀，作者为什么要写这些吃得饱饱的、发出欢乐的

叫声的食肉鸟呢?

3. 出示图画配文字:夜幕降临了,此时的沙滩上……

学生看画面,想象当时的场景,进行场面描写。

(六)抓作业,明理升情

1. 修改课上的场面描写。

2. 推荐阅读:《大自然的秘密》。

附:板书设计

大自然的秘密

			了解	尊重	敬畏		
			一只	人	一群		
其他事物 中心事物	探	欲出而止	踯躅不前	类	鱼贯而出	结伴而出	结群而出
			挽救	无	葬送		
				知			
				冲突			

牛和鹅

（第二课时）

袁润枝（海淀区实验小学）

一、教学目标

1. 通过品读重点词句，明白要站在正确的角度看事物，看到自己的力量，不盲目恐惧，也不盲目欺负别人。有感情地朗读课文。

2. 通过生动的描写，体会人物心理活动并感悟其表达方法。

3. 理解“它虽然把我们看得比它小，可我们实在比它强呀”这句话的含义。

二、教学重点

1. 通过品读重点词句，明白要站在正确的角度看事物，看到自己的力量，不盲目恐惧，也不盲目欺负别人。有感情地朗读课文。

2. 通过生动的描写，体会人物心理活动并感悟其表达方法。

三、教学难点

理解“它虽然把我们看得比它小，可我们实在比它强呀”这句话的含义。

四、教学策略

以引导质疑为起点，以合作探究为手段，以悟理明法为支撑，采用多重对比的方法将学生的读、思、悟、写整合于整个学习活动过程，提升语文能力。

五、教学过程

（一）整体回顾，引发质疑

1. 整体感知，回顾主要内容。

2. 抓住矛盾，引导学生质疑。

预设：为什么“我”开始怕鹅，后来不怕了？

3. 回顾学法，铺设解疑途径。

【设计意图】引导学生针对文章重点内容中的矛盾点质疑问难，激发学习兴趣。并根据文章体裁特点回顾抓住人物言行、感悟人物内心的学法，也为解疑铺设了途径。

（二）自读批注，合作探究

出示阅读提示，自读感悟。

阅读提示：问题：“我”为什么怕鹅，后来为什么又不怕了？

方法：默读课文，画出表现“我”怕鹅和不怕鹅的语句，思考问题并做简单批注，在小组内交流。

（三）感悟道理，领会写法

1. 对比“我”和鹅，感悟“怕”。

梳理“我”害怕的句子。

预设：

（我们）……绕个大圈子才敢走过去。（侧面描写）

……我们马上就不响了，贴着墙壁悄悄地走过去。（动作描写）

……我吓得腿也软了，更跑不快。（内心感受）

……在忙乱中，我的书包掉了，鞋子也弄脱了。我想，它一定要把我咬死了，就又哭又叫：“鹅要吃我了！鹅要咬死我了！”（言行描写）

重点感悟：

不知谁大喊了一声，大家就急忙逃跑。这使鹅追得更快了。我吓得腿也软了，更跑不快。这时，带头的那只老雄鹅就“啪嗒啪嗒”地跑了过来，“吭，吭”地赶上了我，“吭，吭”地张开嘴，一口就咬住了我当胸的衣襟，拉住我不放。在忙乱中，我的书包掉了，鞋子也弄脱了。我想它一定要把我咬死了，就又哭又叫：“鹅要吃我了！鹅要咬死我了！”

策略（1）对比动作，感受害怕。

（2）调动积累，表达害怕。

（3）借助插图，想象朗读。

（4）师生对读，感悟害怕。

师引：鹅一摇一摆地、神气地向我们走过来——

生接：不知谁大喊了一声，大家就急忙逃跑。

师引：鹅追得更快了——

生接：我吓得腿也软了，更跑不快。

师引：带头的那只老雄鹅一口就咬住了我当胸的衣襟，拉住我不放——

生接：在忙乱中，我的书包掉了，鞋子也弄脱了。我想它一定要把我咬死了，就又哭又叫："鹅要吃我了！鹅要咬死我了！"

【设计意图】立足全篇，引导学生在对比中领悟作者从不同的角度描写害怕，对比动作凸显害怕，领悟动作描写表达人物内心的方法。

2. 对比鹅的表现，感悟不怕。

策略（1）勾连下文，对比中感悟不怕。

老雄鹅害怕了，好不容易挣脱束缚，张开翅膀，连飞带跳"啪啪啪"地落到了池中。这下，别的鹅也怕了，纷纷张开翅膀，跳进池里，逃命了。

（2）补白心理活动，想象说话。看到鹅狼狈不堪的样子，我心想________。

3. 对比金奎叔，领悟道理。

策略：（1）对比动作，感悟结果不同。

（2）对比语言，感悟角度不同。

对比"我"和金奎叔的语言。

金奎叔给我穿上鞋，拾起书包，用大手摸摸我的头说："鹅有什么可怕的！会把你吓成这样。"

我说："鹅，因为鹅把我们看得比它小呀！"

金奎叔说："让它这样看好了！可是，它要是凭这点来欺负人，那咱们可不答应，就得掐住它的脖子，把它扔到池里去。记着，下次可别再怕它们了。"

a. 立足对话，看角度。

"我"站在鹅的角度看——怕鹅；金奎叔站在人的角度看——不怕。

b. 由浅入深，悟道理。

揭示文章道理：看待问题的角度不同，结果不同。

对比人们和金奎叔的语言。

大家都说：牛的眼睛看人，觉得人比牛大，所以牛是怕人的；鹅的眼睛看人，觉得人比鹅小，所以鹅不怕人。

金奎叔说："让它这样看好了！可是，它要是凭这点来欺负人，那咱们可不答应，就得掐住它的脖子，把它扔到池里去。记着，下次可别再怕它们了。"

（3）品味收获，领悟蕴含的道理。

它虽然把我们看得比它小，可我们实在比它强呀！

a. 通过换词，推想"实在"的意思。

b. 联系上文，揣摩"实在"的意思，理解句意。

【设计意图】这句是本文教学的难点，学生在三次对比环节的学习中对这句话的含义已有了初步认识，通过多种方法理解句意，突破这一难点。

（4）整合练读，深化主旨理解。

师引读：当"我"见到鹅害怕时——

生接读：鹅一摇一摆地、神气地走过来；还伸长脖子，"吭吭"地叫着，扑打着大翅膀，好像眼里根本没有我们似的。

师引读：在金奎叔面前——

生接读：老雄鹅害怕了，好不容易挣脱束缚，张开翅膀，连飞带跳"啪啪啪"地落到了池中。这下，别的鹅也怕了，纷纷张开翅膀，跳进池里，逃命了。

师引读：当"我"不怕鹅时——

生接读：它便不敢咬我，碰到了只是"吭吭"叫几声，扇几扇翅膀，就摇摇摆摆地走开了。

【设计意图】通过前面三次对比，引导学生层层深入感悟道理，再通过整合练读，深化对文章主旨的理解。

（四）解疑升华，练习表达

1. 照应课前质疑。

2. 对比中看转变。

所以我们看到牛，一点儿不害怕，敢用手拍它的背，摸它的肚子，甚至敢用树枝去触它的屁股，用破碗片去刮它的皮！

看到牛，我也不再无缘无故欺负它了，尽管它把我们看得比它大。

（五）布置作业

延伸练笔：丰富课上练笔，试着加入人物动作、神态、心理描写，把人物形象写具体。

附：板书设计

牛和鹅

角度不同

怕　　　　　不怕

我→鹅←金奎叔

不怕

结果不同

毽子里的铜钱

（第二课时）

赵乐林（海淀区翠微小学）

一、教学目标

1. 通过多种形式、不同层次的读书，抓住关键词语和句子体会作者的情感，理解词句在作者表达情感中的作用，并通过朗读表达自己在阅读中获得的体会。

2. 通过品词析句，从作者对老人神态、语言、动作的描写以及从“我”的心理变化中揣摩人物的内心活动，体会文中老人的好心肠，同时理解“我”的善良和对老人的体谅，感受“好心肠”胜于金钱。

二、教学重点

体会文中人物神态、语言、动作的描写，揣摩人物的内心活动，体会文中老人的善良淳朴，同时理解“我”的善良和对老人的体谅。

三、教学难点

二婶这个人物有贪小便宜的一面，但不能定性为坏人，要利用文本中老师的话，进行情境创设和引导，引导孩子人性向善。

四、教学策略

“以读为本”与多种方法有机结合。

五、教学过程

（一）创设情境，词语积累，整体感知

1. 复习巩固，积累词语：上节课我们初读了课文，积累了词语，我们一起读一读。

亮晶晶　香喷喷　热烘烘

笑呵呵　空落落　黑漆漆

2. 出示小诗，整体感知：如果把这些词带到小诗中，你能选择恰当的词语把小诗补充完整吗？

两块小山薯（　　）（　　），
两枚小铜钱，崭新，（　　）；
一位佝偻艰辛的老人，
一双（　　）的手；
一个馋嘴可爱的孩子，
一颗幼小、稚嫩的心；
偶然相遇在小巷深处，
绽放一个美丽的故事，
温暖着今天的我们。

【设计意图】ABB型词语是本文语言特点之一，应帮助学生通过梳理积累这样的词语，感受词语背后的情感，并学会运用词语。

（二）品读课文，感受真情，体会写法

1. 从“质疑”入手。师梳理上节课学生的问题。

（1）老人生活艰辛，为什么还两次送山薯给我，但是对二婶的态度却不同？

（2）二婶会像老师说的那样给老人补偿吗？

【设计意图】“教学应从学生质疑、普遍关心的问题开始。”教师通过梳理学生存在的问题，找准教学的起始点，并在分析问题、解决问题的过程中，通过相关文本内容的品读，提升学生的语文能力。

2. 感悟老人形象。

（1）浏览课文，回忆一下，课文哪些语句描写老人两次送我烤山薯？

老人一声不响，却笑呵呵地伸手在烘缸里取出一个小小的烤山薯，往我手

里一放说："给你吃。"

他好半天才明白我的意思，马上把铜钱放回我的口袋里，摸摸我的头说："小姑娘，我怎么会拿你的钱呢？不过你的好心肠，我永远不会忘记的。"他又从烘缸里取出一个小山薯给我说："再给你一个。"

（2）默读课文，想一想老人为什么两次送我烤山薯，圈出关键词句。从中体会到什么？

（3）汇报交流：第一次：抓住"笑呵呵、一放"等词体会到老人好心肠和对"我"的关爱，然后进行情感朗读。

第二次：学生信息提取（在什么情况下老人第二次送我烤山薯的），然后出示课件：

我越发觉得心里不安，忽然想起毽子里面有两个铜钱儿。只是两个铜钱呀，怎么抵得过一个铜板呢？但我还是急急忙忙撕开毽子的包布，挖出两枚亮晶晶崭新的铜钱，递到老人手心里说："老伯伯，给您。"

a. 引导学生抓住"我"心里的活动描写体会内心的矛盾。

b. 引导学生抓住描写"我"动作的词语，如：重点词"撕、挖、递"等，体会"我"的好心肠，然后进行朗读。

小结：这段话正是通过对人物心理、动作的描写让这位善良的小姑娘走进了我们每一个人的心中。

【设计意图】语文课既要让学生"得意"，更要"得言"。在第五自然段教学中，我引导学生从表示"我"的内心的矛盾、不安，以及表示动作的词"撕、挖、递"中感受"我"的善良，并在此基础上反复朗读感悟，从而深刻体会到这两枚铜钱对"我"和老人来说都很珍贵，它蕴含着比金钱更重要的东西，那就是人们心底的那份善良、真诚、体谅与关爱。

c. 指导朗读这段话。

d. 联系老人送山薯，出示课件：

他好半天才明白我的意思，马上把铜钱放回我的口袋里，摸摸我的头说："小姑娘，我怎么会拿你的钱呢？不过你的好心肠，我永远不会忘记的。"他又从烘缸里取出一个小山薯给我说："再给你一个。"

（过渡）：如果说第一次老人送我烤山薯是对我的怜爱，那么这一次呢？（感激和赞许）

3. 回读老人的三次"笑"，进一步感受老人的善良。指名读：

老人一声不响，却笑呵呵地伸手在烘缸里取出一个小小的烤山薯，往我手里一放说："给你吃。"

老人笑了，他说："小孩子嘛，送给你吃的。"

老人把烤山薯塞进我的口袋里，向我笑着摆摆手，提着烘缸走了。

【设计意图】 读书是最主要的"语文实践"。这篇文章语言饱含情感，正如琦君自己所说，字里行间都传递着我的点滴心声。通过设身处地地体会老人的三次笑，感受老人的笑给我带来无尽的温暖，从而进一步理解老人善良的心。

4. 感悟写法：（过渡）老人的笑给予了我无尽的温暖，可当二婶少给老人一个铜板时，他却很不快乐的样子。面对我和二婶，老人的态度为什么会截然不同呢？

（1）读课文中描写二婶的段落，想一想我和二婶有什么不同。

（2）小结：文章正是通过我和二婶的对比，老人对我们两人态度的对比，充分感受到老人和我的好心肠。

【设计意图】 阅读一篇文章，学生往往只能从内容角度思考文本，体会最表层的含义，却缺乏从写作角度深入思考文本的意识，我引导学生从内容及写法两个角度全面理解人物品质。

5. 感受老人生活的艰辛：读写结合，创设情境。

在寒风瑟瑟中，在夜幕降临时，在老人疲劳乏力时，他会怎样呢？请你任选一个情景，想象老人生活的艰辛，把他写下来。

【设计意图】 通过读写结合，学生对老人善良的理解又更深了一层。当孩子们不断走进老人内心世界的时候，老人的形象也在孩子们的面前逐渐清晰。

想象：贪图便宜的二婶如果看到老人这样栉风沐雨的生活，她又会怎样做呢？（回扣学生的问题：二婶会像老师说的那样给老人补偿吗？）

【设计意图】 二婶在孩子心中留下尖酸、刻薄的印象，容易让学生对人物认识极端化，不利于学生客观看待人性。可借用老师的话，引发学生体会"人心向善"，使学生情感得到升华。

（三）整体回顾，拓展延伸，升华情感

1. 读课文最后一段，体会"毽子里的铜钱"的含义。

2. 进一步体会文章特点。著名作家林海音曾这样评价琦君的散文：（课件出示）

琦君的大部分散文作品都是怀忆往旧的，所以常常在那里面，可以看到笑

影中闪着泪光。

【设计意图】 通过引出林海音的评价，激发学生进一步阅读琦君作品的兴趣。

（四）布置作业

必做：继续完成课堂上情景想象的作业。

选做：读《琦君说童年》，写一篇读后感。

附：板书设计

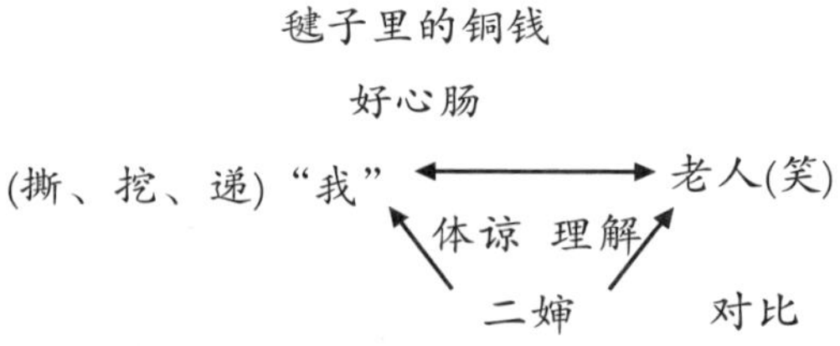

阅读大地的徐霞客
（第二课时）

张媛媛（海淀区翠微小学）

一、教学目标

1. 通过多种形式的读书，感受徐霞客献身考察祖国山川的雄心壮志及其求真求实、锲而不舍、醉心研究的科学精神。

2. 通过阅读，体会徐霞客这位奇人“奇”在哪里，理解重点词语在文中的意思，领悟课题中“阅读大地”的含义。

3. 体会文章对比的写作手法。

二、教学重点

通过重点段落、语句，感受徐霞客的“奇”及其锲而不舍、求真求实的精神，体会文章的写法。

三、教学难点

体会徐霞客醉心与求真求实、锲而不舍之间的相互关系。

四、教学策略

“以读为本”与多种方法有机结合。

五、教学过程

（一）整体感知、导入新课

今天我们继续学习第十单元第一课，齐读课题——《阅读大地的徐霞客》。通过上节课的学习，徐霞客给你留下怎样的印象？这节课我们要通过课文中具体的描写深入体会。

【设计意图】复习巩固第一课时的学习内容，初步感知文中描写徐霞客特点的词语。

（二）品读课文、感悟理解

1. 提取核心内容：浏览课文，哪一段概括地介绍了徐霞客？

第一自然段：

（1）轻声读一读，这一段概括地介绍了徐霞客什么？奇人、奇书。（板书）

（2）奇人是指什么样的人？（不同一般、奇特、罕见……）课文是如何描写这位奇人的？

（3）要想了解他的不同一般、很少见，就要把他放到众人中去比一比。

【设计意图】体会第一段在全文中的作用，培养学生抓关键词语概括的能力，从写法入手整体感知。

2. 体会奇人。

（1）全篇提取信息：默读全文，文章将徐霞客跟谁比了？每找到一处，标上序号，看找到了几处。

【设计意图】为了表现徐霞客是一位奇人，课文大量采用了对比的写法，引导学生在对比探究中感受这位奇人奇在哪里。整体感知，落实篇章教学，帮助学生学会整体思考。

（2）体会第一处：和当时的读书人比。读相关段落，看看有哪些不同。

a. “科举功名”——“走遍天下，亲自考察”；“经书”——“古今史籍、地志、山海图经”。志向不同；内容不同。

b. “埋头读”——“醉心读”。这两个词语有什么不同？（态度不同）“醉心于”说明特别喜欢，痴迷——读句子。

c. “求真求实”：读读这句话，看看你又能发现什么。

过渡：这是他“走遍天下、亲自考察”的重要原因啊！这个自然段通过概括叙述，与当时的读书人去比。我们再来看看第二处跟同伴比。

【设计意图】在与读书人的对比中，“醉心”是一个关键词语，透射出徐霞客淡泊名利、求真求实、对科学的热爱，这也是他长期坚持、不畏艰险的重要原因。

（3）体会第二处：与同伴相比。

a. 轻声读这一段，想一想他跟同伴比，有什么不同。（同伴放弃，徐霞客坚持目标）

b. 坚持目标容易吗？在什么样的困难下他还是坚持呢？再读读，看看有几个困难，把它们画下来。（旅途劳顿，遭遇抢劫，病魔威胁）

c. 提到旅行，我们同学都很激动，这里却说旅途劳顿，你怎么理解？

（联系第四自然段）如此劳累，更可怕的是财物与生命安全又受到威胁。这一段背景资料更衬托出他坚持目标多么不容易。

d. 徐霞客的收获是什么？谁来读一读？

经历了千难万险，克服了同伴不能忍受的重重困难，发现了别人没发现的秘密，前无古人，重写历史，如果是你，你当时是怎样的心情啊？

e. 总结：新的发现在吸引他，给他带来了巨大的快乐！对大自然的探索远胜过生活上的千难万险。他更醉心于这样的研究，坚持不懈。

【设计意图】第四段是介绍当时背景的文字，引导学生读，体会其作用。通过抓重点词语朗读，使学生逐渐体会到徐霞客能坚持目标的原因是他求真求实的探索精神。

（4）体会第三处：与村人相比。

a. 他与村人有什么不同？他就不怕蟒蛇、不怕神龙吗？为什么还要进洞？

b. 他到底看见了些什么呢？（播放视频）如果你是徐霞客，你有什么感受？

c. 想一想，当徐霞客出洞后会和村人们说些什么呢？

d. 他继续这样醉心地研究，你们知道像这样的洞穴徐霞客考察了多少个？仅在广西、贵州、云南三省区就有 270 多个。

总结：与同伴比是为了说他坚持目标，而跟村人比，又进一步说明坚持目标达到锲而不舍的程度。——锲而不舍。（板书）

【设计意图】通过看录像，展开想象与人物对话等方式，学生进一步感受到当徐霞客有了新发现时欣喜、兴奋的心情，从而体会他醉心研究、求真求实、锲而不舍的精神。

总结和过渡：如果说文章第二自然段与读书人比是概括叙述，那么与同伴比、与村人比就是通过具体的典型事例，凸显了徐霞客这位奇人。他因热爱而坚持，又因坚持而醉心。过渡：这一坚持，这一醉心就是多少年？此后三十多年……

3. 情景渲染、感情朗读。（学习第三段）

（1）第一遍读。（整体感知主要内容）每人都来读读这段文字，看看这一段写了什么？

（2）第二遍读。（体会意思）再读，看看哪些词句打动了你。交流。

（3）第三遍读。（读出艰难）

（播放视频）你有什么感受？他仅仅只是简单地走遍吗？他不是简单地走遍，而是边走，边研究，边写作，所以课题是“阅读大地的徐霞客”，他用全部的情感阅读，用毕生的心血阅读。再读第三段，你想怎么读？

（4）第四遍读。（读出醉心）旅途这样艰难，他怎么还能坚持下去啊？尽管这样艰难，他还是乐此不疲，醉心不已，探索不止。再读第三段，读出艰难中的痴迷、沉醉。

【设计意图】看视频帮助学生感受徐霞客旅途的艰难，激发学生情感，四次朗读训练，让学生从了解内容到体会文字背后的情感。

（5）总结写法：因醉心而坚持，又因坚持而醉心。这一段没有具体的事例，只是概括地描写和抒情。全篇文章就这样有概括，有具体，有抒情，有事例，还补充了背景资料，运用了对比手法，展示了徐霞客这位奇人——求真求实、锲而不舍的探索精神。

4. 体会奇书。

正是这样的奇人，才写下了《徐霞客游记》这本千古奇书。这本书究竟奇在哪儿？（板书：科学文献、山水文学）在当时那样落后的时代，在人们都追求功名利禄时，他能写出融科学性、文学性于一体的书，真是前无古人，具有划时代的意义！所以说徐霞客是我国旅游写作的先驱，让我们带着敬佩之情齐读最后一句话。

总结：奇人创造了奇书，奇书造就了奇人，紧密相连，不可分割！

（三）拓展作业，自主选择

1. 必做作业。

请大家写一篇介绍徐霞客先生的简介，可以参考文中和老师板书中的四字词，字数 200 字左右。

2. 选做作业。

（1）徐霞客一生奇闻奇事还有很多，请同学们课后查阅资料，一分钟介绍交流。

（2）文言文基础较好的同学，可以阅读《徐霞客游记》，选择好的片段，给同学们讲解。

【设计意图】 巩固课上所学的词语，读写结合，兼顾到不同层次的学生。

附：板书设计

奇人	阅读大地的徐霞客		对比
↕	求真求实	锲而不舍	1）读书人
			2）同伴
奇书	科学文献	山水文学	3）村人

琥　　珀

（第二课时）

董　春（海淀区民族小学）

一、教学目标

1. 了解这块琥珀的形成过程，理解科学家的推测方法。

2. 用心品味关键词句的意思，体会科学小品的特点，同时感悟生命的价值，提高审美情趣。

3. 正确朗读课文。

二、教学重点

1. 了解琥珀的形成，理解科学家的推测方法。

2. 体会科学小品的写作特点。

三、教学难点

理解科学家合理推测的方法。

四、教学策略

“以读为本”与“高度概括”有机结合。

五、教学过程

（一）词语复习，回顾文路

1. 看拼音写词。

（1）独立拼写。（2）同桌互查。（3）统一反馈。（4）当堂改错。

2. 快速浏览课文，根据“推测”这个词语的意思，回顾课文的结构。

【设计意图】字词教学在第三学段虽已不是重点，但是仍应该在每节课上随堂练习，以达到积累的目的。抓住重点词语“推测”，回顾课文的主要内容，也符合从整体入手的规律。

（二）课题入手，整体感知

1. 齐读课题。什么是琥珀？（琥珀就是松脂球的化石）板书：松脂球化石。

2. 这篇课文写了一块什么样的琥珀？出示句子及图片，明确：珍贵、奇异。

【设计意图】从课题入手，一方面激发学生探究这块琥珀的兴趣，同时也是把握学情，了解学生的学习起点。

（三）提取信息，探究形成

这么珍贵，价值这么高的琥珀，它的形成需要哪些条件呢？

1. 出示自学提示。

默读课文第一～第十四自然段。

用“——”画出有关这块琥珀形成的条件的句子，标上序号。

在导学单上填好相应的表格。

组内交流，达成共识。

【设计意图】阅读是学生个性化的行为。默读利于静思，通过默读，在头脑中内化文字，用简练的语言提取有用的信息，培养学生提取信息的能力，标上序号又可以训练学生思维的多维性和综合性。

2. 交流自学成果。

“松脂球的形成”部分。

预设：松脂球

↓

化石……

①天气炎热。
②松林，老松树。
③苍蝇，蜘蛛。
④蜘蛛想吃苍蝇。
⑤松脂恰好滴下来，不断滴下来。

（1）生生交流、互相补充。

（2）“天气炎热”能否可以概括得再精练一些？板书：天热。

（3）哪些条件还能够合并起来，再进行概括？预设：虫遇脂滴。

（4）松脂球的形成过程，如果让你用一个字来形容，你用什么？板书：巧。

【设计意图】在生生互动中，完善所提取的信息。另外，对学生进行恰当的语言文字的训练，在练字的过程中，发展学生分析与综合的思维能力。

化石的形成：

预设：化石
①陆地沉下去。
②海水淹没森林。
③松脂球被海沙淹没。
④漫长的时间。

（1）生生互相补充，发表自己的意见。

（2）能不能模仿刚才的样子，把这些条件进行合并和概括呢？板书：陆、沉、沙、埋、时、长。

（3）正是由于这样巧合，这样偶然的情况发生，形成了松脂球，再经过以上条件，才形成了如此珍贵、奇异的琥珀。板书：奇。

【设计意图】有了第一部分合并和练字的引领，此环节放手让学生自己去抽象概括，再一次对学生的语言运用的能力进行训练，有层次，有梯度。

3. 是所有的琥珀都是这样形成的吗？哪些条件是琥珀形成的必要条件呢？小组讨论，明确有了松脂球，还要有时间和空间的条件，共同作用。用“★”在板书中标出必要条件。

【设计意图】要让学生更加全面、客观地认识到琥珀形成的必要条件，突出本课介绍的琥珀的独特和奇异之处。同时，训练学生思维的深刻性和条理性。

（四）品味词句，感悟写法

1. 出示朗读提示：再读第一 ~ 第十四自然段，作者在写作方法上有什么特点？

用波浪线画出你认为重要的句子，将写作特点批注在旁边。

2. 全班交流。

预设一：趣味性。（拟人的手法、细节描写）

重点处理：

忽然，有个蜘蛛划着长长的腿慢慢爬过来，想把小苍蝇当做一顿美餐。他小心地划动长腿，沿着树干爬下来，离小苍蝇越来越近了。

你最欣赏句子中的哪个词？谈谈你的感受。（“划”字准确地写出了八条腿的蜘蛛的动作）

“哎呀！”他想，“这位小姑娘身子并不大，除去一对绿翅膀，一对触须，剩下的就很少了。不过少虽少，总还是一顿美餐。要是我不小心，被她的大眼睛看见了，她马上飞开，我的美餐就要落空，说不定会饿上一天呢。”

自由读，指名读，评读。

预设二：文学性。

除了“趣味性”这个特点，你还觉得哪些句子写得特别好？

小苍蝇不能掸翅膀了，蜘蛛也不再想什么美餐了，两只小虫都淹没在老松树的黄色泪珠里。他们前俯后仰地挣扎了一番，终于不动了。

（1）学生抓住“老松树黄色泪珠里”体会到拟人的手法。谈谈写作手法有什么好处。

（2）带着这种情感，读读这段话。自由读。指名读。

（3）你觉得这两只小虫是幸运的，还是挺倒霉的？相互交流。

预设三：科学性。

这个故事发生在很久很久以前，约莫算来，总有一万年了。

抓住“约莫”“总有”这些词语体会用词的严谨。

将自己的批注进行完善。

【设计意图】引导学生通过品味语言文字，体会科学小品“趣味性”“文学性”和“科学性”这三个特点。

（五）句式训练，突破难点

1. 默读最后一段，看看共有几句话，互相说说每句话之间的关系。

2. 出示句子：哪些是看到的？哪些是想象到的？

我们还可以想象他们当时在黏稠的松脂里怎样挣扎，因为他们的腿的四周显出好几圈黑色的圆环。

3. 句式练习：正因为他们腿的四周有好几圈黑色的圆环，所以可以想象他们当时是怎样挣扎的。

4. 用上这个句式，进一步说说最后一段的内容。

5. 说说第二部分其他自然段的内容，根据看到的，可以想象到什么？

【设计意图】通过句式的训练，既可以帮助学生理解推测的过程，和前面的童话故事建立联系，又可以作为语言训练点，培养学生口语表达能力，训练思维的敏捷性和条理性。

（六）名言拓展，深化理解

出示爱因斯坦的话：想象力比知识更重要，因为知识是有限的，而想象力概括着世界的一切，推动着进步。

谁能读懂这句话？

【设计意图】拓展关于想象的名人名言，旨在让学生更深地理解以推测打造科学的、严谨的思维，以想象来打造文学性。

（七）根据需要，选做作业。

1. 推荐阅读柏吉尔《乌拉波拉故事集》中另外的小故事。
2. 阅读《黄河象》资料，根据资料内容，推测当时的情景。

附：板书设计

琥珀

天热
虫遇
脂滴★ } 巧 松脂球→化石 奇 { 陆沉
沙埋★
时长★

观察——想象——推测

城市的标识

（第二课时）

宋　茹（海淀区七一小学）

一、教学目标

1. 了解城市中的雷同现象，理解作者为什么花费大量的笔墨来写城市的雷同。

2. 认识各个城市不同的标识及其特点，理解作者把树作为城市的标识的意义，体会作者让我们珍惜树、保护大自然的思想感情。

3. 初步感知散文的写作特点，能够有感情地朗读课文。

二、教学重点

理解作者把树作为城市的标识的意义，体会作者让我们珍惜树、保护大自然的思想感情。

三、教学难点

1. 理解作者把树作为城市的标识的意义，体会作者让我们珍惜树、保护大自然的思想感情。

2. 初步感知散文的写作特点。

四、教学策略

“以读为本”与多种方法有机结合。

五、教学过程

（一）课题引入，强调字音

这节课我们继续来学习——，齐读课题，“识”这个字在这里读什么？再读课题。

（二）发现“雷同”，铺垫下文

1. 回顾课文：假如有一天忽然发生了一件你意想不到的事，你被掳掠到某地，关在封闭的房间里，仅仅依靠视线所及的建筑物和街道，可能无法辨别出自己的所在之处。这是因为——我们的城市和城市，已经越来越像多胞胎了。

2. 思考作者从哪些方面列举了现代社会城市与城市之间的多胞胎现象？

（1）出示句子：“就好像每个城市的商店宾馆，都用各自特制的拉链，把天下各处自家的门脸统统锁成了一个连体人。”你怎么理解连体人？

（2）联系学生生活经验，出示图片。你去过哪些城市的麦当劳？你怎么一下子就能找到麦当劳？

（3）这些司空见惯的连体人，我们也早已习以为常了。它让——

我们的城市和城市，已经变得越来越像多胞胎了。

我们的城市和城市，已经被统统锁成了一个连体人。

【设计意图】贴近学生生活实际，调动学生已有的生活经验理解课文中的连体人，形象的图片带给学生更直观的感受。

（4）文中还列举了城市中的哪些多胞胎现象？

3. 作者从那些“高耸的大厦和大楼”写起，现在直到这——街角上扔着一只可口可乐的饮料空罐，还有一只“万宝路”的烟盒……你发现了什么？

【设计意图】领悟作者写作顺序上巧妙的安排，体会作者从多角度、多方面来表现城市中的多胞胎现象无所不在。

4. 以诗句总结城市中的多胞胎现象。

（三）理解“标识”，体会情感

1. 这无数的雷同将你团团包围，“你——迷失在被无数次复制过的城市里，你已经找不到回家的路”。到底什么才能够引领我们找到回家的路呢？在文中画出句子。

2. 出示自学提示：请同学们默读第八～第十三自然段，一边读一边批注：

作者描写了哪些城市的标识？这些城市的标识分别是什么？它们有什么特点？

（1）重点学习香樟树。

a. 体会散文语言优美的特点。

那棵树有一种端庄的王者风度，两人合抱粗的树干呈深黑色，树枝如巨大的龙爪，遒劲而伸展，缀满了繁密的树叶，即使在深冬也依然葱郁。树底下落着紫黑色的小果子，一阵若有若无的香气淡淡地袭来……

句子训练：这是一棵__________香樟树。

这些生动的描写，恰恰体现了散文的一大特点：语言优美。指导学生朗读，读出语言美。

【设计意图】在这里设计这个句子训练，目的是让学生通过作者生动的文字感悟散文语言优美的特点，并通过朗读，品味语言的魅力。

b. 体会散文寓情于物的特点。

同学们发现了吗？这儿有一个省略号，这个省略号带给了作者怎样的遐想？她会对香樟树说些什么？

“寓情于物”是散文的又一特点，指导学生朗读，配乐读出真情感。

3. 具有王者风度的香樟树是杭州市的标识！其他城市的标识也都是各具特色，用简单的词语分别概括一下吧，试着用表格的形式来填写。

4. 树作为城市的标识还远远不止这些，你还知道哪些树是城市中的标识？把你收集的资料和大家分享一下。请同学们仿照课文，抓住树的特点，向大家介绍一个城市的标识。

【设计意图】学习作者抓住特点的写作方法，并对课程资源进行整合，既充分挖掘了课外语文资源，又渗透了抓住事物特点这一写作方法。

5. 作者为什么要把树称为城市的标识呢？

最后只剩下了树，在忠心耿耿地守护着这一方水土；只剩下了树，在小心翼翼地维持着这座城池的性格；只剩下了树，用汁液和绿荫滋润着这城市中芸芸众生干涸的心灵。

（1）在这里，作者为什么一连用了三个“只剩下了树”？

（2）升华情感：迷失在城市中的你终于找到了久违的宁静和心灵的归宿。联系前面学过的课文《爸爸带我去爬树》，体会树不仅仅是一个城市的标识，更是一个城市的灵魂！

【设计意图】了解作者的表达方法，联系前面的课文，调动学生的情感体验，与作者的情感产生呼应。

（3）读写结合：我们的城市和城市，变得越来越像多胞胎，到处是____，到处是____，到处是____。而树，作为城市唯一不可被替代的印记，不可被置换的标识，它带给我们________，带给我们____，带给我们____，它是城市的灵魂。请你仿照课文中的排比句，把你对课文的理解和感受写下来。

【设计意图】以小练笔的形式，把课文的内容贯穿起来，在准确把握课文内容的基础上，培养学生提炼、概括的能力，同时仿照课文进行排比句式的练习，一举多得。

（四）巧妙反衬，突出主题

1. 再看课题，作者要写城市的标识，可为什么用大量的笔墨写城市的雷同呢？正是因为这城市与城市如此雷同，越来越像多胞胎、连体人，这才使树作为城市的灵魂更显弥足珍贵。让我们——（师生共读最后一段）

2. 总结：作者的声声呼唤震撼着我们，让我们用心去爱这城市的树吧！

（五）布置作业和延伸

课下读一读张抗抗的其他作品，推荐阅读《窗前的树》和《故乡在远方》，体会散文语言优美、寓情于物的特点。

【设计意图】作业与课文联系紧密，并尊重学生差异，拓展阅读体现语文教学的课外延伸。

附：板书设计

语言优美	城市的标识	
寓情于景	↓	↓
抓住特点	多胞胎	树（灵魂）
	爱	

普罗米修斯的故事
（第二课时）

李爱利（海淀区七一小学）

一、教学目标

1. 正确、流利、有感情地朗读课文。

2. 通过朗读、默读品味课文，理解普罗米修斯的英雄行为，对这位人类伟大的朋友、伟大的英雄产生赞美和钦佩之情。

3. 感受古希腊神话的艺术魅力，产生对神话的阅读兴趣。

二、教学重点

通过朗读、默读品味课文，理解普罗米修斯的英雄行为，对这位人类伟大的朋友、伟大的英雄产生赞美和钦佩之情。

三、教学难点

激发学生表达自己的独特见解。走进人物的内心，交流阅读的感受，感悟英雄形象。

四、教学过程

（一）回顾内容，导入新课

1. 齐读课题，回顾人物。

同学们，今天我们继续学习希腊一个非常著名的神话故事，读读课题。通过初读课文，我们知道故事中出现了几位天神，你能猜一猜他们是谁吗？（出示图片）

2. 读准名字，回顾内容。

请你把这些名字再读读。浏览课文并思考，围绕着这些人物文章讲了一个怎样的故事呢？

（投影）普罗米修斯、宙斯、威力、暴力、老赫利俄斯、海格力斯。

【设计意图】 通过观察图片猜故事中人物的名字，然后根据人物之间的关系回顾主要内容这一环节，既可以激发学生的学习兴趣，又可以考查学生对课文内容的掌握程度。同时通过方法点拨，学生在潜移默化中学习概括文章内容的方法。

（二）深度理解，感悟文本

1. 对比学习，体会火的重要。

（1）通过回顾内容我们发现，整个事件的发生都是因为“火”造成的，那火对人类真的那么重要吗？请你带着这个问题快速读读课文。

（2）先来看看人类没有火，生活得怎么样。

（投影）他发现人们住在山洞里，饥寒交迫；他们被野兽捕食，甚至彼此猎食——他们实在是一切生物中最可怜的了。

a. 结合词语谈感受。

b. 导读：（投影）因为没有火——人们住在山洞里，饥寒交迫。

因为没有火——人们被野兽捕食，甚至彼此猎食。

因为没有火——人类日子过得比野兽还坏。

（3）没有火，人们的生活比野兽还坏，人类有了火呢？请你读读相关段落，试着用“自从有了火，人类____”的句式说一说。

（4）对比读没有火和有了火人类的生活状况，体会火带给人类的巨大变化。

（投影）师生对读。

（师）没有火，人们住在山洞里，饥寒交迫。

（生）有了火，人们家里都燃起了欢快的火焰，男男女女坐在火的周围，得到了温暖和幸福。

（师）没有火，人们被野兽捕食，甚至彼此猎食。

（生）有了火，人们学会了吃熟食，开始抛弃掉了野蛮的原始习惯，从蜷居的阴暗角落里走出来，到户外明亮的阳光下。

（师）没有火，人们实在是一切生物中最可怜的了。

（生）有了火，人们的生活变得一天比一天幸福了。

【设计意图】对比朗读让学生深刻体会火对人类的重要，间接感悟普罗米修斯为人类带来火种使得人类的历史翻开了新的一页的伟大功绩。同时学习对比方法，为写作打下基础。

（5）人类的这一切改变都是源于我们的朋友——（生）普罗米修斯。文中说他是人类伟大的朋友，你们怎么理解？（板书：善良、无私）

2. 分析求火、盗火，体会勇敢。

（1）默读第二～第九自然段，思考从哪些词句体会到火的来之不易，画一画，将感受批注在旁边。

（2）汇报。

（投影）普罗米修斯鼓足勇气去见主神宙斯，请求他把火赐给人类。

小结：一心只想着人类，全然不顾自己的安危，此时，你还认为普罗米修斯仅仅是一位天神吗？他是我们人类伟大的——（生）朋友。（板书：伟大的朋友）

3. 分析受罚，体会坚强。

（1）普罗米修斯，这位人类伟大的朋友，给人类带来的是光明、温暖和幸福的生活，但给自己带来的却是宙斯对他的——（生）惩罚。

（投影）惩罚。

（2）普罗米修斯受到了怎样的惩罚呢？请自己读一读第十八自然段。

（投影）狂风终日在他身边呼啸，冰雹敲打着他的面庞；凶猛的大鹰在他耳边尖叫，用无情的利爪撕裂他的肌体。

（3）听，狂风呼啸，电闪雷鸣，大鹰尖叫，普罗米修斯承受着怎样的痛苦呀。让我们带着想象一起读读这段文字吧。（伴音乐）

（4）冷酷的宙斯狠狠地惩罚着普罗米修斯，仅仅是让他的肉体感到痛苦吗？你们看“惩”这个字，有什么发现？（投影动画）惩。

（5）这位同学真会观察，看来最严厉的惩罚是宙斯要征服普罗米修斯的心呀。然而宙斯做到了吗？谁来读读。

（投影）普罗米修斯忍受了这一切苦痛而不哼一声，决不祈求宙斯仁慈，决不对自己做过的事说一句懊悔的话。

指名读（板书：坚强）

(6) 普罗米修斯对自己做过的事决不懊悔。

引读：(投影)

(师) 普罗米修斯决不懊悔，(生) 鼓足勇气去见主神宙斯，请求把火赐给人类。

(师) 普罗米修斯决不懊悔，(生) 永远离开了宙斯和众神。

(师) 普罗米修斯决不懊悔，(生) 把火送给人类并教会人类用火。

(师) 所以他不怕，(生) 狂风终日在他身边呼啸。

(师) 所以他不怕，(生) 冰雹敲打着他的面庞。

(师) 所以他不怕，(生) 凶猛的大鹰在他耳边尖叫，用无情的利爪撕裂他的肌体。

小结：从普罗米修斯的坚强不屈中我们看出，普罗米修斯不但是人类伟大的朋友，更是一位——(生) 伟大的英雄。(板书：伟大的英雄)

【设计意图】 利用回读与导读的方式，回顾普罗米修斯所做过的事，与后面所受到的惩罚形成鲜明的对比，为理解“伟大的英雄”的含义起到画龙点睛、水到渠成的作用。

(7) 就这样，为了人类普罗米修斯忍受着痛苦的折磨，一年又一年，一个世纪又一个世纪，普罗米修斯一直被困在那里。同学们，你们知道到底是多长时间吗？是三万年！(投影：三万年！) 但普罗米修斯面对宙斯的惩罚，毫不低头。让我们带着对普罗米修斯的敬仰和崇敬之情再来读一读这段文字吧。(音乐起)

4. 感知获救，感悟主题。

(1) 普罗米修斯的英勇行为感动着太阳神驭手，也感动着大力神海格力斯，最后他被海格力斯救了下来。

(2) 普罗米修斯的英雄故事感动了一代又一代人。直到现在他的故事仍然活跃在画家的笔端，仍然再现于戏剧的舞台，仍然跳跃在作家的文字中，仍然流淌在每一个人的心中……普罗米修斯的故事之所以能够千古流传，是因为他寄托着人们对光明和幸福生活的追求与向往。

(3) 让我们永远记住这位伟大的朋友，伟大的英雄——(齐读) 普罗米修斯。

【设计意图】 利用图片配解说的形式，使学生真正领悟普罗米修斯的故事流传至今的原因所在，同时渗透思想教育。

（三）作业

1. 学完《普罗米修斯的故事》你有什么感受？写下来。

2. 推荐阅读：《希腊神话故事》《中外神话传说》。

附：板书设计

普罗米修斯的故事

善良　勇敢

无私　火　坚强

伟大的朋友　　伟大的英雄

走遍天下书为侣

（第二课时）

欧阳朝霞（中国农业科学院附属小学）

一、教学目标

1. 正确、流利、有感情地朗读课文，熟读部分段落，体会作者“走遍天下书为侣”的心愿，并从作者反复读一本书的方法中受到启发。

2. 体会作者如何通过富于变化的句子表达自己的思想感情。

3. 学习“金钥匙”，知道在叙事时插入自己的议论，抒发自己的感情。

4. 初步感知“献词”这种文体。

二、教学重点

体会并认同作者选择书作为伴侣的心愿，并从作者反复读一本书的方法中受到启发。

三、教学难点

通过抓住关键字词、联系实际经验等阅读方法，体会并认同作者对书的独特情感和自己读书的乐趣。

四、教学策略

“以读为本”与多种方法有机结合。

五、教学过程

（一）回顾内容和质疑，导入新课

回忆课文内容，导入新课的学习，教师适当点评并引导体会“献词”的结构特点；梳理质疑，提取核心问题。

【设计意图】回忆课文内容，梳理课文结构，确定核心问题，整体导入。

（二）对比朗读，感受以书为侣的心愿

1. 从学生质疑入手，通过个性朗读感叹者的话，形成共鸣。

一本书！我会听到有人感叹了：如果你坐船周游世界，这一趟下来，你可以把它读上一百遍了，最终你能背诵下来。

2. 通过抓关键词“一百遍”“背诵的程度”“一遍又一遍”品读，体会作者以书为侣的心愿。

是的，我愿意读上一百遍，我愿意读到能背诵的程度。这没什么关系。

所以，我愿意坐在自己的船里，一遍又一遍地读那本书。

3. 对比朗读，激起探究热情。

【设计意图】尊重学生，从学生课前质疑，激起探究欲望，引发学习期待。

（三）品读（第三~第八自然段），探究以书为侣的原因，学习以书为侣的方法

1. 交流。

你喜爱的书就像一个朋友，就像你的家。……那么美。

（1）作者把书比喻成了朋友和家，你认为书还像什么？

（2）作者为什么要这么比喻？

（充分表达作者对书的喜爱之情。同时，生动、巧妙地说明了一本书可以常读常新，百读不厌。）

（3）合作，有感情地朗读第四自然段。

【设计意图】尊重学生学习需求，利用本文资源，引导学生体会比喻句的表达效果，进行写法指导。

你总可以从一本书中发现新东西，不管你看过多少遍。

（1）抓关键词，体会以书为侣原因之一——书能常读常新。

（2）教师激情促学生朗读。

【设计意图】 观点易接受，但要在情感上产生共鸣是难点，因此，用激情促学生朗读，帮助学生体会发现之喜。

你会读书……只有人会读书。

抓关键词，体会作者用对比的方法表达人追求精神上的享受的观点。

每逢读书时……顶有趣的事。

（1）抓关键词、结合读书经验、补充小调查等，解决课前质疑：为什么说是顶有趣的事？体会以书为侣原因之二——倾听心声。

原因一：能进入别人的心灵中，倾听别人的心声。

原因二：每次读书，都能这样，这在日常的生活学习中是很难做到的——教师插入小调查说明。

原因三：书里蕴含了人类千百年的精神财富，倾听伟大巨人的心声，能使我们的灵魂变得充实而且高尚，行为变得理智而富有创造。

（2）换词，体会作者用词的准确。

【设计意图】 重锤敲打关键词句，使它们溅出耀眼的火花。从“为什么说是顶有趣”入手，通过三个层次的设计，引导学生层层深入，体会读书的乐趣，激发阅读兴趣。

首先……同船而行。

（1）自学：画出表示读书方法的重点词，批注这样读书的好处。

（2）交流：读句子，说画的词，总结读书的好处。

想人物——倾听人物心声；想作家——倾听作家心声；回顾片段、问自己——倾听自己心声；读另一部分——发现新东西；列单子——总结收获；想象作者——倾听作者心声。

（3）提炼核心读书方法：思考。

（4）解决课前质疑，明白以书为侣的原因之三——运用不同方法读书，是有收获的、有趣的。

（5）总结提升：以书为侣的真正原因——热爱读书。

（板书：热爱）

2. 总结回顾，检测学习效果。

（1）运用这个句式来回答课前质疑。

作者愿意选择一本书作为自己的伴侣，一遍又一遍地读，是因为读书可以____________________。

（2）有感情地朗读。

（3）体会表达上的两个特点：表达看法，抒发热爱之情。

（四）自学（第九~第十一自然段），感受以书为侣的号召，体会问句的表达效果

用课前质疑及课后问题引导学生思考问句的表达效果：在亲切的谈话中，发出倡议，启发大家都来行动，以达到更好的鼓动、号召的效果。（板书：号召）

【设计意图】自学解决课前疑问，教师点拨，感受文章表达特色。

（五）总结回顾，再读课题

1. 梳理结构。
2. 总结学习收获。
3. 再读课题谈理解。

（六）布置作业，落实以书为侣的方法

1. 在读书中尝试运用方法。
2. 将自己喜欢的句子抄写在积累本上。
3. 拓展阅读：《长满书的大树 · 安徒生文学奖获得者与儿童的对话》。

附：板书设计（略）

为了他的尊严

（第二课时）

司常水（海淀区香山小学）

一、教学目标

1. 通读课文，了解妇人让乞丐搬砖，从而使他获得做人尊严的故事内容。

2. 抓住重点词句体会乞丐的心理变化及妇人的良苦用心，懂得经过劳动才能获得尊严的道理。

3. 有感情地朗读课文，再现文中人物的内心和人物品质。

4. 通过对比体会文章的写法。

二、教学重点

通过妇人和乞丐的言行、神态，体会出通过自己的劳动才能获得尊严的道理。

三、教学难点

通过乞丐的语言、神情体会其心灵深处的情感矛盾。

四、教学策略

抓住情感变化主线多维度地体验、多层面地提升。

五、教学过程

（一）复习回顾，解题入课

同学们，通过上节课的初步学习，我们了解了题目“为了他的尊严”是指妇人为了乞丐的尊严，下面我们继续这节课的学习。

（二）整体入手，学习全文

1. 出示文中插图，请同学们浏览课文，说一说这幅画面描述的是什么场景。

（预设：残疾董事长恳请妇人一家搬到城里去住，做城市人，过好日子，妇人婉言拒绝了。）

过渡：这个场景因何而来呢，我们一起来学习课文的第一部分。

2. 学习课文第一部分（第一～第八自然段）

（1）出示自学提纲。

①默读第一～第八自然段，了解写了一件什么事。

②用波浪线画出描写乞丐神态和语言的语句，反复品读所画的语句，结合上下文体会乞丐当时心里在想什么。

③同桌交流意见。

（2）全体交流。

重点句：

“乞丐怔住了，他用异样的目光看着妇人，尖突的喉结像一枚橄榄上下滑动了两下。”（怔住、异样、上下滑动）——朗读体会。

“我不会忘记你的，这条毛巾也留给我作纪念吧。”（不会忘记你这位好心的妇人；不会忘记你对我的关心和尊重；不会忘记是你给了我自信，给了我做人的尊严；是你让我懂得了要用劳动获取尊严的道理。）

（3）语言训练，情感升华。

我不会忘记你的，不会忘记____________________。

（预设：生气，无奈，感激）

（4）小结：乞丐情感的变化：搬砖前，乞丐很生气，很委屈，认为自己是乞丐，就是靠施舍度日；搬砖后，乞丐知道了这二十元钱是搬砖的工钱，恍然大悟：原来我可以靠劳动生活，靠劳动生活就不再是乞丐了！他明白了只有靠劳动才能获得做人的尊严，才能过有尊严的生活，他怎么能忘记这位妇人呢？

从此乞丐有了自信，有了尊严，有了生活的目标。是谁给了乞丐做人的尊严和自信呢？（预设：是乞丐自己，妇人只是为他指明了一条怎样做人的道路）

3. 学习课文第二部分。(第九～第十二自然段)

(1) 再看题目“为了他的尊严”，里面的他只是指这个乞丐吗？不是，妇人用同样的方式对待每一个乞丐，有的搬了，有的没搬，这堆砖就这样屋前屋后地被搬来搬去，她的孩子都难以理解了，砖到底要放在哪儿呢？

(2) 你们读一读第九～第十二自然段，请你帮助妇人的孩子找到答案：“砖放在屋前和放在屋后都一样，可搬不搬对乞丐来说就不一样了。”(不一样)

(3) 再读读这句话，进一步体会妇人让乞丐搬砖的目的。

(4) 小结过渡：不搬，就仍然靠乞讨生活，过着不劳而获的日子，永远是乞丐；搬，就会领悟到自己能够自食其力，就会成为有人格尊严的劳动者。能自重自尊才有可能成功，第三部分印证了这一点。

4. 学习课文第三部分（第十三～第二十一自然段）

(1) 轻声读第十三～第二十一自然段，思考：

对同一个人的外貌描写在第一自然段与第十三自然段却完全不同，为什么？

(预设：这个乞丐很可怜，他的右手连同整条手臂断掉了，空空的袖子晃荡着，让人看了很难过，碰上谁都会慷慨施舍的。)

可怜的乞丐，没有自信自尊地求得施舍。他西装革履，气度不凡，跟那些自信自重的成功人士一模一样。美中不足的是，这人只有一只左手，右边是一条空空的衣袖，一荡一荡的。

【设计意图】使学生理解靠劳动获得做人的尊严，用自信自强获得成功。

(2) 指名分别读这两部分。你有什么想法？

【设计意图】通过外貌描写的对比，反映了乞丐经过“搬砖”的难忘经历，用自尊、自信、自强获得了成功，成为成功人士。

(3) 提问：妇人为什么没有接受残疾董事长的“照顾”？(预设：馈赠、邀请)

联系妇人说的话谈谈你的理解。(预设：妇人本身具有高尚的人格尊严，并保持自己的尊严。)

(三) 总结全文

同学们，文中更多地写了乞丐的人生变化，但透过乞丐的观念转变，我们清楚地看到妇人通过让乞丐搬砖对乞丐的尊重，并由此让乞丐明白一个道理：

做人要有尊严。每一个人都应该懂得必须通过劳动才能获得尊严的道理。妇人的善良不是简单的施舍，而是为迷途人指出一条明路，这就是爱，是超乎寻常人智慧的大爱！

（四）布置作业

1. 阅读《语文天地》“开卷有益”中的《嗟来之食》，写一篇读后感。
2. 搜集有关“尊严”的格言和故事。

附：板书设计

为了他的尊严

妇 人	乞丐	
让搬砖	生气	
做示范	（无奈）	劳动获取尊严
递毛巾	感激	
工 钱		

迟　到

（第二课时）

李翠娟（海淀区香山小学）

一、教学目标

1. 在理解课文的过程中，受到情感的熏陶，认识到改正错误、从小养成良好习惯的重要性。

2. 学会抓住描写人物动作、语言的语句，运用“品词析句”的阅读方法，理解人物情感，揣摩人物的复杂的心理变化，体会矛盾的逐步升级。

3. 初步领悟文章的表达方法，明晰各段间的联系。

二、教学重点

1. 抓住描写父亲动作、语言的语句，运用已经掌握的“品词析句”的阅读方法，理解父亲对“我”严厉而深沉的爱。

2. 揣摩“我”的心理变化，了解我改正错误的经过。

三、教学难点

在学习“品词析句”的读书方法之中，感受人物复杂的心理变化和矛盾升级。

四、教学策略

“以读为本”与多种方法有机结合。

五、教学过程

（一）回顾课文内容，引出父亲的严厉和慈爱

1. 齐读课题，用简练的语言概括这篇课文的主要内容。

【设计意图】培养学生总结概括课文内容的能力，为课文的品析打下坚实的基础。

2. 引发思考，文中这位父亲给作者留下了怎样的印象？

【设计意图】根据学生学习规律，整体把握文章，理清课文的脉络。

（二）研读重点语句，揣摩人物的心理变化

1. 出示自学提示。

仔细默读第三～第十八自然段，找出描写父亲动作、语言的语句，从哪些词语中能体会出爸爸管教我很严？用直线画下来；体会出爸爸很疼我，用曲线画下来，并做简单批注。

2. 交流反馈，体会矛盾升级。

（1）感受文中对人物叙述的内容起到的作用。

最糟的是，爸爸是不许小孩子上学乘车的，他不管你晚不晚。

【设计意图】体会父亲平时对我的严厉，为初步的矛盾升级埋下伏笔。

（2）感受人物语言在表情达意上的作用。

怎么不起来？快起！快起！

晚也得去，怎么可以逃学？起！

“怎么不起来？”“怎么可以逃学？”属于什么句式？这样表达的作用是什么？与陈述句相比较起到了什么效果？

【设计意图】在比较中体会人物语言的不同语气，如：反问句在表情达意上起到的作用是强烈的肯定，从而使学生在语言上深刻领悟父亲的严厉，体会矛盾正在升级。

（3）感受人物动作在表情达意上的作用。

爸气极了，一下把我从床上拖起来，我的眼泪就流出来了。爸左看右看，结果从桌上抄起一把鸡毛掸子，倒转来拿，藤鞭子在空中一抡，就发出咻咻的声音。

这一连串的动作描写此时此刻起到了什么作用？

【设计意图】 抓住重点词"拖""抄""倒转来拿""抡""从床头打到床尾"等描写动作的词语，体会父亲很生气，狠狠地打了"我"，体会一连串动作描写起到的表情达意的作用。

（4）挖掘"打"的内涵，突出"爱"的本质：父亲如此之狠地打我是为什么？

【设计意图】 体会父亲打我的原因是我的行为已经从一开始的"习惯不良"升级为不可原谅的"逃学行为"，父亲这样做是为了帮助我改正错误。

3. 体会正面描写父亲疼爱的语句。

（1）我走出了教室，站在爸面前。爸没说什么，打开了手中的包袱，拿出来的是我的花夹袄。他递给我，看着我穿上，又拿出两个铜板给我。

【设计意图】 引导学生抓住重点动词体会父亲对我的关心疼爱。

（2）联系上下文，在读中感悟全文中父亲的爱，体会文中语句背后的浓厚感情。

a. 父亲是不允许我坐车上学的，而今天却花了五大枚。

b. 我的父亲很疼我，但是他管教我很严，很严很严。

【设计意图】 面对错误，父亲的态度，让我坐车不是因为父亲后悔了，而是让我不至于迟到得更晚。父亲此时呈现给我的是一种面对错误的态度。而文中几次出现的很严，此时也不再局限于严格之上。

（三）读写结合，升华情感

小结：原来父亲严格管教的背后还藏着这么深沉的爱，请你带着新的感受，再来读一读这句话——"我的父亲很疼我，但是他管教我很严，很严很严。"

1. 此时此刻，回顾文中几次的矛盾升级，你发现了什么？像这样写一写你生活中发生的一次小矛盾，100 字即可。

【设计意图】 突破本课重难点，培养学生整理文本中写作的特点：直白的叙述——人物语言的变化——人物一连串的动作描写——推动矛盾逐步升级。

2. 从此以后，"我"发生了怎样的变化？

【设计意图】 提升学生对单元主题的认识，不单单要体会父亲深沉的爱，更要知道面对错误我们应该怎么做，将父亲的爱立体化。

（四）作业（二选一）

1. 读一读林海音《城南旧事》中《爸爸的花儿落了》一章。摘抄令你最为感动的语句。

2. 对比课文和《爸爸的花儿落了》原文，在日记本上写一写你有哪些深刻的感受。

附：板书设计

父亲 严 + 疼 = 爱	迟到 ↓ 早到	“我” 知错就改

西门豹治邺
（第二课时）

叶 梅（首都师范大学附属小学）

一、教学目标

1. 抓住描写西门豹言行的语句，联系上下文，推想“闹、麻烦、催一催”等重点词句的含义，体会表达效果。

2. 正确、流利、有感情地朗读课文，体会西门豹在治邺过程中的大智慧。

3. 体会老大爷与西门豹对话在文中的铺垫作用，了解本文在布局谋篇上详略得当的特点。

二、教学重点

整体把握全文，抓住关键词句推想含义，感悟人物形象。

三、教学难点

抓住三“闹”，理解文字背后的深层含义，体会老大爷与西门豹对话在文中的作用。

四、教学策略

通过整体感知，采用“四读一写”，想象补白，组合阅读，抓词推想，借引资料教学策略，感受人物形象。

五、教学过程

（一）复习巩固，整体回顾

1. 听写词语。

田地荒芜、人烟稀少、提心吊胆、面如土色、磕头求饶。

2. 浏览课文，根据情节曲线，回忆课文的主要内容。

【设计意图】这一环节，通过归类复习词语，既达到巩固基础知识的目的，同时为学生全面、准确、简练地概括课文主要内容起到辅助作用。

（二）品读语言，感悟形象

上节课，我们还有一个问题没有解决，西门豹到底是怎样治邺的？这节课让我们带着这个问题深入学习。

自学提示：默读课文，思考西门豹是怎样治邺的。你怎么评价他？用横线画出相关语句，并做批注。

1. 四读一写——初悟。

交流“一看四问”调查研究的这部分内容。重点交流西门豹和老大爷的四次对话，在学生交流中，采用“四读一写”的教学策略，引导学生感悟人物形象，体会西门豹的智慧。

一读：从语言形式上关注人物对话。通过对比读老人和西门豹的对话，发现西门豹语言尤为简练。

二读：从语言内容上关注人物对话。通过分角色朗读，引导学生发现西门豹问的每一个问题都源自老大爷答语中的最关键的、最有价值的内容，并体会问和答之间的关系。

教师：当西门豹问田地荒芜、人烟稀少是怎么回事时，老大爷说——

学生读：老大爷说：“都是给河伯娶媳妇闹的。河伯是漳河的神，每年要娶一个年轻漂亮的姑娘。要不给他送去，漳河就要发大水，把田地全淹了。”

教师：西门豹又问：“这话是谁说的？”

师：西门豹为什么没有问“河伯怎么娶媳妇”这样的问题，而是问了“这话是谁说的”？（这正是西门豹的高明之处，擒贼先擒王。引导学生体会这样问是有针对性的，是有目的地了解情况。）

三读：从句子的联系上关注西门豹的问话。（教师集中出示西门豹的四个问题）

问他是怎么回事。

“这话是谁说的？”

“那么漳河发过大水没有呢？”

请四位同学分别读四句话，其他同学边听边思考，弄清西门豹问这四个问题的目的。

一问了解到都是——田地荒芜、人烟稀少的原因，

二问了解到首犯是——揪出元凶，

三问了解到受害人是——穷苦人家的女儿，

四问了解到漳河——没发过洪水，反而年年闹旱灾。

教师引导学生将这四句话连起来自己读一读，发现西门豹的四个问题环环相扣，层层深入，初步引导学生发现问题间的关系。

四读：关注老大爷的四次答语，品味三“闹”。

1. 出示字典中的字条。让学生选择利用工具书在具体的语言环境中辨析同一个字的不同意思。

学生通过阅读，弄清他一看四问的目的，初步感受到西门豹的智慧。

一写：接下来，我设计了读写结合的环节，创设情境，展开想象。

写一写，西门豹回到官邸后会想些什么。

西门豹回到官邸，想想老大爷的话，一切都明白了。

邺地的百姓________________________，

邺地的官绅________________________，

作为邺地的父母官，我应该__________。

学生在写中加深了理解，教师再引导学生把理解送入文中，有感情地回读前文。

【设计意图】此环节抓住人物对话，从语言形式到语言内容，再到语言内涵，由浅入深，由表及里，层层深入，在发展学生语言能力的同时，发展思维能力，感受人物形象。

2. 巧抓文字——再悟。

学生围绕“西门豹怎样治邺，如何评价他”这一主要问题继续交流。第十~第十二自然段。

学生交流，教师从以下三个方面对学生进行引导。

（1）巧抓文字。“新娘是哪儿来的？”

先抓住两个“麻烦”和两处“催”，通过有感情地朗读，体会西门豹假话真说、直话曲说、重话轻说，进一步感受他话中有话，话外有意。

再抓住表示时间的一系列词语“等了一会”“站了很久”“过了一会儿”，体会西门豹假戏真做、用事实教育百姓，在等待中给百姓揭示真相，使百姓幡然醒悟，进一步感受西门豹的智慧。

教师追问：西门豹为什么不直接把巫婆和官绅头子绳之以法？然后引入资料。

3. 借引资料——深悟。

两千多年前，由于科学不发达，上至帝王将相，下至黎民百姓，对于很多自然现象不能做出科学的解释，而是迷信鬼神，因此，巫风盛行。（让学生明白，在当时的时代背景下，直接惩治并不能解决问题。西门豹采用这样的方法，不但惩治了恶人，还教育了百姓，进而使百姓信服他，跟着他去开渠引水。）

【设计意图】引入相关的资料，帮助学生结合时代背景，整体把握文意，从而认识到在人们普遍相信鬼神的时代，西门豹能揭穿装神弄鬼的把戏，是非常了不起的。

4. 紧扣前文——回悟。

深入学习西门豹惩恶的做法后，再来看看西门豹初到邺时的做法，你又会如何评价他？去掉旁白，男女生对读第一～第九自然段。

进而发现，西门豹和老大爷之间的对话在文中起到铺垫、为下文打下基础的作用。

【设计意图】通过品读重点词句，体会他惩治恶首办法的巧妙，再次出示时代背景，体会西门豹的有勇有谋。最后，回扣前文，去掉旁白，男女生对读，体会四次对话在内容上和写法上的作用，突破难点。

学生继续交流“西门豹怎样治邺”。他们会找到第十三自然段，即西门豹治水这部分，通过齐读，学生读懂西门豹的做法是开渠引水，造福百姓。

（三）回读全文，体会写法

学生回读全文，思考：在文章写法上有什么发现？

预设：在布局谋篇上详略得当的特点。

学了这篇文章，同学们对西门豹有了深刻的认识，此时，教师适时引入太史公司马迁在《史记》中对他的评价：“故西门豹为邺令，名闻天下，泽流后世，无绝已时，几可谓非贤大夫哉！”

【设计意图】回读课文，体会详略得当的写法。补充资料，使西门豹的形象更加丰满。

（四）布置作业

选做其中一项。

1. 缩写课文。
2. 把本文改写成剧本，演一演。

穷　　人

（第二课时）

赵艳霞（丰台区丰台第五小学）

一、教学目标

1. 通过质疑解疑，比较、阅读理解课文内容，感受桑娜与渔夫的善良、仁爱，以及宁可自己吃苦也要帮助别人的高尚品质。

2. 初步感受作者通过环境渲染、情节铺展、心理描写塑造人物的写作方法。

二、教学重点

通过质疑解疑，比较、阅读理解课文内容，感受桑娜与渔夫的善良、仁爱，以及宁可自己吃苦也要帮助别人的高尚品质。

三、教学难点

初步感受作者通过环境渲染、情节铺展、心理描写塑造人物的写作方法。

四、教学策略

以质疑解疑为主线，在比较阅读、拓展阅读中理解文本，了解人物，感悟写法。

五、教学过程

（一）学起于疑：回顾质疑，引发思考

1. 桑娜自己家已经这么穷了，为什么非要收养西蒙家的两个孤儿？

2. 渔夫为了养家死里逃生，为什么听说西蒙死了，也要收养两个孤儿？

3. 文章结尾为何有未完之感？

【设计意图】“学贵有疑，小疑则小进，大疑则大进。”此环节旨在引导学生梳理、归纳初读质疑，帮助学生带着浓厚的阅读期待和探究热情进入新课的学习。

（二）以疑承思：“穷”追不舍，感悟形象

1. 锁定心理，感悟桑娜的善良与仁爱。

（1）巧抓矛盾，初识桑娜。

请学生浏览课文，找到桑娜抱孩子时与抱回家后的段落，对比朗读，发现矛盾，强化质疑。

桑娜用头巾裹住睡着的孩子，把他们抱回家。她的心跳得很厉害。她自己也不知道为什么要这样做，但是她觉得非这样做不可。	她忐忑不安地想：“他会说什么呢？这是闹着玩的吗？自己的5个孩子已经够他受的了……是他来啦？……不，还没来！……为什么把他们抱回来啊？……他会揍我的！那也活该，我自作自受……嗯，揍我一顿也好！”

【设计意图】此环节旨在通过对比朗读，启发学生对桑娜有整体的初步认知：桑娜抱孩子时的毫不犹豫，特别是一个“非……不可”，使读者感受到桑娜的本性是善良的；而抱回孩子之后却又忐忑不安，凸显了人物的真实。在矛盾之中，使学生的疑问得到强化，推动学生思考的继续深入。为继续研读文本提供兴趣支撑和思考铺垫。

（2）融入情境，了解桑娜。

教师创设语境，引导学生回顾全文，利用文章中的相关信息，提示桑娜。引导学生从以下几个方面提示桑娜：

a. 从家庭环境的穷困来提示。

b. 从自然环境的恶劣来提示。

c. 从社会环境的黑暗来提示。

【设计意图】此环节，既训练了学生概览全文、捕捉有价值可利用的信息的能力，又训练了学生组织语言、口语表达的能力；最终目的是走近桑娜，去体会人物的内心世界，从而为准确地认识人物做好铺垫。

（3）揣摩内心，理解桑娜。

a. 出示心理描写，品读汇报：你读懂了怎样的桑娜？

b. 小议写法：作者是如何将这种心理呈现出来的？

【设计意图】此环节旨在引导学生理解主要人物桑娜善良、仁爱，以及宁可自己吃苦也要帮助别人的高尚品质，同时，体会省略号、感叹号、问号在刻画人物心理时的作用。感受作者描摹人物心理活动的真实、细腻、生动，受到写作上的启迪。

2. 想象联想，感悟渔夫的善良与仁爱。

（1）紧扣神情，想象遭遇。

渔夫皱起眉，他的脸变得严肃、忧虑。

（2）品味“熬”字，联想命运。

a. 尝试换字比较，讨论：“熬”字好在哪里？

b. 梳理信息，前后比较，联想命运，再次体会“熬”字的内涵。

收养之前	收养之后
1. 孩子们没有鞋穿，不论冬夏都光着脚跑来跑去；	1.
2. 吃的是黑面包，菜只有鱼；	2.
3. 桑娜从早到晚干活，还只能勉强填饱肚子；	3.
4. 自己清早出海，夜半才能回来；	4.
5. 遇到“鬼天气”能活着回来已算幸运；	5.

（3）回扣主题，感悟形象。

3. 比较异同，感悟人物的善良、仁爱。

（1）比较异同，发现人性。

（2）挖掘原因，品味真实。

【设计意图】此环节旨在引导学生比较两位人物塑造上的异同，从而感受桑娜与渔夫虽做法不同（一个先做后想，一个先想后做），但两者都有一颗善良仁爱之心；再则体会写法的高明之处：两位人物塑造上的不同，正是人物性别、性格、身份等因素使然，这样的描写使人物形象更加真实，更显作者的匠心独具。

4. 破解悬念，体会写作技巧的高明。

（1）试续结尾，破解内心，感悟人物形象。

（2）寻找悬念，体会写法，感悟人物形象。

（三）由思转议：拓展鉴赏，提升写法

1. 拓展比较，发现异同。

（1）出示雨果《可怜的人们》诗歌部分内容，对比朗读。

（2）思考：托尔斯泰是怎样将一首诗歌改写为一篇小说的？

2. 梳理提升，掌握写法。

（四）学合为用：分层作业，延伸阅读

1. 比较阅读《跳水》《穷人》两篇文章，梳理写法，感受小说的特点。

2. 仿照课文第九自然段心理描写的方法，尝试写写西蒙临死前的心理活动。

3. 尝试将托尔斯泰的《穷人》全文或部分改写为诗歌。

【设计意图】作业布置采取分层自主选择的方式来完成，既是对文本的再次解读，也是对写法的提升与实践，还是对学生差异的尊重。

附：板书设计

穷人

桑娜　渔夫

善良　仁爱　宁可自己吃苦　也要帮助别人

小说：
人物
情节
环境

金色的鱼钩

（第三课时）

李　健（丰台区丰台第五小学）

一、教学目标

1. 通过比较阅读，引导学生感悟长征精神，树立红军战士的英雄形象。

2. 通过了解三篇文章刻画人物方法的异同，找出规律，凸显特色，积累语言，培养学生的欣赏评价能力，锻炼学生的综合比较阅读能力。

二、教学重点

通过比较阅读，引导学生感悟长征精神，树立红军战士的英雄形象。

三、教学难点

通过了解三篇文章刻画人物方法的异同，找出规律，凸显特色，积累语言，培养学生的欣赏评价能力，锻炼学生的综合比较阅读能力。

四、教学策略

采用比较阅读的教学策略，帮助学生在比较中有所筛选、鉴别和提炼。将三篇长征题材的文章先进行比“同”，帮助学生将长征题材归类，积累语言，感悟三篇文章刻画人物的共同方法，进一步领悟长征精神。比“同”之后再比“异”，感悟描写特色，使各篇文章塑造刻画人物方面的特色进一步凸显。

五、教学过程

（一）明确比较方向，学习筛选比较材料

1. 引导选择比较的材料。

上节课，我们学习了《金色的鱼钩》，课后老师请同学们尝试着把《金色的鱼钩》和第10册中学习过的《丰碑》《草地夜行》进行比较，想想老师为什么让大家把三篇文章放在一起比较阅读呢？

2. 引导思考比较的价值。

把这三篇文章放在一起进行比较阅读，对我们到底有什么帮助呢？

【设计意图】教学生如何选择比较材料，考虑比较的价值。

（二）篇章比同，积累欣赏语言，强化同题材文章刻画人物的相同点

1. 教师引导思考：三篇文章在刻画人物方面到底有什么共同的、突出的地方呢？

结合三篇文章，再梳理、调整一下自己的预习，小组内和同学交流一下。

2. 小组合作研究，教师巡视指导。

3. 全班交流提升。（根据学生的汇报，随机完成以下几方面内容）

（1）三篇文章均选择"典型的场景"表现人物品质。

a. 提问思考：三篇文章中，哪个场景给你留下的印象最深？（重点处理三个场景）

场景1：《金色的鱼钩》第八自然段"强咽草根和鱼骨"场景。

我不信，等他收拾完碗筷走了，就悄悄地跟着他。走近前一看，啊！我不由得呆住了。他坐在那里捧着搪瓷碗，嚼着几根草根和我们吃剩的鱼骨头，嚼了一会儿，就皱紧眉头硬咽下去。我觉得好像有万根钢针扎着喉管，失声喊起来："老班长，你怎么……"

导学策略：——指名读、教师引读、全班读。

——小结提升：什么是"典型的场景"？

在《金色的鱼钩》中，你认为还有哪个场景是"典型的场景"？

场景2：《丰碑》第七自然段"风雪铸丰碑"场景。

一个冻僵的老战士，倚靠光秃秃的树干坐着。他一动也不动，好似一尊塑像，身上都落满了雪，无法辨认他的面目，但可以看出，他的神态十分镇定，十分安详：右手的中指和食指间还夹着半截纸卷的旱烟，火已被雪打灭；左手微微向前伸着，好像在向战友借火，单薄破旧的衣服紧紧地贴在他的身上。

导学策略：——指导朗读、想象、背诵。

——《丰碑》中哪个场景是“典型的场景”？为什么它是“典型的场景”？

场景3：《草地夜行》第十五自然段“身陷泥潭救战友”场景。

我心里一惊，不知怎么办好，只觉得自己也随着他下陷。这时候，他用力把我往上一顶，一下子把我甩在一边，大声说：“快离开我，咱们两个不能都牺牲！……要……要记住革命！……”

导学策略：——指名读、边听边想象。强调“顶”、“甩”等动作描写，全班朗读。

——小结归纳：为什么这是“典型的场景”？

b. 梳理提升：这三篇课文在刻画人物上有什么值得学习的地方？

（2）引导提升对长征精神的认识。

（3）三篇文章的结尾均“含蓄”地表达赞颂之情。

a. 默读浏览课文，思考这三篇文章的结尾是如何表达赞颂、敬佩之情的？

风更狂了，雪更大了。大雪很快覆盖了军需处长的身体，他成了一座晶莹的丰碑。……雪风雪中，传来无声沉重而坚定的脚步声……还会属于谁呢？

——《丰碑》

我抬起头来，透过无边的风雨……我鼓足勇气，迈开大步，向着部队前进的方向走去。

——《草地夜行》

在这个长满了红锈的鱼钩上，闪烁着灿烂的金色的光芒！

——《金色的鱼钩》

这些结尾都不是直接表达作者的赞颂之情的，都是含蓄的。

b. 与“直接”表达赞颂之情的结尾进行比较，体会“含蓄”地赞颂的好处：

这是英雄的中国人民坚强不屈的声音，这声音惊天动地、气壮山河！

——《狼牙山五壮士》

我想高声对全世界说，好像全世界都能听到我的声音：看啊，这就是我们中华人民共和国的总理。我看见了他一夜的工作。他每个夜晚都是这样工作的。你们见过这样的总理吗？

——《一夜的工作》

引导思考：大家读到上面这样的结尾，有什么体会？（体会直接赞颂结尾的好处）

为什么这三篇课文不用这样的结尾呢？（体会含蓄赞颂结尾的好处）

c. 积累精彩的结尾：三篇文章中任选一个结尾背一背、记一记。

d. 教师引导学生归纳、提升：通过这部分学习，你又有什么发现？

（4）三篇文章均体现了“次要人物的衬托”。

a. 次要人物的描写上，还有什么发现？

b. 提升发现结论：

次要人物既有本身的特点、形象丰满，又对主要人物起衬托作用。

和我们平时写作文时对次要人物的刻画相比，现在你有什么新发现、新想法了吗？

【设计意图】教师顺学而导，着力体现学生自己的自学、迁移；感悟长征精神，树立红军形象；通过比同，帮助学生找出规律。

（三）篇章比异，赏析同题材文章各自的特点

1. 小组交流篇章特色。

这三篇所以选入教材，在刻画人物方面一定有特别突出的地方。三篇文章中，你认为哪一篇在哪个方面写得更好、更突出，特别值得你欣赏、借鉴呢？

欣赏篇目	
欣赏理由	

2. 交流讨论，感受三篇文章的写作特色。（重点处理以下方面）

（1）《金色的鱼钩》——外貌描写。（归纳外貌描写的语句；体会外貌描写的好处）

——场景的描写。

（2）《丰碑》——环境描写渲染力强。

——主要人物仅描写外貌、神态，却震撼人心，画面感强。

——结构独具匠心。

（3）《草地夜行》——语言动作描写着墨不多，却凸显人物品质。

3. 归纳总结。

（1）三篇文章虽都是写长征中红军战士的，但它们都各有侧重，也各有精彩之处。虽然侧重不同，但都是为了突出主要人物特点，都是为了使人物形

象更加突出。

（2）这节课对三篇文章进行了比较阅读，还是课前的那个问题，你觉得这样的比较到底有用没有？对我们到底有什么帮助？

（3）这节课，我们只是选择了这三篇我们刚刚学习过的课文比较异同，关于长征题材的文章，你还可以和哪篇进行比较？（引导学生学会选择同一题材的文章进行比较）

【设计意图】比“同”之后再比“异”，目的是感悟描写特色，使各篇文章在塑造刻画人物方面的特色进一步凸显。

（四）作业安排

1. 尝试着把《马背上的小红军》《七律·长征》等长征题材文章，与这三篇文章进行比较，看看又有什么新的发现。

2. 把这节课的收获做及时的整理。

附：板书设计

三篇长征题材文章的比较阅读

	典型的场景
刻画主要人物	次要人物的衬托
	含蓄地赞颂

（曾获2011年北京市基础教育优秀课堂教学设计评选一等奖）

将 相 和

（第二课时）

廉丽娟（丰台区丰台第五小学）

一、教学目标

1. 理解课文内容，体会蔺相如的大智大勇，视国家利益高于一切的品质，并从中受到启示和教育。

2. 体会蔺相如的语言描写，揣摩人物内心，感受鲜明的人物形象。

3. 培养探究意识，提高自主阅读和语言运用的能力。

二、教学重点

理解课文内容，体会蔺相如大智大勇，国家利益高于一切的品质，感受鲜明的人物形象。

三、教学难点

培养探究意识，提高自主阅读和语言运用的能力。

四、教学策略

启发式、探究式、比较阅读等多种方法相结合。

五、教学过程

（一）激发探究："将相不和"的原因

1. 回顾"将相不和"的原因，引发思考。

廉颇认为，蔺相如成为上卿，就靠一张嘴。对此你怎么看？

2. 梳理已有的阅读方法。

（二）自主探究：初步感知人物特点

自读提示：自选阅读方法，默读批注，找到支撑自己观点的依据。

（三）合作探究：深入感悟人物形象

1. 整体感知事件“完璧归赵”“渑池之会”，理解人物，并明确自己的观点。

2. 感悟“完璧归赵”，在争辩中深入体会人物。

（1）重点感悟语句一——巧妙要璧。

蔺相如看这种情形，知道秦王没有拿15座城来换宝玉的诚意，就上前一步说：“这块宝玉有点儿小毛病，让我指点给您看。”

a. 初悟蔺相如的聪明智慧。

b. 深悟：蔺相如这个办法好在哪？

c. 引导学生对比并尝试老师的语言表达。

【设计意图】由问题引发深思，提升学生的思维，并引导学生准确表达出新感悟。发挥教师的主导作用，引导学生在表达中学习表达并明确表达的要求。

（2）重点感悟语句二——假意撞璧。

蔺相如捧着宝玉，往后退了几步，靠着柱子站定。他理直气壮地说：“我看您并不想交付15座城，所以把宝玉拿了回来。您要是强逼我，我的脑袋和宝玉就一块儿撞碎在这柱子上！”说着，他举起宝玉就要向柱子上撞。

a. 体会“撞”，感受蔺相如的不惧生死。

b. 发现蔺相如的系列动作语言，感受他虑事周密，处事果断。

c. 出示“蔺相如假意撞璧”的图片，有感情地朗读这段话。

（3）重点感悟语句三——大方对话。

到了举行典礼的那一天，蔺相如进宫见了秦王，大大方方地说：“宝玉已经送回赵国去了。您如果有诚意的话，先把15座城交给我国，我国马上把和氏璧送来，决不失信。不然，您杀了我也没有用，天下的人都知道秦国是从来不讲信用的。”

a. 联系秦王的前后表现，体会蔺相如的智勇。

b. 出示《史记·廉颇蔺相如列传》原文节选，思考：蔺相如为什么不带着宝玉逃走？

c. 师生评价，学习语言表达。

【设计意图】 恰当引入资料，引导学生在阅读实践中感悟人物，充分表达，教师本着“扶”的理念，顺学而导，使学生在表达中体验、修正，并进一步明确表达的要求，提高学生语言表达能力。

（4）比较阅读，整体感悟，提升认知。

a. 师生对比读描写秦王与蔺相如的语句，提升对蔺相如的认识。

b. 引导学生提升表达。

3. 感悟“渑池之会”，在质疑解疑中深入体会人物。

（1）体会“拼”，启发学生质疑，初悟蔺相如的勇敢。

（2）联系《史记·廉颇蔺相如列传》原文节选，自读自悟。

（3）对话交流，汇报解疑，深悟蔺相如的“大勇”。

（4）师生共同小结。

4. 回扣观点，升华认识，理解“将相不和”的原因。

（1）升华认识，提出表达要求。

（2）学生自由表达，在交流互评中共同小结。

【设计意图】 加强语言运用，创设表达的氛围，教师“放手”，让学生亲历亲为语言实践，真表达、真练习，升华认识，提高语言表达能力。

5. 感悟“负荆请罪”，在合作探究中深化人物形象。

（1）引发深思，小组合作探究。

在蔺相如对秦王和廉颇的态度上，你有什么发现？

（2）汇报交流，丰富认知。

a. 比较阅读，拓展思维：蔺相如对秦王和廉颇的态度有什么不同？

他理直气壮地说：“我看您并不想交付15个城，所以把宝玉拿了回来。您要是强逼我，我的脑袋和宝玉就一块儿撞碎在这柱子上！”

他走到秦王面前说：“请您为赵王击缶。”秦王说什么也不肯，蔺相如说：“您跟我只有五步远，您不答应，我就跟您拼了！”

蔺相如说：“秦王我都不怕，我会怕廉将军吗？大家知道，秦国不敢进攻我们赵国，就因为赵国武有廉颇，文有蔺相如。如果我们两个闹不和，就会削弱赵国的力量，秦国就要乘机来打我们了。我之所以避着廉将军，为的是我们赵国的利益。”

b. 质疑激趣：蔺相如的嘴巴多厉害啊，为什么不用来对付廉颇呢？

（3）师生共同总结升华，深化人物形象。

【设计意图】创设对话氛围，引导学生在同伴的交流碰撞中丰富、深化并表达对人物的认识。教师顺学而导，使学生整体感知事件，品味重点语句，从而有效解决阅读中不断生成的问题。力求转变学习方式，引导学生在大量的阅读实践中学习语言表达。

（四）延伸探究：拓展外交家，引发新的思考和阅读兴趣

1. 拓展系列“外交家”并出示图片，丰富认知。
2. 课外延伸，引发思考和新的阅读兴趣。

这节课，我们深入了解了这位口才出众，光彩夺目的赵国外交家蔺相如，你还想了解什么？

（五）分层作业

1. 试着写出对蔺相如的评价。
2. 选择课文中的一个小故事复述，讲给同学或家长听。
3. 阅读《史记·廉颇蔺相如列传》《史记故事》和《外交家的故事》。

附：板书设计（略）

我看见了大海
（第二课时）

杨艳君（丰台区丰台第五小学）

一、教学目标

1. 运用比较阅读的理念，在篇章的比较中，学习阅读的方法，同时抓住描写继父语言、动作的词句，体会继父对“我”这个残疾女孩深沉的爱，以及“我”对继父的感激之情。

2. 理解“我看见了大海”的深层含义。

3. 有感情地朗读课文。

二、教学重点

运用比较阅读的理念，在篇章的比较中，学习阅读的方法，同时抓住描写继父语言、动作的词句，体会继父对“我”这个残疾女孩深沉的爱，以及“我”对继父的感激之情。

三、教学难点

理解“我看见了大海”的深层含义。

四、教学策略

运用比较阅读中的学法迁移策略进行学习。

五、教学过程

（一）篇章比同，归纳主要内容，提炼一类文章概括主要内容的方法

1. 呈现三篇文章的课题：你发现《一个这样的老师》《唯一的听众》和《我看见了大海》在内容上有什么突出的共同之处吗？

根据学生的发言适时出示课件：

	主要人物	谎言	次要人物	显著变化
《一个这样的老师》				
《唯一的听众》				
《我看见了大海》				

2. 我们能否用这样的思路，用简洁的语言概括一下文章的主要内容？

3. 引导提升：今后再概括这一类的文章时，你有什么新想法？

（二）篇章比同，归纳人物品质，梳理一类人物的品质特点

1. 归纳前两篇人物共同品质——用心良苦，进一步感悟继父的用心良苦。

（1）读中感悟继父帮助“我”走出家门，迈出人生第一步。

a. 读中理解内容：继父是怎样帮助我走出家门，走向外面世界的？请你读一读这个场景，说说你从中读出了什么。

b. 出示：

“来，河子，伯伯带你去串门儿。”

“去外面看看吧，河子，外面有好多好玩的东西。”

“放心吧，河子，谁笑话你，我就这样——”

“河子，抬起头，别害怕！”

“喂，过来认识一下，小家伙们，这是河子，你们的小朋友河子。”

从继父的话语中，你感受到什么？

c. 揣摩河子内心感受，想一想，她可能会对继父说什么呢？

d. 引导学生体会到这第一次走出家门的重要意义——“我”迈出了独立生活的第一步。

（2）品读继父为“我”讲海的故事——树立生活目标。

a. 感受故事对河子的吸引力。

b. 抓“我”的变化，体会继父的用心。

继父答应带我去看海——我的眼前豁然亮了。

引导学生体会“我”的变化：“我”的眼前豁然亮了。这是怎样的一种感受呢？

继父给“我”讲海的故事，给予了“我”怎样的帮助呢？

过渡：为了去看海，继父又做了什么，请大家默读批画，用简洁的词语批注你的感受。

（3）感悟继父鼓励河子做家务、学知识、独自做事——自食其力。

a. 重点句一：第十八自然段。

按照继父的规定，每天我要做一件对我来说难度较大的家务活。学校不收畸形儿，继父就自己当老师。我每天要学5个生词，并背熟一篇课文。

学生抓住继父让“我”学做家务活和学知识体会继父关心“我”。

学习生词，背熟课文和“我”去看海有什么关系？继父为什么一定要让河子读书认字呢？

b. 重点句二：第二十自然段。

继父的身体虽然越来越坏，但他仍然拖着病病歪歪的身子，成天带我去这儿去那儿，鼓励我独自进商店买东西，做家务活。每当我做了什么我原先不能做的事情的时候，继父就变得欣喜若狂，仿佛我做了件惊天动地的大事。

“你真能干，河子！”

指导策略：

引导学生重点从“病病歪歪”、“欣喜若狂、惊天动地”和继父语言这三处进行体会。

思考：请你再读一读，哪个词触动你了？为什么？（重点由三个词的感悟深入课文）

重点词一：病病歪歪。

——继父已经病得很厉害了，为什么还拖着病病歪歪的身体带我出门，鼓励我做事呢？

重点词二：欣喜若狂。

——什么意思？联系“病病歪歪”一词，有什么新发现？

重点词三：惊天动地。

——尝试填空：当我（　　）的时候，继父就变得欣喜若狂，仿佛“我”做了惊天动地的大事。

——联系继父语言“你真能干，河子”思考：看到继父的表现，听到他真诚的夸赞，假如你是河子，你心里是怎么想的？有什么感受？

c. 提升认识后，修改批注：学会独立生活。

d. 有感情地读一读这一段内容。

2. 归纳前三篇人物谎言的共同目的，进一步体会继父“看海”谎言的用意。

（1）我们前面学过的两篇文章，主要人物谎言的目的是什么呢？

（2）我们今天学习的《我看见了大海》，继父带“我”看海的美丽谎言有什么用意呢？

学生体会：继父用带“我”去看海的美丽谎言帮助“我”学会独立生活。

（3）归纳继父形象，你觉得这是一位怎样的继父？

【设计意图】 通过比较同类文章人物品质的特点和谎言的用意，省时、高效理解本篇继父的品质及看海谎言的用意。

（三）篇章比同，关注次要人物内心，突破一类文章的重点句

1. 回顾重点句的理解：还记得那两篇文章的结尾重点句我们是怎么理解的吗？

引导归纳：看来，我们可以通过关注次要人物的内心变化，来解决重点句。

2. 那这篇文章我们怎么理解这个难句呢？

课件出示句子：伯伯，我看见了大海，真的，我看见了……

a. “我”明白了继父用看海的谎言帮助“我”独立生活的良苦用心。

b. 表达了“我”对继父的感激与愧疚之情。

c. “我”无数次站在继父遗像前告诉他“我”看见了大海，是在告慰继父的在天之灵。

【设计意图】 通过比较同类文章结尾难句的理解方法，进而理解“我看见了大海”的含义。

（四）迁移运用，高效阅读

快速阅读第15课《零点降生的女孩》，根据情况至少完成其中一个题目。

1. 用简洁的语言概括文章的主要内容。

2. 你认为文中的母亲与怀特森老师、老教授、继父有什么共同之处？

3. 理解难句：你只能用自己的双手，为自己开掘出一眼源源不绝的幸运

之泉。

【设计意图】在实践中运用已掌握的阅读方法读同类文章，实现高效阅读。

（五）作业

1. 有感情地朗读课文。

2. 完成课后第三题。

（提示：用三个事件，围绕一个中心意思来完成写话。）

附：板书设计

我看见了大海

感激

“我”	⟶	继父
自卑		带“我”走出家门
↓		讲海的故事
自食其力		学会独立生活

挑　山　工
（第二课时）

史林梅（丰台区大红门第一小学）

一、教学目标

1. 通过体会挑山工朴素的话语所蕴含的哲理，引导学生初步了解叙事说理文章的特点。

2. 通过拓展、比较等方法，加深对叙事说理文章的认识。

3. 通过拓展、比较，感知作者冯骥才叙事说理的写作特点。

二、教学重点

1. 体会挑山工朴素的话语所蕴含的哲理，引导学生初步了解叙事说理文章的特点。

2. 通过拓展、比较等方法，加深对叙事说理文章的认识。

三、教学难点

通过体会挑山工朴素的话语所蕴含的哲理，引导学生初步了解叙事说理文章的特点。

四、教学过程

（一）阅读课文，感悟哲理

1. 对话导入，理解登山之事。

（1）回忆作者在登山时产生的不解之谜。

挑山工的一番话解开了心中的疑问。读一读挑山工的话，思考读懂了什么。

（2）师生角色扮演，以对话的方式，理解挑山工话中的意思。

2. 勾连前文，感悟登山之理。

（1）默读课文，用课文中相关的内容来印证挑山工的话，进行批画。

（2）学生交流。

你们是走得快，可是你们在路上东看西看，玩玩闹闹，总停下来呗！我们跟你们不一样，不像你们那么随便，高兴怎么就怎么。一步踩不实不行，停停住住更不行。那样，两天也到不了山顶，就得一个劲儿往前走。

联系第二、第三自然段游人与挑山工登山的不同，体会出挑山工在登山时目标明确、坚持不懈、脚踏实地。

（3）读挑山工的话，体会登山之理。

3. 把登山之理提升为人生之理。

（1）写出感悟到的哲理。

我心悦诚服地点着头，感到这山民的几句朴素的话，似乎包蕴着意味深长的哲理：________________________。

A. 师生回忆曾积累过的蕴含哲理的语句的特点。

B. 学生书写，老师巡视。

（2）学生交流，师生评价。

4. 借冯骥才的话引出画的内容，理解“它”的含义及作用。

【设计意图】通过对话理解登山之事，勾连前文感悟登山之理，为感悟哲理做好铺垫。读写结合，在语境之中表达，让学生感悟到：自己的理解与作者心灵相通，从而真正明白了挑山工朴素的话语中蕴含的意味深长的哲理。

（二）初步感知叙事说理文

1. 明确叙事说理文这一体裁，揭示其特点。

2. 回忆《捅马蜂窝》一文内容，相机出示。

冯骥才作品	事情	道理
《挑山工》	“我”登泰山时，与挑山工的几次相遇和交谈。	做任何事都要朝着明确的目标，坚持不懈，脚踏实地。
《捅马蜂窝》	“我”捅马蜂窝时，不小心被马蜂蜇了。	不再做一件伤害旁人的事。

（1）提示：读此类文章时不仅要读懂这件事，还要关注事中蕴含的道理。

（2）比较两篇文章，作者阐明道理时有何不同？

师生共同总结：《捅马蜂窝》一文要阐释的道理在文章结尾已明示出来。《挑山工》一文要阐明的道理没有在文中明示，需要关注表现道理的语句。

【设计意图】明确“叙事说理文”这一体裁，通过回忆同类文章，进一步明白这类文章的特点，以及阅读这类文章的方法。

（三）拓展、比较，进一步加深对叙事说理文的认识

1. 介绍作者冯骥才。

2. 拓展冯骥才的《花的勇气》和《献你一束花》，加深对叙事说理文的认识。

（1）读文，思考这两篇文章的内容。

（2）画出表现道理的相关语句，读一读。

（3）学生交流，相机出示课件。

冯骥才作品	事情	道理
《挑山工》	“我”登泰山时，与挑山工的几次相遇和交谈。	做任何事都要朝着明确的目标，坚持不懈，脚踏实地。
《捅马蜂窝》	“我”捅马蜂窝时，不小心被马蜂蜇了。	不再做一件伤害旁人的事。
《花的勇气》	四月的维也纳，刚开始“我”只看到绿色，见不到花，即将离开时，看到花冒着冷风冷雨开放。	生命的意味是勇气。
《献你一束花》	一个体操运动员大败而归，却得到了机场女服务员送来的鲜花。	花，不仅送给凯旋的英雄，也要献给黯淡无光的失败者。

3. 比较几篇文章的相同之处。

4. 体会冯骥才叙事说理文的特点。

【设计意图】通过拓展同一作家的同类作品，不仅增加了学生的阅读量，丰富学生的阅读积累，而且使学生进一步了解作家冯骥才的写作特点，以激发学生对名家作品的阅读兴趣。

（四）布置作业

1. 推荐阅读《冯骥才散文》。

2. 朗读课文，背诵第二自然段。

附：板书设计

挑山工　登山之事——→人生之理

目标明确

坚持不懈

脚踏实地

叙　事　说　理

鼎湖山听泉

（第二课时）

郑　津（丰台区角门小学）

一、教学目标

1. 在语言文字中品味、感受鼎湖山泉声的悦耳动听、变幻莫测，体会作者对鼎湖山泉的喜爱与赞美之情。

2. 体会课文第四自然段的写法，理解最后一段话的含义。

3. 有感情地朗读课文。

二、教学重点

在语言文字中品味、感受鼎湖山泉声的悦耳动听、变幻莫测，体会课文第四自然段的写法。

三、教学难点

理解课文最后一段话的含义。

四、教学策略

以读贯穿始终，在读中感知、感悟、学表达。

五、教学过程

（一）围绕“听泉”整体感知课文内容，回顾重点段落

围绕课文了解“听泉”所写的内容。

（二）围绕重点段，聆听泉声的美妙

1. 感受万泉齐鸣的音乐美。

（1）读第二自然段，说说对鼎湖山泉的印象。

（2）体会写法：作者把看到的、听到的和心中感受到的融合在了一起进行描写，使我们也仿佛身临其境。

（3）师生接读。

2. 感受旋律节奏的层次美。

（1）自读提示：默读课文中描写泉声的语句，体会这泉声带来的感受。

（2）读中感悟，感受泉声的美妙。

那像小提琴一样轻柔的，是在草丛中流淌的小溪的声音；那像琵琶一样清脆的，是在石缝间跌落的涧水的声音；那像大提琴一样厚重回响的，是无数道细流汇聚于空谷的声音；那像铜管齐鸣一样雄浑磅礴的，是飞瀑急流跌入深潭的声音。

a. 指名朗读，学生初谈感受。

b. 自由朗读，感受泉声的丰富、动听。

c. 指导朗读，品味泉声的美。

（a）联想舒缓的小提琴曲，想象小溪在草丛中静静地、缓缓地流动的声音。此时的泉声轻轻的，柔柔的，引导读出这种轻柔的感觉。

（b）引导学生联系生活实际想象画面，读中感受像琵琶般清脆的涧水的声音。

（c）播放大提琴原声，感受大提琴音色的厚重，想象这是无数道细流汇聚于空谷的声音，读出泉声的厚重回响。

（d）抓住“飞瀑、急流、跌”等词语想象画面，感受瀑布的气势，读出像铜管齐鸣般雄浑磅礴的泉声。

【设计意图】通过多种方式，指导学生有步骤、有方法地朗读，使学生在读中入情入境，切实感受到泉声的美妙。

d. 体会比喻、排比写法的作用。

谈到比喻写法时教师相机点拨：

（a）读一读，说说这样的写法带给你的感受。

（b）去掉喻体部分与原句再对比着读一读，体会有什么不同的感受。

（c）在朗读中感受比喻写法的妙用。

谈到排比写法时教师相机点拨：

（a）再读这段话，体会泉声由弱到强、由轻到重的层次变化。

（b）边读边体会泉声的这种层次变化。

（c）引导学生领悟到：作者正是运用了排比的写法，才让我们感受到这富有音乐般美妙的泉声。

e. 积累语言，指导背诵。

【设计意图】抓住学生认识不清的部分，进行有目的、有层次的指导。通过比较，体会比喻、排比写法的妙用。

还有一些泉声忽高忽低，忽急忽缓，忽清忽浊，忽扬忽抑，是泉水正在绕过树根拍打卵石，穿越草丛，流连花间……

a. 结合课前批注，谈谈你对这句话的感受。

b. 通过换词："有时""时而""一会儿"，体会作者一连用了八个"忽"字的原因，读中体会其妙处。

c. 把这句话与上一句泉声的描写对比着读一读，感受语言的节奏美、韵律美。

（3）配乐朗读。

（三）品读难句，体会情感，领悟阅读方法

蒙眬中，那滋润着鼎湖山万木，孕育出蓬勃生机的清泉，仿佛汩汩地流进了我的心田。

1. 回馈课前质疑：说说前文一直写泉声，而结尾不提泉声，却说这清泉"仿佛汩汩地流进了我的心田"的原因。

2. 教师相机引导：看来，作者并不是说泉真的流进了他的心田，作者是用这样的语句，含蓄地表达了自己被美妙的泉声打动了，完全陶醉其中了。

3. 引发思考：作者不说"那音乐一样的，美妙的泉声，仿佛汩汩地流入我的心田"，而说"那滋润着鼎湖山万木，孕育出蓬勃生机的清泉，仿佛汩汩地流入我的心田"的原因。

（1）借助《林海》一文进行比较：

兴安岭的可爱，就在于它美得并不空洞。它的千山一碧，万古长青，又恰好与广厦、良材联系起来。于是，它的美丽就与建设结为一体，叫人心中感到亲切、舒服。

体会到：这泉也美得不空洞，它滋润、孕育着鼎湖山的万木。

（2）引导学生回到文中，找到描写这泉美得不空洞的语句。

（3）引入课外资料，谈感受。

鼎湖山有“活的自然博物馆”和“绿色宝库”的美誉。

这里树木葱茏，原始森林面积达4000多公顷，生长着2000多种野生植物及300多种栽培植物，此外还生活着170多种鸟类、30多种兽类及其他珍稀动物，生物资源极其丰富。

（4）教师相机点拨：作者不仅仅是被泉水音乐一样的美妙所打动，更为它对鼎湖山万物的滋润和养育所打动。它美得不空洞，有价值。这汩汩流入作者心田的，不仅是那变化莫测、悦耳动听的泉声，更是对泉水的感激与赞美之情。

4. 带着对泉水的感激与赞美之情朗读课文的结尾。

【设计意图】引导学生理解难句时，先顺承上文，自然解决第一个疑问，然后借助比较，使学生再次关注课文，自主解决疑问。通过这样两个回合，达到“解真惑，求真懂”。

（四）作业布置

1. 有感情地朗读课文。背诵第四自然段。

2. 用“那像……一样的，是……的声音”句式写一段话，至少写三句。

附：板书设计

鼎湖山听泉{ 悦耳动听 / 变幻莫测 }　赞美之情

丰　碑
（第二课时）

孙勇玲（丰台区角门小学）

一、教学目标

1. 了解在长征途中军需处长被严寒冻死的感人事迹，体会军需处长一心想着他人、舍己为人的优秀品质。

2. 理解描写环境和军长的语句，体会表达的作用。

3. 有感情地朗读课文。

二、教学重点

1. 理解描写军长和军需处长的语句，体会军需处长一心想着他人、舍己为人的优秀品质。

2. 进一步体会侧面描写的作用。

三、教学难点

理解“大雪很快覆盖了军需处长的身体，他成了一座晶莹的丰碑”这句话的深刻含义。

四、教学策略

“比较阅读”与多种方法有机结合。

五、教学过程

（一）找到内在联系，确定阅读方向

1. 出示前测的统计结果，找到课文间的联系。

情况统计：34 名学生中，29 人由《丰碑》想到了同是长征题材的《马背上的小红军》；28 人由《丰碑》中的环境描写，想到了《爱的奇迹》；30 人由《丰碑》想到了《军神》，因为《军神》中详细描写了沃克医生的变化，而《丰碑》中详细描写了军长的变化。

2. 根据学生已有的阅读基础，找到本文的阅读方向。

回忆《爱的奇迹》中的环境描写和《军神》中对沃克医生描写的作用。

阅读提示：思考阅读《丰碑》这篇课文的方法。

找到阅读方向：我们应该重点读读描写环境和军长的语句，看看表现了军需处长怎样的品质。

【设计意图】以往我们是在阅读中帮助学生总结出方法。目的在于再读到相关文章时，可以直接用方法读，更高效。这个环节，就是根据联系，找到方法，找准阅读的起点和方向。

（二）正面侧面结合，体会人物品质

自学提示：默读描写环境和军长的语句，批注出表现了军需处长怎样的品质。

1. 正面描写与环境描写相结合，体会军需处长的舍己为人。

（1）自读描写环境的语句，体会自然环境的恶劣。

严寒把云中山冻成了一个大冰坨。狂风呼啸，大雪纷飞，似乎要吞掉这支装备很差的队伍。

（2）把描写军需处长和环境的语句相结合，对军需处长有初步的认识。

他一动不动，好似一尊塑像，身上落满了雪，无法辨认他的面目，但可以看出，他的神态十分镇定，十分安详：右手的中指和食指还夹着半截纸卷的旱烟，火已被雪打灭；左手微微向前伸着，好像在向战友借火，单薄破旧的衣服紧紧地贴在他的身上。

（3）引导学生抓住重点词语，体会军需处长的人物品质。

a. 思考：军需处长“十分镇定，十分安详”的原因。

b. 老师适时补充资料：在别的版本的教材中，有这样的描写：“怎么？他

的衣服这么单薄、破旧？像树叶，像箔片一样薄薄地贴在身上。”出示树叶和箔片的图片，结合着以上内容，说说体会。

（4）想象着军需处长牺牲时的样子，通过朗读，把一心想着他人、舍己为人的军需处长的形象展现在眼前。

【设计意图】侧面描写与正面描写相结合进行体会，这样人物特点才能更鲜明。体会中，主要是通过补充资料、比较、品词析句、朗读等方法，让军需处长的形象逐渐立体、饱满、跃然于眼前，再走入内心。让学生对军需处长的品质由感知到感悟再到感叹！

2. 揣摩军长变化的原因，对军需处长产生敬佩之情。

（1）梳理出描写军长的语句，初谈感受。

军长愣了一下，什么话也没说，快步朝前走去。

军长的脸色顿时严峻起来，嘴角边的肌肉抽动着。忽然他转过脸向身边的人吼道：“把军需处长给我叫来！为什么不给他发棉衣？”

他红着眼睛，像一头发怒的豹子，样子十分可怕。

“听见没有，警卫员？叫军需处长跑步过来！”军长两腮的肌肉抖动着。

军长愣住了，久久地站在雪地里。他的眼睛湿润了。他深深吸了一口气，缓缓地举起右手，举到齐眉处，向这位跟云中山化为一体的军需处长敬了一个军礼。

（2）抓住“严峻、抽动、吼道、红着眼睛、抖动”等词语，走进军长内心，体会到：此时军长一定认为这是一位不顾战士冷暖，不尽职责的军需处长。

（3）找到军长的变化，体会军长对军需处长的敬佩之情。

结合“军长愣住了，久久地站在雪地里”揣摩军长的内心。

（4）把文中描写军需处长和描写军长的语句进行比较，体会这样写的原因和作用。

自学思考：描写军长的笔墨远远多于军需处长，而军需处长的形象并没有因此削弱的原因是什么。

老师相机点拨：虽然没有用更多的笔墨进行正面描写，但通过侧面描写加以烘托，能起到锦上添花的作用。

【设计意图】这一步，先是引导学生在体会军长变化的过程中，进一步深化军需处长的形象，然后思考这样写的原因和作用，之后明确认识。这也是本课的侧面描写区别于以往所学课文侧面描写的地方。因此，这一点是通过本课的学习对侧面描写认识的提升。

（三）立足文本内容，理解“丰碑”含义

1. “这支队伍能不能经受住这样严峻的考验呢？”体会军长这样想的原因。

结合第二自然段中的排比句体会：环境这样恶劣，物资极其匮乏，行军如此艰难，再加上敌人的围剿，军长难免会有这样的担心。

2. 体会：此时“风更狂了，雪更大了”“如果胜利不属于这样的队伍，还会属于谁呢”的原因。

这巨大的改变，这革命的动力，这必胜的信念，是源于军需处长精神的鼓舞！这种精神长存于战士们心中，激励着他们坚持到底，革命到底！

3. 结合以上体会，理解“大雪很快覆盖了军需处长的身体，他成了一座晶莹的丰碑”这句话的深刻含义。

（四）进行归纳梳理，促进阅读延伸

1. 梳理学生此时对侧面描写的认识。

2. 布置作业，做好下节课的学习准备：下节课要学习的《草地夜行》，同样运用了侧面描写的方法。同学们要先读读这篇课文，找找在侧面描写方面有哪些特点是《草地夜行》同样具有的，有哪些特点又是《草地夜行》独有的。

【设计意图】这篇课文的阅读，是在充分运用学生已有阅读方法的基础上进行的。第30课《草地夜行》与本课在侧面描写方面有很多相似之处，对于《草地夜行》的阅读，要充分运用这节课的阅读成果，要在这节课的基础上进行。这样，让阅读真正做到成体系，循序渐进。使学生迁移、运用的意识逐渐强化，能力逐渐递增。

附：板书设计

丰碑

环境描写
军　　长 } 侧面描写——→军需处长

舍己为人

两篇“思乡”题材文章的专题总结课

杨　萌（丰台区角门小学）

一、教学目标

1. 同中求异，对“具有代表性的事物”的特点、表达作用、选材有进一步的认识。

2. 通过了解两篇文章写法上的同、异，培养学生运用“比较”的方法进行阅读的能力和欣赏评价能力。

3. 拓展阅读，提高阅读实效。

二、教学重点

在对“具有代表性的事物”的比同、比异中，对其特点、表达作用、选材有进一步的认识，并通过阅读实践指导学生阅读和选材。

三、教学难点

在比异中理解“具有代表性的事物”的选择，要符合人物所处的背景、身份。

四、教学策略

“比较阅读”与多种方法有机结合，并运用所学方法进行拓展阅读。

五、教学过程

（一）明确比较阅读的原因，梳理两篇文章的相同点

1. 学生明确：刚学习过的《梅花魂》，与上学期学习过的《枣核》题材

相同，可以放在一起进行比较阅读。

2. 结合前测，从内容和表达方法上梳理出相同点。

内容方面的相同点：

（1）题目中都点明了要写什么东西。

（2）文中都有细节描写，如：《枣核》中的“托在掌心”；《梅花魂》中的“轻轻刮去、慢慢抹净”。

（3）作者写的都是自己亲身经历的事，写的都是真实的生活。

表达方面的相同点：

（1）都是在借一种家乡的事物，抒发眷恋祖国的感情。

（2）都是以这种事物作为作者写作的线索。

（3）结尾都点明了中心，直接抒发了“外祖父”和“旧时同窗”眷恋祖国的感情。

（4）都重点写了人物的语言和动作。

（5）都通过侧面描写（《枣核》中的“我”，《梅花魂》中的“莺儿”）衬托出“外祖父”和“旧时同窗”眷恋祖国的感情。

（二）同中求异——对“具有代表性的事物”的特点、表达作用、选材有进一步的认识

1. 比较相同点，加深对“具有代表性的事物”的特点及表达作用的认识。

（1）在学生交流的基础上，梳理出关于“枣核”和“梅花”这两种事物的相同点。

a. 都是在借一种家乡的事物，抒发眷恋祖国的感情。

b. 课文题目中都点明了要写什么东西。

c. 都是以这种事物为作者写作的线索。

（2）找到突出表现“外祖父”和“旧时同窗”借事物抒发眷恋祖国之情的语句，引导学生有感情地朗读。

在学生交流中，重点体会如下语句：

《枣核》：“他把枣核托在掌心，像托着贵重的珍珠玛瑙。”

《梅花魂》：“训罢，便用保险刀片轻轻刮去污迹，又用细绸子慢慢抹净。”“这梅花，是我们中国最有名的花。旁的花，大抵是春暖才开花。她却不一样，愈是寒冷，愈是风欺雪压，花开得愈精神、愈秀气。她是最有品格、有灵魂、有骨气的呢！”

（3）引发思考："外祖父"和"旧时同窗"选择这样两种事物抒发眷恋祖国情感的原因。

老师随机点拨：这两篇文章，都选择了像这样"具有代表性的事物"，它们既能贯穿起全文，又能寄情于物。这浓浓的眷恋之情就蕴含在字里行间。

（4）回忆以前学过的，像这样通过"具有代表性的事物"来抒发感情的文章。

【设计意图】在以上比同的环节中：由学生的认知入手，联系课文具体语句，通过朗读，深化情感，进而明确认识，再联系已学文章，强化认识。由已知到未知，由浅到深，由感性到理性，让学生在比同之中，对"具有代表性的事物"的特点、表达作用认识逐渐清晰。

2. 比较不同点，了解"具有代表性的事物"的选择，要符合人物的生活背景和身份。

（1）了解《梅花魂》中的"外祖父"对"梅花"情有独钟的原因。

a. 联系前文体会，"外祖父"在文学方面具有较高的修养，因此精神追求自然和普通平民有所不同。

b. 结合资料体会，"外祖父"因生活在战争年代的历史背景之下，将"梅花"视为中国的国花，所以在外祖父心中，梅花就是有骨气的中国人的象征。

老师点拨：就是因为这样的背景，就是因为"外祖父"有着这样的地位、阅历，所以中国的国花——有骨气的梅花，就成了他的寄情之物。

（2）了解《枣核》中的"旧时同窗"对小小"枣核"爱不释手的原因。

思考找不到涉及文中"旧时同窗"相关资料的原因。

了解"旧时同窗"只是个平平常常的老百姓，这是与他的生活阅历和身份相符合的。

（3）比较中引导学生体会：不同的人会选择不同的事物作为"具有代表性的事物"，事物的选择都是符合人物所处的背景、身份的。

【设计意图】本环节同中求异，引发学生进一步的思考，并通过联系课文内容、引入资料等方法明确学生认识，并最终为"具有代表性的事物"这一类文章的阅读指明方向。

（三）拓展阅读——运用方法，帮助学生有效阅读，指导写作

1. 运用方法，阅读《姥姥的剪纸》。

（1）交流：看到《姥姥的剪纸》这篇文章的题目后，应重点阅读的内容。

（2）明确阅读方向。

a. 要知道围绕“姥姥的剪纸”所写的相关内容。

b. 作者通过“姥姥的剪纸”主要抒发的感情。

c. 想想作者选择“剪纸”这一事物的原因。

（3）独立阅读，交流汇报。

（4）老师相机点拨：再读到这一类文章时，抓住“具有代表性的事物”，很快就能掌握文章的线索，体会作者所表达的思想感情，也就知道了作者这样选材的原因。

2. 借助方法，指导写作。

让学生选择生活中的一种“具有代表性的事物”，说说选择这种事物的原因，和在写作中应着重描写的地方。

【设计意图】再次阅读同类文章时，有目的地引导学生运用已总结出的内容，快速地把握文章的主旨，引导学生在写作时能有意识地运用。

附：板书设计

两篇“思乡”题材文章的专题总结课

具有代表性的事物 { 抒情 / 线索 / 符合背景、身份 }

草　原

（第二课时）

王　燕（丰台区长辛店第七小学）

一、教学目标

1. 体会草原景色美、人情美，感受民族团结友爱的情感。
2. 感悟、欣赏、积累优美的语言，背诵第一自然段。
3. 学习作者表达情感的方法。

二、教学重点

1. 体会草原景色美、人情美，感受民族团结友爱的情感。
2. 感悟、欣赏、积累优美的语言，学习作者表达情感的方法。

三、教学难点

学习作者表达情感的方法。

四、教学过程

（一）回顾课文内容，导入新课

1. 说一说这篇课文主要写了哪些内容。
2. 阅读《草原》原文的开头，体会作者没见到草原之前的感受。

（二）品味“草原风景画”，体会作者感受，揣摩表达方法

1. 默读课文第一自然段。

要求：边读边想象草原的美景，看看面对这样的美景老舍先生的心情怎样。简单批注在书上。

2. 组织交流、品读。

（1）天空。

那里的天比别处的天更可爱，空气是那么清鲜，天空是那么明朗，使我总想高歌一曲表示我的愉快。

a. 边读边想象，体会作者愉悦的心情。

b. 句子比较，学习情景交融的写法。

c. 将《草原》与《送孟浩然之广陵》《芙蓉楼送辛渐》这两首古诗进行比较，体会情景交融这种写法的好处。

d. 指导朗读。

【设计意图】通过联系旧知，强化对情景交融这种写法的认知。进而迁移比较，对这种写法的好处有所领悟。

（2）羊群。

在天底下一碧千里而并不茫茫，四面都有小丘，平地是绿的，小丘也是绿的，羊群一会儿上了小丘，一会儿又下来，走在哪里都像给无边的绿毯绣上了白色的大花。

a. 抓“一碧千里、茫茫”这两个词语，体会草原广阔的美。

b. 追问：作者采用什么修辞手法让我们体会到草原美景？

c. 用“镶、嵌”二字和原文中的“绣”字进行比较，体会羊群的动态美。

d. 师生整合读，再次感受草原的美。

（3）小丘。

那些小丘的线条是那么柔美，就像只用绿色渲染，不用墨线勾勒的中国画那样，到处翠色欲流，轻轻流入云际。

a. 抓住“到处翠色欲流，轻轻流入云际”这句话让学生进行想象。

b. 入情入境地朗读。

【设计意图】运用多种形式的读、想象画面等方法帮助学生充分感受草原的美和作者愉悦的心情，再次体会情景交融这种写法，进一步完善自己的批注，提高对语言文字的理解能力。

3. 联系上文体会作者的感受。

这种境界，既使人惊叹，又叫人舒服；既愿久立四望，又想坐下低吟一首奇丽的小诗。在这境界里，连骏马和大牛都有时候静立不动，好像回味着草原的无限乐趣。

a. 抓住“惊叹、舒服”这两个词语，引发学生的思考。

b. 讨论去掉“好像”这个词行不行？让学生体会老舍此时的感受。

【设计意图】与前文相结合，草原的美景再次浮现在学生的头脑中，让学生对作者的感受有了更深层次的体会。

4. 总结表达方法。

a. 再次出示第一段文字，学生快速浏览。

b. 体会情景交融和直接抒情这两种写法融合在一起的好处。

c. 再次朗读、体会。

【设计意图】通过整段文字的阅读，草原美景完整地呈现在学生的头脑中，学生对作者表达情感的方法有了新的理解。

（三）概括草原风情

1. 浏览课文第二～第五自然段，用一两句话概括地说一说草原的风土人情。

2. 欣赏图片，进一步感受草原人民的风土人情。

3. 结合课文内容理解“蒙汉情深何忍别，天涯碧草话斜阳”这句话的含义。

【设计意图】采用“以读代讲”的方式既培养了学生在速读中筛选信息的能力，又有效地培养了学生的概括能力和语言表达能力。

（四）讨论第一自然段与第二～第五自然段的关系

1. 想一想：文章第二～第五自然段写的是蒙古族人民的风土人情，而且作者想赞美的是蒙汉两族人民的深情厚谊，为什么还要写第一自然段？

2. 交流。

【设计意图】通过讨论交流，学生知道一方水土养育一方人，正是草原的独特风光才孕育出了独特的草原人民。

（五）比较《草原》和《风景区》的相同点，进一步体会情景交融的写法

1. 阅读《语文读本》中的老舍先生的另一篇文章《风景区》。

2. 交流《风景区》和《草原》这两篇文章的相同点。

3. 进一步品读，体会情景交融这种写法的好处。

4. 组织交流。

5. 积累情景交融的句子，试着背诵。

【设计意图】同作者、同题材文章的阅读实践，能帮助学生拓宽视野，提升认知。通过有目的的阅读比较，既可以丰富学生语言，又能使学生对作者表达情感的方法有深入体会。

（六）布置作业

1. 背诵《草原》第一自然段。
2. 阅读《草原八月末 》，比较这篇文章与《草原》和《风景区》的异同。

附：板书设计

		一碧千里	情景交融
草原	美景	不茫茫	直接抒情
	人民		

黄 河 象

（第一课时）

王新艳（丰台区长辛店第七小学）

一、教学目标

1. 重点感受黄河象骨骼化石“完整”的特点，理解作者的写作方法及目的。

2. 评价科学家的假想，渗透科学的态度及思维方式。

3. 与《奇异的琥珀》比较异同，归纳科学小品文的主要特点，使学生在读法和写法上有所提高。

二、教学重点

1. 重点感受黄河象骨骼化石“完整”的特点，理解作者的写作方法及目的。

2. 评价科学家的假想，渗透科学的态度及思维方式。

三、教学难点

与《奇异的琥珀》比较异同，归纳科学小品文的主要特点，使学生在读法和写法上有所提高。

四、教学过程

（一）交流、反馈预习情况

1. 正音、解词、理解题目。

2. 默读课文，判断文章结构，明确第一自然段的主要内容。

【设计意图】解决预习中的问题，从整体把握文章结构。

（二）学习第一自然段，重点品悟化石“完整”的特点，理解写作方法及目的

1. 默读思考、交流：从哪些语句体会到黄河象骨骼化石特别完整？

【设计意图】在交流过程中，引导学生注意“全部、甚至、连……也……”这类词语在表情达意上的作用，进一步明确黄河象化石特别“完整”的特点。

2. 删句比较，思考：第1句和第4句已经把这具骨架不仅高大而且完整的特点写出来了，为什么还要写中间两句？

这具大象骨架高4米，长8米，除了尾椎以外，全部是由化石骨骼安装起来的。看，前端是3米多长的大象牙，接着是头骨和下颌，甚至很难发现的舌骨也保存着。在100多块脚趾骨中，连三四厘米长的末端趾骨也没有失掉。古代黄河象的骨架能够这样完整地保存下来，在象化石的发现史上是很少见的。

【设计意图】引导深入思考，体会举例、数字等说明方法在这段中的作用——补充说明事物特点，增强说服力。

3. 探究：高大和完整都是这具黄河象骨骼化石的特点，作者为什么用这么多的笔墨写它的“完整”？

在学生困惑时，出示关于化石的资料，知道化石越完整科学价值越高，从而理解“完整”不仅是这具化石的特点，更是它的价值所在，这也是作者着力写“完整”的目的。

通过研究化石，科学家可以认识过去的生物，推测出亿万年来生物起源、演化的过程，为人类了解生命的历史、地球的演变、古地理、古气候提供重要的线索。因此化石具有极高的科学研究价值。

【设计意图】本环节紧紧抓住黄河象骨骼化石最独有的特点——完整，引导学生读懂内容、理解写法、揣摩写作意图。

（三）评价科学家的假想，体会其语言的生动、想象的合理、推理的严谨

1. 自读，对科学家的假想做出简要评价。

（1）自读思考，简单批注。

（2）同桌交流。

（3）交流分享，教师相机点拨。

a. 故事写得生动、有意思。

把你认为最有意思的情景读一读。

b. 假想合理，有依据。

找找科学家假想的依据是什么。

c. 环环相扣、严谨周密。

将科学家的假想以“顺推”“逆推”的形式在黑板上呈现，进一步体会科学家的假想有依有据，合理严密，从而对这种科学的思维方式、科学的态度有所领悟。

2. 引导学生对科学家的假想提出自己的不同意见。

【设计意图】引导学生对科学家的假想做出评价，调动起学生思维，使他们积极参与、主动探究。

（四）与《奇异的琥珀》比较异同，归纳科学小品文的主要特点，使学生在读法和写法上有所提高

1. 比同，归纳科学小品文的主要特点。

（1）快速浏览这两篇文章，找找这两篇文章的相同之处。

（2）组内交流、讨论，提炼归纳有价值的信息。

（3）交流分享，发现文体特点。

2. 比异，明确两篇文章在材料安排顺序上的不同及目的。

《奇异的琥珀》

推想→发现→样子

《黄河象》

样子→假想→地壳变化→发掘

（1）比较两篇文章材料安排顺序的不同。

（2）思考：《黄河象》为什么要先写它的样子？

3. 明确比较的意义。

通过比同，我们对科学小品文的特点有了更深的了解；通过比异，又知道了作者安排顺序的目的。

（五）布置作业，拓展思维

1. 结合课文内容，尝试着做出推断。

从那块琥珀，我们可以推测发生在一万年前的故事的详细情形，并且可以知道，在远古时代，世界上早已有那样的苍蝇和蜘蛛了。

从黄河象的骨骼化石，我们可以______________________________。

2．思考：黄河象骨骼化石为什么保存得这样完整？

附：板书设计

黄河象		热
		↓↑
	科学	渴
		↓↑
完整		喝
		↓↑
	生动	陷

迷人的张家界
（第一课时）

白雪莲（石景山区古城第二小学）

一、教学目标

1. 学会本课三个认读字“篓、峙、谧”，读准“顷、迴、纤”等易读错字的字音。

2. 读课文，了解课文是从不同方面介绍张家界的“迷人”的，抓重点句，感受不同方面的特点。

3. 了解张家界美丽的自然景色及其美学价值和科学价值，培养热爱大自然、热爱祖国的思想感情。

二、教学重点

结合重点句，边读边想象，感受张家界景色的迷人。

三、教学难点

理解“张家界是名副其实的人间仙境”的原因。

四、教学过程

（一）导入新课

1. 前文回顾。

出示课件：第二～第四课课文图片。

教师谈话：回顾本单元前三课课文所描绘的美景。

2. 引入新课。

学生交流对张家界的了解。

【设计意图】 创设情境，引导学生进入课文学习；交流课前预习，丰富学生对学习内容的认识。

（二）新授

1. 正音读词，扫清障碍。

（1）出示带有认读字的词语，学生准确地读词。

（2）出示音近字：霄、拔，学生说怎样正确区分它们。

【设计意图】 扫清文字障碍，培养学生区分形近字、音近字的能力。

2. 提纲挈领，梳理层次。

（1）从课文中找出说明“迷人”原因的语句，想一想：这句话重点写了什么？

（2）围绕中心句，梳理层次。

浏览课文，看一看：课文哪几个自然段阐述了张家界的美学价值？哪几个自然段介绍了科学价值？

再次浏览课文介绍张家界美景的部分，想一想作者是怎样布局谋篇的。

【设计意图】 梳理文章层次，感受布局谋篇特点，读写结合。

3. 品味价值，感受迷人。

（1）评析文字，感受美景价值。

出示课件。

a. 默读描写张家界美景部分，画出你印象深刻的语句。

b. 读读画线句子，感受景色特点，想想作者是怎样写具体的。

c. 边读边想象，尝试通过朗读表现出该处景色的美丽。

根据提示，自读课文，圈点批注。

（a）学生初谈感受。

（b）老师相机点拨。

①揣摩作者初至张家界看到群山的心情，练习读。

②欣赏群峰图片，再次读此段落，读出所见、所感。

③学生仔细揣摩文字，感受并读出金鞭岩的独特之处。

④读读描写水的语句，感受张家界水的独特。欣赏美景，用充满感情的朗读来抒发内心的感受。

【设计意图】 引导学生运用已掌握的阅读方法进行自主学习，为学生搭设交流的平台，在互动中提升认识；多种手段的综合运用，帮助学生在文字、景象、情感间搭建桥梁。

（2）资料补充，感知科学价值。

a. 张家界的科学价值体现在哪些方面？从课文的介绍中尝试概括出几条。

b. 结合课前预习所查阅的资料，说说你对这些物种的了解。

c. 作者是怎样表达自己对张家界的感受的？找到文中的语句。

d. 什么叫“名副其实”？仅凭张家界独特的美丽风景，就可以说是人间仙境了，为什么作者一定要在结尾处介绍其科学价值后才说它是“名副其实”的人间仙境？

（三）总结

1. 同学们可以利用假期走出家门，把所见美景写下来，把感受和心情传递出来。

2. 作业：摘抄自己喜欢的词语和句子。

附：板书设计

迷人的张家界
- 美学价值
  - 山
  - 水　名副其实
- 科学价值

鲁滨孙漂流记
（第一课时）

曹德芬（石景山区古城第二小学）

一、教学目标

1. 能够运用快速阅读的方法感知课文主要信息，把握课文主要内容。

2. 能够知道《鲁滨孙漂流记》小说的梗概，品读作品的精彩片段，产生阅读原著的兴趣。

3. 通过交流，知道鲁滨孙在荒岛遇到的困境，分析鲁滨孙一一解决问题的过程，体会鲁滨孙战胜困难顽强生存的生活态度。

二、教学重点

初步把握人物形象，学习鲁滨孙积极向上的精神，激发起课外阅读的兴趣。

三、教学难点

在快速阅读中提高概括主要内容的能力，能初步把握人物形象，学习鲁滨孙积极向上的精神，激发起课外阅读的兴趣。

四、教学过程

（一）导入新课

1. 谈话导入，激发兴趣。

（1）出示《荒野求生》图片，导入新课。

（2）阅读出示资料，初步了解《鲁滨孙漂流记》。

2. 分层交流，提出问题。

谈话：有谁读过这部小说？没读过的同学，说说看，如果这部小说就摆在你的面前，你最想了解什么？

预设：小说内容？怎么去荒岛的？遇到什么困难？怎样克服的？（用什么办法生存的？）结果如何？鲁滨孙是个怎样的人？……

【设计意图】采取不同策略，给阅读过这部小说的同学以展示表达的机会，给未读过这部小说的同学创设进一步探究的途径，激起他们阅读的欲望。

（二）阅读梗概，了解主要内容

要求：下面，请大家快速浏览梗概部分，初步感知这部世界名著的主要内容。交流小说的大意。

【设计意图】通过快速浏览梗概，初步把握小说的内容，使学生具备迅速检索信息的能力及意识。

（三）初步分析小说

1. 了解鲁滨孙在荒岛上遇到的困难及解决问题的办法。

要求：默读梗概，找出鲁滨孙在荒岛上遇到的困难，并说说他解决问题的办法。

学生交流：

（1）住宿——在山坡上用木头和船帆搭了一个简易的帐篷。

（2）食物——打猎，捕鱼，蓄养山羊，种粮食。

（3）恐惧、危险——防御。

（4）孤独——救助“星期五”。

2. 猜想精彩内容。

提问：就梗概介绍的内容，你猜想有哪些部分会很精彩？此时你又想深入了解什么？

预设：怎么搭帐篷？怎么获取食物？怎么防御？怎么救“星期五”？怎样教化“星期五”？……

【设计意图】通过了解鲁滨孙在荒岛上遇到的困难，以及他解决问题的办法，进一步走近小说，把握内容，同时再一次激发学生的阅读兴趣。

（四）品读精彩片段、语句

1. 确定精彩片断在整部小说中的位置。

要求：浏览精彩片段，说说这个片段大致在小说的哪个位置。

2. 阅读精彩片断，了解人物形象。

谈话：通过这个片段，你对这部长篇小说又有什么了解？鲁滨孙到底是个怎样的人？

学生交流：记时间：　　　　　聪明。

搬东西：　　　　　有远见，有头脑。

没工具、打木桩：　乐观。

写好处、坏处：　　　理智、乐观、知足安命。

【设计意图】通过品味语言文字，故事情节，初步把握人物形象。

3. 随机交流写法。

提问："记时间"这一段如果变成"为了计算日期，我做了一个大十字架来记录时间"这样一句话行不行？为什么？

小结：细致、细腻的描写，更体现了鲁滨孙做事的细心以及他做事的艰难，这也是这部小说的一大特色。

【设计意图】针对学生容易关注情节而忽视语言表达上的特点这一问题，我设置了这一环节，意在使学生的阅读更深入，让学生的阅读能力有所提升。

4. 随机重点交流：写好处、坏处部分。

（1）从坏处，了解其处境。

要求：自读坏处，说说鲁滨孙处在一种怎样的境遇中。

（2）从好处、坏处的对比，体会其精神。

要求：男女生对读好处、坏处。

提问：你体会到什么？想想这样一个表格，给鲁滨孙带来了什么。

（3）交流自己所受到的启发。

提问：鲁滨孙的这一举动，对你有何启示？

5. 以卢梭的话激发学生阅读兴趣。

谈话：18 世纪，欧洲最杰出的思想家卢梭曾建议：每个成长中的青少年，尤其是男孩子，都应该读读这部小说。说说卢梭为什么让男孩子都读读？

【设计意图】把握一部作品中的人物形象，应当是阅读作品的重中之重。阅读理解"好处、坏处"这一部分，是把握鲁滨孙这一形象的重中之重。通过感受人物在绝境中千方百计树立生存的信心，顽强地生存下去，时刻看到生活中积极的一面这一人格魅力，不但对了解人物起到至关重要的作用，更能给学生以生活的启迪。

（五）拓展延伸，布置作业

提问：男孩子们，还想读读原著吗？说说原因。女孩子们，你们有什么想法？

小结，布置作业：即使是身陷困境也依然积极求生，鲁滨孙是我们所有人心中的英雄。那就请同学们课后找到原著读一读。老师相信，你们一定会有更多的收获，读后可以把收获写下来。

【设计意图】在结课时，引导学生扣住“阅读小说”谈自己的想法，既是对本节课学习的一个反馈，又是学生直抒胸臆的表达，这样就将学生渴望阅读的兴趣推向了高潮。

附：板书设计

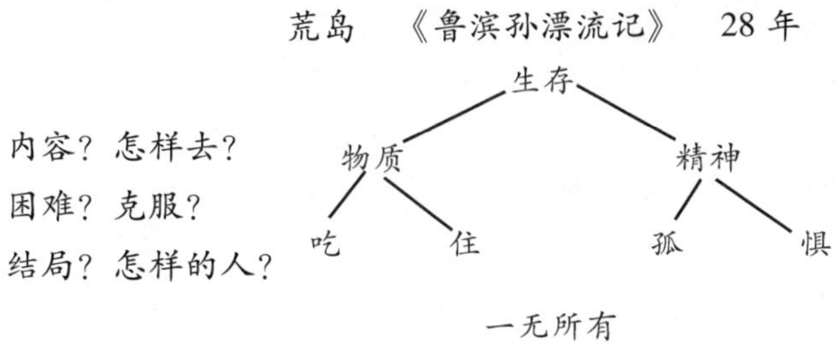

梅　花　魂

（第一课时）

张文静（北京市京源学校小学部）

一、教学目标

1. 能够流利读文，并且能够在具体的语言环境中理解“玷污、秉性、眷恋”三个词语的意思。

2. 运用边读边思的读书方法，抓住文章重点，体会外公的思乡魂和中国魂。

3. 反复研读重点内容，理解外公说的话的含义，感受到题目“梅花魂”的真正含义。

4. 能够有感情地朗读课文。

二、教学重点

运用边读边思的读书方法，抓住文章重点，体会外公的思乡魂和中国魂。

三、教学难点

反复研读重点内容，理解外公说的话的含义，感受到题目“梅花魂”的真正含义。

四、教学过程

（一）创设情景，导入新课

教师引导学生回忆几首咏梅诗，学生进行背诵，揭示课题。

（二）初读课文，首次质疑

1. 关注课题，首次质疑。

【设计意图】引导学生关注课题，渗透一种独立读书的思考方式，培养学生阅读的好习惯。

2. 自学生字，读好文章。

学生读课文，自学生字新词。

教师出示带有“玷污、秉性、眷恋”的句子，重点指导字形，并且结合句子理解词义。

【设计意图】关注学生识字写字的过程，重点指导易错、易混以及难理解的词语。

3. 自我解读，交流感受。

教师引导学生思考：从这三句话中，你感受到了什么？说感受的时候最好用上这三个词语。

（三）梳理内容，二次质疑

1. 学生默读课文，归纳课文写了祖父的几件事情，试着用小标题概括出来。

读诗落泪、珍惜墨梅图、思祖国痛哭、赠送墨梅图、赠送梅花手帕。

【设计意图】引导学生用小标题概括出事件的主要内容，培养学生高度概括，抓住重要内容进行思考的能力。

2. 探究事件的内在联系，二次质疑。

思考：观察这五件事，你发现了什么规律？又产生了哪些新的问题？

预设学生问题：（1）为什么要描写祖父两次哭，这两次哭有什么不同？

（2）三件事都与梅花有关，作者为什么要重复写？

【设计意图】引导学生二次质疑，紧紧抓住课文主要内容，问题的指向性更加明确，问题有深度，思考有深度。

解决预设问题（1）：

a. 学生默读描写祖父哭的两个段落，画出祖父哭的语句，想想祖父为什么哭，两次哭有什么不同？用恰当的词语把你体会到的批注在旁边。

b. 小组交流。

c. 师生交流，教师指导学生批注。

【设计意图】运用对比读的方法，引发学生深入思考，走进文本，与作者对话，与主人公对话，提高学生阅读能力。

解决预设问题（2）：

a. 学生默读围绕梅花描写的三个段落，边读边画出你感受最深的句子。

b. 小组合作，用“为什么”分别就这三件事情提问，并在原文中找一找原因，把揭示原因的句子用着重号画出来。

c. 师生交流。

【设计意图】 引导学生发现三件事情的内在规律，在文中找到揭示三件事情发生的最终原因，直接抓住文章的重点段落进行学习，提高学生阅读思考的能力。

（四）研读重点，三次质疑

1. 学生默读课文第十三自然段，把自己的问题批注在旁边。

2. 小组合作，解决问题。

3. 师生交流。

预设问题：

（1）为什么谈梅又谈人？

（2）描写梅花的时候为什么用“她”而不用“它”？

（3）赏梅花。

读描写梅花的句子，你看到了怎样的形象？

出示图片，学生重点体会“愈……愈……愈……最有……有……有……”。

朗读，背诵。

出示填空：“梅花无论（　　　　　　）都（　　　　　　）。”

【设计意图】 深入解读梅花的形象，为感悟梅花的精神打下良好的基础。抓住“愈”深入地体会，从而学习作者语言描写的精妙之处。运用填空的方式，归纳概括学生体会，为“赏”字下一个自我个性的定义。

（4）悟梅花。

a. 再读这段话，想想提出的两个问题。

b. 读这段话让我想到了谁，他（她）做了什么，他（她）就像梅花那样________。

学生围绕着这段话，进行交流。

c. 出示填空：“中国人无论（　　　　），都（　　　　）。”

朗读，背诵。

【设计意图】 学生关注文本，再次研读，发现梅花就是中国人的象征，梅花就是中国人的品格，在这里，梅花已经幻化成为中国魂。通过问题交流的学习方式，使得师生思维发生碰撞，领悟到梅花魂就是中国魂的含义。

（五）回读课文，层层释疑

学生读全文，解答学习过程中提出的问题。

1. 为什么梅花玷污不得？

2. 为什么要送我墨梅图？

学生：梅花是中国的象征，玷污不得，外公送我墨梅图，就是让我也要有梅花的品格。

3. 外公为什么还要送我梅花手帕？引导学生关注“血色”。

学生：血色梅花是外公的心，是外公的魂，外公让我把他的心带回祖国。外公身在异乡，却是魂归故里。

出示填空：外公无论（　　　　）都（　　　　）。

4. 课题为什么是“梅花魂”？

出示填空：梅花魂是（　　　　）更是（　　　　）。

【设计意图】 学生回读全文，对学习过程做一个系统的梳理。让学生在梳理的过程中获得收获，体现学习效果。两个填空的联系，帮助学生解决学习中最后两个难点问题，引导学生得出结论。

（六）布置作业，延展课堂

搜集古今咏梅诗歌，开一个赏梅会。

附：板书设计

梅花魂？

↓

思乡魂、中国魂！

↑

吟诗流泪、思国痛哭 → ？

？ ← 珍视墨梅图、赠送墨梅图、赠送梅花帕

落　花　生

（第二课时）

王建祁（石景山区六一小学）

一、教学目标

1. 运用联系上下文的方法感悟含义深刻的句子，懂得“人要做有用的人，不要做只讲体面，而对别人没有好处的人”。

2. 借助资料，通过交流讨论及朗读，感悟落花生的品质及“我”和父亲的品格，揣摩借物喻人的手法。

3. 学习作者由落花生领悟到做人的道理的写法，选择一种事物写一写。

二、教学重点

运用联系上下文及借助资料的方法，理解含义深刻的句子，揣摩借物喻人的手法。

三、教学难点

深入理解“人要做有用的人，不要做只讲体面，而对别人没有好处的人”的含义，知道什么是“有用的人”。

四、教学策略

“以读为主”与多种方法有机结合。

五、教学过程

（一）设疑激趣，自主阅读

1. 设疑阅读。

（板书：落华生）你发现了什么问题?

预设点拨：一个是人名，一个是物名，作者为什么要以物名做人名呢?

默读课文，画出能解答这个问题的语句，并读读这些句子。

2. 交流讨论。

先在小组里说说为什么画这些句子，然后全班交流画出的句子。

【设计意图】巧设疑问启发学生对课题进行深入思考，向学生初步渗透“借物喻人”的写作手法。

（二）探究解疑，感悟启示

1. 理解句子含义，感悟花生的品质。

花生的好处很多，有一样最可贵：它的果实埋在地里，不像桃子、石榴、苹果那样，把鲜红嫩绿的果实高高地挂在枝头上，使人一见就生爱慕之心。你们看它矮矮地长在地上，等到成熟了，也不能立刻分辨出来它们有没有果实，必须挖起来才知道。

（1）自主学习，初步理解花生品质。

默读，画批，谈体会。

预设学生回答：

a. 桃子、石榴、苹果：鲜红嫩绿、高高地挂、一见就生爱慕之心。

花生：矮矮地埋、必须挖起来才知道。

b. 写桃子、石榴、苹果是为了与花生对比，突出花生的特点。

【设计意图】学生自主阅读，领悟父亲这段话深远的意味；在教师的引导帮助下梳理、对比，初步了解花生的可贵之处。

（2）联系上文，深入感悟花生品质。

a. 填空，思品质。

预设：必须挖起来才知道<u>味儿美不美</u>。

<u>可不可以榨油</u>。

<u>人们是不是愿意买</u>。

<u>是不是好种易活</u>。

理解“是不是好种易活”，抓第一自然段重点词“居然”，读并体会那种出乎意料的高兴心情。

预设点拨：花生的这些特点就是它的品质。（朴实无华、默默奉献、不计名利）

b. 朗读。

预设导语：花生没有美丽的外表，而且深埋于地下，必须挖起来才知道它的价值，这就是花生最可贵的地方。

自由练习朗读这段话，边读边体会花生最可贵之处。

c. 评读，感悟品质。

d. 所以父亲接下去说：

所以你们要像花生，它虽然不好看，可是很有用。

预设点拨：你明白父亲这句话的意思吗？读出你的理解。

2. 充分理解文本，感受父亲的品格。

那么，人要做有用的人，不要做只讲体面，而对别人没有好处的人。

（1）理解“有用”。

a. 联系上文思考：父亲不让我们做哪种人？让我们做哪种人？

预设：让我们做有用的人。

桃子、苹果、石榴那样让人一见就生爱慕之心的人。（既体面又有用）

花生那样不好看必须挖起来才知道其价值的人。（不体面很有用）

……

b. 在这篇课文中，父亲和我们谈论的是哪种人呢？父亲为什么让我们做这种人呢？

出示许南英资料，看资料谈感受。

许地山的父亲叫许南英，是位爱国诗人，也是位颇受百姓爱戴的好官。中日甲午战争爆发后，他曾率领台湾人民苦撑危局，死守孤城台南。他将多年积蓄全部充作官饷，坚决抵抗日本鬼子的入侵。台湾被日本侵占后，他不愿当亡国奴，就携眷搬到祖籍福建龙溪。在许地山十四五岁时，他出任广东省三水县县令，全家住在衙内大院里。他们家的后园有半亩空地，许地山的母亲建议开辟出来种花生，这就是课文中所写的事。

预设导语：父亲就是像花生这样的人，所以他这样教导许地山——（读）“所以你们要像花生，它虽然不好看，可是很有用。”许地山明白了父亲的希望——（读）“人要做有用的人，不要做只讲体面，而对别人没有好处的人。”

c. 在生活中，还有哪些人是像花生那样的人？

【设计意图】 又一次联系上下文理解重点句，理解父亲赞美花生的话的深刻含义。

（2）感受父母的良苦用心。

a. 父亲的话给作者什么影响？你是从哪里看出来的？

预设学生回答：父亲的话给“我”影响之大，成为永不磨灭的印记。

b. 阅读资料，感悟作者品质。

（三）回顾全篇，明确写法

1. 分角色读全文。

2. 总结板书，明确写法。

（四）运用方法，尝试练笔

1. 作者由落花生领悟到了做人的道理，你有没有从身边的事物中领悟到什么？老师给你们带来了几幅图片，你可以写由图片上的事物所想到的，也可以写你自己心中的事物所引起的思考。

2. 交流汇报，适时评价。

附：板书设计

落花生

落华生

物　？　人

朴实无华

默默奉献

不计名利

梅 花 魂

（第二课时）

张文溢（石景山区实验小学）

一、教学目标

1. 通过批注、圈画、朗读重点词句，体会外祖父对祖国深深的热爱和思念。

2. 通过批画、交流、深度思考，能够有感情地朗读课文。

3. 通过交流、总结、朗读，初步领悟重点语句的表达方法，体会其表达效果。

4. 通过体会梅花坚韧高洁的品质，感悟外祖父对祖国无限眷恋的深情，从而产生民族意识和爱国情感。

二、教学重点

通过批注、圈画、朗读重点词句，体会外祖父对祖国深深的热爱和思念。

三、教学难点

通过体会梅花坚韧高洁的品质，感悟外祖父对祖国无限眷恋的深情，从而产生民族意识和爱国情感。

四、教学策略

“以读为本”与多种方法有机结合。

五、教学过程

（一）谈话入题，赏梅花，观其形

1. 出示图片，伴随音乐感受梅花品质。

2. 交流感受，诵读梅花诗句。

看完这一组图片，你有什么感受？你知道哪些有关梅花的诗句？

过渡：同学们，老师听出来了，你们喜欢梅花，但不如外祖父喜欢，让我们打开书，边读边画出外祖父喜欢梅花的语句，并在旁边批注。

【设计意图】通过图片，再现梅花盛开情景，通过读诗句，体会古人对它的敬佩，激发学习的兴趣。

（二）细读引领，品梅花，入其境

1. 默读课文，批画外祖父喜欢梅花的句子。

2. 交流分享，抓住关键词语，结合生活实际谈理解，读出外祖父对墨梅图的珍爱。

（1）重点句："外祖父家中有不少古玩，我偶尔摆弄，老人也不在意。唯独书房里那幅墨梅图，他分外爱惜，家人碰都碰不得。"

结合生活中古玩的价值，及"不在意"和"碰不得"，体会对比的写法，突出外祖父对墨梅图的爱惜。

（2）重点句："有生以来，我第一次听到他训斥我妈：'孩子要管教好，这清白的梅花，是玷污得的吗？'训罢，便用保险刀片轻轻刮去污迹，又用细绸子慢慢抹净。"

a. 结合自己生活经验，理解梅花的清白。

b. 出示句子："便用保险刀片刮去污迹，又用细绸子抹净。"这样写好吗？为什么？

c. 结合训斥，感受外祖父对妈妈和墨梅图情感的变化，读出对墨梅图的分外爱惜。

d. 用一个词来表达外祖父对梅花的感情，你会用哪个词？（敬重、珍爱、爱惜等）

过渡：老人为什么如此敬重梅花，珍爱墨梅图呢？默读课文，从文章中找到答案。

【设计意图】通过批画、交流、朗读，体会外祖父对梅花的珍爱，进而体会作者细腻的表达方法。

（三）品读升华，颂梅花，悟其魂

1. 品读梅花品格的语句，感悟梅花魂。

细细品读重点句："这梅花，是我们中国最有名的花。旁的花，大抵是春暖才开花，她却不一样，愈是寒冷，愈是风欺雪压，花开得愈精神，愈秀气。她是最有品格、最有灵魂、最有骨气的！"

（1）梅花有怎样的品格？

（2）理解"灵魂"的意思，谈谈梅花的灵魂和骨气表现在哪里？

（3）想象外祖父当时说话时的表情，有语气地朗读。

（4）利用填空，尝试集体背诵。

2. 再品语句，感受民族魂。

（1）探究"她"字。

同学们不仅能有语气地朗读，甚至都能背下这句话了，可你发现这个"她"字了吗？有什么想法？

（2）结合上下文，说说自己的理解。

结合两段思乡诗，猜想指祖国；结合下句，感受民族魂。

"几千年来，我们中华民族出了许多有气节的人物，他们不管经历多少磨难，不管受到怎样的欺凌，从来都是顶天立地，不肯低头折节。他们就像梅花一样。一个中国人，无论在怎样的境遇里，总要有梅花的秉性才好！"

a. 反复细细用心品读这段话，看看在品读中，你读懂了什么。

预设1：我读懂了有气节的人就是有梅花精神的人。

引导：你想到哪些有气节的人？

董存瑞、刘胡兰。

引导：能把他们在什么情况下怎样做的介绍给大家听吗？

预设2：我读懂了外祖父为自己是中国人感到自豪。

预设3：我读懂了外祖父希望我学习梅花，做有骨气的中国人。

b. 出示资料，了解历史，感受民族的坚强不屈。

c. 尝试填空。

愈是寒冷，愈是风欺雪压，梅花开得愈精神，愈秀气。

愈是（　　），愈（　　），我们中华民族愈（　　）愈（　　）。

d. 想想外祖父当时的心情，有语气地朗读，感受民族魂。

3. 体会“珍爱”，感受赤子心。

（1）交流“珍爱”的原因：说说通过以上的学习，你知道外祖父为什么如此珍爱墨梅图了吗？

（2）交流送梅花手绢的原因。

预设1：外祖父爱梅花，敬梅花，送梅花手绢是希望“我”时时带在身边，做梅花品格的中国人。

引导：有这方面的意思，可带有梅花的其他东西也可以，为什么是手帕呢？你知道我们中国人有情人送鸳鸯手帕的习惯吗？

预设2：梅花手帕代表了外祖父对祖国眷恋的心，手帕回到祖国，外祖父认为他虽然身在异国他乡，但他的心已回到了祖国。

（3）教师总结。

a. 这看似平凡的梅花，表现了老人（　　），这看似平凡的梅花，寄托着老人（　　）这看似平凡的梅花，饱含了老人（　　）。让我们再来读读这段话，感受其中的梅花魂。

b. 总结升华。

课文我们已经学完了，但梅花傲霜斗雪、不畏严寒的品格印在了我们的心里，华侨老人对祖国深深的眷恋，对子孙炽烈的期待还萦绕于心，梅花魂就是中华民族精神的象征，哪怕我们将来走到天涯海角，都不要忘记自己是一个中国人，要有梅花魂。

【设计意图】在交流阅读体会，资料拓展中，理解梅花魂与民族魂的关系，从而体会外祖父珍爱墨梅图，送梅花手绢的深刻含义。

（四）布置作业

1. 用心规范抄写课文中让自己感动的语句，建议加上插图。

2. 你打算怎样做一个有梅花品格的人？

3. 选择一个最令你感动的，具有梅花品格的人的故事，讲给大家听。

根据自己的爱好和能力，选择其中一项作业完成。

附：板书设计

梅花魂

	爱惜墨梅（训斥，轻轻，慢慢）	
珍爱梅花	馈赠墨梅（赞梅花，颂国魂）	热爱祖国
	再送梅花巾（中国心，赤子心） →	思念祖国

一句名言带给我的启示

（习作评改课）

张　颖（石景山区古城第二小学）

一、教学目标

1. 依据评改标准，学会修改以事喻理的作文。

2. 通过评改，进一步明确事件与名言之间的关系，突出事件的重点。

3. 在评改的过程中，体验成功的快乐，享受合作的愉悦，养成认真修改作文的良好习惯。

二、教学重点

通过总体评价自己和他人的作文，了解本次作文评改的标准，学会修改以事喻理的作文，自主进行修改。

三、教学难点

通过评改，深入理解名言含义，找到事件的写作重点，进行具体描写。

四、教学策略

自主、合作、探究式相结合。

五、教学过程

（一）回忆作文，明确要求

1. 在学习中，你们积累了许多名言警句，让我们交流一下，并说说从中你懂得了什么。

2. 是啊，我们中华民族在自己的发展历程中，流传下来了许多名言警句。你们曾选择了在生活中对自己启发最大的一句名言，通过一件事将得到的启示写清楚了。还记得是怎么写的吗?

引导学生回忆作文要求：

（1）选择一句名言警句。

（2）选取的事件和名言警句相符合，且重点突出。

（3）文中要有名言警句带给自己的启示。

【设计意图】回忆作文的要求，帮助学生梳理本节作文讲评课的评改要求。

（二）总结习作，适时表扬

1. 总结本次习作的优点。

前些天，老师仔细阅读了你们的作文，有些同学的作文给我留下了深刻的印象。他们选取了生活中的典型事件，做到了有感而发，语句通顺，内容具体，写清了自己受到的启发，让人信服。

2. 表扬本次习作写得好的同学，并说明好在哪儿。

【设计意图】对本次习作进行总结，表扬作文写得好的同学，激发学生评改作文的兴趣。

（三）共同评改，体悟方法

1. 以一篇作文为例引导学生发现问题，提出评改建议。

2. 出示评改的作文，引导学生对照作文要求进行评改。

作文内容描述：本篇作文选取的名言是“宝剑锋从磨砺出，梅花香自苦寒来”。选取的事件是上写字班的事。但文中有一大段与名言无关。另外，没有写出面对的困难或挫折，战胜的过程不具体。

（1）初读习作，发现优点。

（2）再读习作，提出修改建议。

（3）小组交流，把小组的意见加以综合，推一位代表全班交流。

（4）全班交流修改。

存在的问题及修改建议：

a. 困难没写出来。建议加入大雪及畏难心理活动的语句。

b. 结尾少结果，建议结合自己的实际谈出名言带给自己的启示。

（5）选择其中的一处进行修改。

（6）交流修改后的作文。

【设计意图】师生共同评改一篇作文，引导学生对照作文的要求，体悟并掌握评改作文的方法。

（四）美文赏析，强化感悟

1. 选取作文，再指导评改。

曾潇同学的习作，选取了自己在学游泳过程中，面临怕累的困难，经过自己的坚持，战胜了困难，取得了成功，并真正体会到了名言的真正含义。下面，就让我们一起来分享一下，对照作文要求，你认为好在哪？还能提出哪些建议？

2. 全班交流分享的感受。

【设计意图】通过赏析班级中优秀同学的习作，引导学生针对习作要求，强化掌握评改作文的方法。

（五）自主修改，提高能力

1. 调动修改的热情。

2. 指名说说你准备怎么改。

3. 自主修改自己的习作。

4. 交流自己修改的部分，指名读自己修改的重点段落。

5. 通过刚才这篇习作的修改。你们是否已经掌握了修改的方法呢？如果还不是很熟练，老师再给你们时间，把自己的作文在小组内进行交流。可以请同学帮你修改点评。然后由小组推荐，在全班交流，进行赏析评点。

6. 学生四人一组，进行交流，点评。老师注意巡视，帮助有困难的学生。

【设计意图】让所有学生都动起来，通过“读、听、说、写”来强化评改作文的方法。逐步培养写完作文后修改的习惯。

7. 推荐一位同学的作品并说明推荐理由。听读后交流感受。

【设计意图】在习作赏析时，明确写作要求对好作文的影响，知道怎样听明白作文的好坏。

（六）小结迁移，拓展延伸

同学们，习作完成之后，要对自己的作文进行点评，学会修改。因为好的作文是改出来的。希望同学们以后经常尝试修改习作，相信你会有不少收获。

附：板书设计

启示

↑

道理　　　　重点突出

↑

名言警句　　　　具体事件

古诗四首（《示儿》《题临安邸》）

（第二课时）

尹梅芝（北京教育学院石景山分院）

一、教学目标

1. 能借助注释、工具书理解《示儿》《题临安邸》诗句的意思，大体把握诗意。

2. 在品味重点字句的过程中，感受古诗的艺术魅力，能结合背景资料，体会诗人的爱国情感。

3. 边读边想象画面，体会诗的意境，诵读时能比较准确地表达诗人忧国的情感。

4. 在反复吟诵的过程中，背诵并默写两首古诗。

二、教学重点

运用多种方法理解诗意，想象诗歌所描绘的情景，体会诗人的爱国情怀。

三、教学难点

借助想象，走进诗歌所描绘的情境，走进诗人的内心世界。

四、教学策略

搜集南宋背景资料，运用自主、探究和讲授的教学方式，感悟诗歌内涵。运用现代信息技术制作演示文稿，使文字、图片、音乐与情感融为一体。

五、教学过程

（一）检查背诵，回忆学法

1. 导入谈话：上节课，我们学习了杜甫的《前出塞》和龚自珍的《己亥杂诗》，一起背诵一遍。

2. 回忆一下上节课我们是采用什么方法学习这两首古诗的。

预设：①借注释，明诗意。②品词句，想意境。③知背景，悟诗情。

3. 谈话：这节课，我们继续用这一方法学习《示儿》《题临安邸》。

【设计意图】复习巩固上节课内容，强化古诗学习的方法，促进学生自主、合作地学习古诗。

（二）熟读诗句，自主学习

1. 同桌互读诗歌，订正读音，注意诗歌的停顿和节奏。

2. 结合注释自学这两首诗，看看你读懂了什么。还有哪些不明白的地方。用“？”标在旁边。

3. 不明白的地方，可以在组内提出来，看有谁能帮助你解决。有争议的地方一会儿全班交流。

【设计意图】借助注释，让学生初步了解诗句内容，同时培养学生敢于质疑，善于质疑的习惯。

（三）聚焦《示儿》，理解诗意

1. 关注诗歌题目，整体把握诗意。

（1）启发谈话：诗题是古诗的眼睛，理解诗题能帮助我们更好地理解诗句，请大家自己读读诗题，从中获取了哪些信息？

——学生交流，教师相机点拨：这是一首用诗的语言写成的遗嘱。

（2）自由交流：结合诗句，用自己的话说说陆游临终前对儿子都说了什么。

——学生交流，教师相机点拨对诗句的大体了解。

2. 品读重点词句，体会诗人情感。

（1）谈话：是什么使诗人割舍不下，写下临终遗言？从哪儿看出来的？

——诗人最惦念的是祖国的统一；九州同；北定中原；“但悲”“无忘”……

（2）重点点拨：最能表达诗人情感的是哪个字？你从中感受到了什么？

——悲伤；悲愤；失望。

（3）指导读：带着这种感受，读读诗句。

3. 设置悬念，引发认知冲突。

（1）谈话：一个人临终前会有许多割舍不下的事情——亲人、友人……而陆游谈的又是什么呢？谈谈自己的感受。

——不是家事，而是国事。

（2）启发：既然诗人“死去元知万事空”，为什么还会“家祭无忘告乃翁”？

——领会到诗人的爱国激情是何等的执着、深沉、热烈、真挚。

（3）指导想象：谁能用自己的语言，描述一下当时的情景？

——老人在病榻弥留之际，回首平生，百感交集，环顾家人，儿女情深，拼尽最后力气写下这诗的遗嘱。

（4）指导朗读：想象当时的情景，读出陆游的心声，读出诗人的情感。

——自由练读，指名读，齐读。

4. 结合背景资料，深入感悟诗情。

（1）学生交流查阅资料，教师相机介绍时代背景。

板画介绍：要想真正理解诗人的情感，我们还要走进那段历史。由于宋朝统治者贪图享乐，腐败不堪，北方的金国出兵南下占领宋朝都城汴州，统治阶级残余逃到长江南部的临安建立南宋。自此，金兵占领了淮河以北大片的宋朝领地。

（2）借助诗人经历，指导读出情感：诗人陆游两岁时中原沦陷，到他85岁去世也没能见到祖国统一。请你深情地读出诗人最后的心声吧！

——配乐读《示儿》，体会诗人爱国情感。

（3）引发新的问题，过渡新诗学习。

启发：此时你产生了什么疑问吗？

预设：为什么诗人一生都没有盼到祖国的统一？

为什么南宋统治者不去收复失地？

过渡：请看下一首诗《题临安邸》，你会在这首诗中找到答案。

【设计意图】抓住诗歌文体的特点，感受诗歌表达的情感是古诗学习的重点。引导学生由理解表层含义到想象诗歌画面，再到体会诗人情感，分层展开，循序渐进，符合学生认知规律。向学生揭示南宋这段历史，使学生深入了解诗人的爱国情怀。最后激发学生的探究欲望，带着问题学习使学生的学习目的更加明确。

（四）学习《题临安邸》，探究失望根源

1. 自由读诗，借助注释，了解诗句的意思。

2. 交流感悟发现，感悟诗人情感。

（1）交流：为什么南宋统治者不去收复失地？

预设：从“西湖歌舞、几时、游人醉”看出统治者整日作乐，歌舞升平。

（2）关注重点字句，引导学生走进诗人内心。

a. 读“山外”句，引导想象：眼前出现怎样的画面？

——湖光山色，亭台楼阁，歌舞升平。

——山多楼多人也多，沉醉歌舞持续时间长。

教师相机引导：统治者没有把资金用到收复中原上，而是花费大量金钱，兴建他们的安乐窝。想想北方遗民那痛苦的泪水，苦苦的期盼，你又有什么感受？

b. 抓住“几时休”“醉”，能感受到什么？

——统治者的陶醉、沉醉、忘记，诗人的愤怒、无奈。

c. 运用填空，激发情感共鸣。

引导：南宋的统治者整日里贪图享乐，他们忘记了（　　　　）。

他们忘记了（　　　　）。

他们还忘记了（　　　　）。

d. 借助板画和时代背景，理解诗人借“直把”这句诗要表达什么意思。

——他们贪图享受，丢失了汴梁城，今天他们又在杭州继续吃喝玩乐，他们忘记了亡国的耻辱。含有告诫、讽喻的意思。

3. 指导想象，朗读全诗。

（五）总结课文，延伸课外

1. 两诗结合，发散思维。

（1）思考：通过林升的这首诗，你认为有无“王师北定中原日”的一天？陆游在天之灵能否得到告慰？

预设：结合统治者的表现，无法实现。

（2）请你再回读《示儿》，陆游当时是否预料到了此结局？

（3）将两首诗结合起来朗读，对比两首诗的异同，感悟表达特色。

2. 引导背诵，推荐阅读。

这节课我们学习了两首古诗，了解了一段历史，认识了一位伟大的爱国主义诗人。下面请大家回顾这些诗歌，试着在脑子里记下你最欣赏、最喜欢的诗句或诗篇。

推荐运用学古诗的方法阅读：《十一月四日风雨大作》《满江红》。

【设计意图】让学生把学习古诗的热情延续到课外，促进学生进一步去积累古诗，感受中华文化的魅力。

附：板书设计（略）

只有一个地球
（第二课时）

刘　欣（门头沟区育园小学）

一、教学目标

1. 理解课文内容，体会地球的可爱和容易被破坏。明确“只有一个地球”的含义。

2. 抓住关键词语，感受重点句子在表达文章内容和思想感情上的作用。

3. 体会列数字、打比方、举例子等说明方法在文章中的作用。

4. 培养学生收集整理材料，进而补充课文内容的能力。

5. 使学生懂得保护生态环境，保护地球的重要性，自觉做到珍爱地球，善待地球。

二、教学重点

1. 理解课文内容，体会地球的可爱和容易被破坏，明确“只有一个地球”的含义。

2. 抓住关键词语，感受重点句子在表达文章内容和思想感情上的作用。

3. 体会列数字、打比方、举例子等说明方法在文章中的作用。

三、教学难点

1. 理解课文内容，体会地球的可爱和容易被破坏，明确“只有一个地球”的含义。

2. 使学生懂得保护生态环境，保护地球的重要性，自觉做到珍爱地球，善待地球。

四、教学过程

（一）谈话导入，激发兴趣

在浩瀚无边的宇宙中，有这样一个星球，在它的环抱中生活着60多亿人口，它把一切无私奉献给了无数生灵，它就是我们共同的家园——地球。

（二）预习反馈，进入重点

1. 昨天，我们布置了预习作业，大家回家一定认真读书了，读完后一定有许多感叹，谁来说说？（学生自由说）

2. 教师小结；你们的心声代表了大家的心声。

3. 导出宇航员的感叹。

通过读书，你们找到了有幸飞上太空宇航员的感叹是什么了吗？

4. 出示：我们这个地球太可爱了，同时又太容易被破坏了。

5. 指导学生有感情地朗读。

6. 进行质疑，进入重点：读到这句话时，你有什么想问的？

【设计意图】反馈预习结果，引出文章中心句，就中心句设疑，激起学生对课堂教学活动的兴趣，为下一步的学习作好准备。

（三）重点品读，体会地球的可爱

1. 过渡：那么，就让我们带着你们的问题，走进课文。

2. 默读课文第一~第四自然段，想想从哪些地方体会到了地球的可爱。

3. 组织学生进行交流。

4. 根据学生汇报出示相应句子。

据有幸飞上太空的宇航员介绍，他们在天际遨游时遥望地球，映入眼帘的是一个晶莹透亮的球体，上面蓝色和白色的纹痕相互交错，周围裹着一层薄薄的水蓝色“纱衣”。

（1）引导学生抓住“晶莹透亮、薄薄”这些词体会地球的美丽壮观。

（2）出示图片，指导有感情地朗读。

5. 教师引导：不知同学们想到没有，作者把地球比喻成人类的母亲、生命的摇篮，难道仅仅就是因为她外表美丽吗？除了外观上的美，地球母亲还有哪些可爱之处？

（1）引导学生抓住文中重点句体会。

（2）引导学生补充课外资料体会地球的无私。

6. 情感升华。

（1）是啊，只有母亲才会这样无私而又慷慨地对待它的孩子们！地球真是太可爱了！正因为有了地球母亲的无私奉献，才有了人类丰衣足食的生活。读到这儿，你想对地球母亲说些什么？

（2）相信每个地球儿女都要大声赞美自己的母亲——（齐读）我们这个地球太可爱了。

【设计意图】抓重点句理解课文内容，并学会自己搜集资料，多渠道、全方位地了解课文内容。

（四）小组合作学习，体会地球太容易被破坏

1. 出示小组合作学习提示。

2. 在集体内进行交流提升。

3. 出示课外资料，体会人类对地球的破坏。

每天，我们的地球有15亿人呼吸受污染的空气，至少有800人因此死亡。

每天，我们的地球有1500吨氟利昂排入大气层，严重破坏着保护地球的外衣。

每天，我们的地球至少有1500人死于饮用不洁水造成的疾病。

每天，我们的地球有12000桶石油泄漏到海洋里。

每天，我们的地球有55000公顷的土地变成不毛之地。

每天，我们的地球有55000公顷的森林被大火毁于一旦。

每天，我们的地球有800亿吨水在悄然流失。

【设计意图】培养学生自己搜集资料的能力，引导学生学会运用课外资料加深对文本的理解。

（五）体会只有一个地球的含义

1. 过渡：当我们面对眼前这个伤痕累累的母亲，再回想她昔日的美丽和可爱时，我们是一种什么样的心情？

2. 我们真的这么悲观吗？科学技术这么发达，难道我们就不能到别的星球去吗？

3. 引导学生体会只有一个地球的含义。

（六）情感升华，体会保护地球的重要性

面临不可再生资源即将枯竭的磨难，承受可再生资源即将毁坏的威胁，地球母亲在一次次灾难中变得越来越脆弱。保护地球已经刻不容缓了。

【设计意图】引导学生体会地球对人类的重要性，唤起学生保护地球的意识。

（七）体会对比写法

作者运用列数字、打比方的说明方法为我们写出了地球是那样的可爱，同时又告诉了我们这么可爱的地球又是那样容易地被破坏，在这强烈的对比中，让保护地球的信念扎根于我们心中。

【设计意图】让学生体会到文章对比的写法。

（八）拓展延伸，树立保护地球意识

介绍地球日的相关内容。

【设计意图】升华学生情感，唤起学生保护地球的意识。

附：板书设计

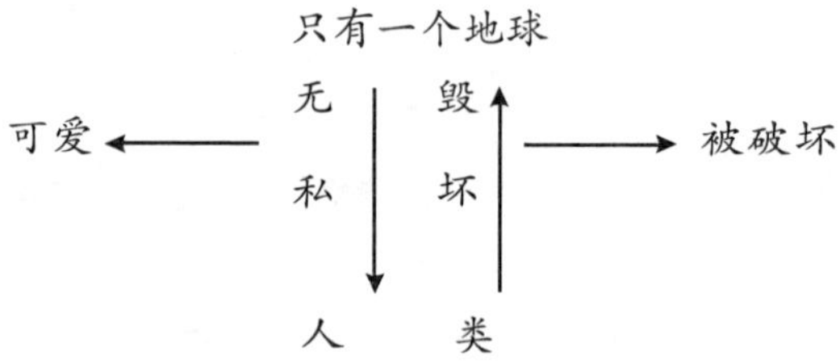

（曾获北京市门头沟区高效课堂教学设计大赛一等奖）

鼎湖山听泉

（第二课时）

张付祥（北京第二实验小学永定分校）

一、教学目标

1. 通过语言文字的朗读，感受鼎湖山泉声的美，感受泉声的丰富变化，从而激发学生热爱大自然的美好感情。

2. 通过想象，感受泉声的变化多端，体会泉的趣味。

二、教学重点

1. 通过语言文字的朗读，感受鼎湖山泉声的美，感受泉声的丰富变化，从而激发学生热爱大自然的美好感情。

2. 通过想象，感受泉声的变化多端，体会泉的趣味。

三、教学难点

通过想象，感受泉声的变化多端，体会泉的趣味。

四、教学策略

“以读为本”与多种方法有机结合。

五、教学过程

（一）识“听”入课，听乐入境

1. 师：这节课我们继续学习第14课《鼎湖山听泉》，学生齐读课题。

2. 课件出示：听的繁体字——聽。

师：这是一个会意字，我们的祖先在造字的时候很讲究，你从它的组成想到了什么？（声音通过耳朵直达于心，用心领悟）

今天我们就带着自己的耳朵、自己的心，随作者到鼎湖山听泉。

3. 欣赏音乐。（泉水声）

【设计意图】通过了解繁体字，营造学习氛围。第一次听音乐，将学生带入情境，激发学生学习的兴趣，调动学生的阅读积极性。

（二）白天听泉，有声有色

1. 大家已经预习了课文，文中哪些段落是描写“听泉”的？（“进山观景听泉”和“夜宿古刹听泉”。）

2. 这篇文章是一篇游记，作者是按照游览的顺序，写出了自己的所见、所闻、所感。让我们看一段鼎湖山的风光。

课件展示鼎湖山的美景。

【设计意图】创设安静的氛围，在静静的环境中欣赏画面，初步感受鼎湖山的美景。

3. 尽管没有声音，大家都很认真，你觉得美不美啊？（美）请大家自由浏览第二自然段，勾画出直接描写泉水的词语。

（1）淙淙、清亮、不绝于耳、时隐时现、交错流泻、清纯悦耳、欢快活泼、美妙。

（2）词语分类：我们这里把它分成三类。第一组我们称它为入耳（响）。第二组称它为入目（多）。第三组称它为入心（美）。老师请一个同学来读一读，你会感受到什么？

（3）我们带着感受来读一读第一组词语。

课件：淙淙　不绝于耳　清纯悦耳

清亮　时隐时现　交错流泻

美妙　欢快活泼

4. 小结：这些词语让我们充分感受到了鼎湖山泉声淙淙悦耳，泉水清亮。通过词语，我们从整体上把握了课文内容。作者听的时候，在看；看的时候，在听。让我们跟随作者的脚步，一道前去赏泉吧！

【设计意图】课件为学生提供自主学习的资源与场景，把本来枯燥的词语辨析置于游戏情境中，激发了学生的探究欲，整体上把握了课文内容。

（三）入夜听泉，读写相融

1. 师：就这样我们一路听着泉声来到半山腰的云庆寺，决定就在这座寺院中借宿。入夜，山中万籁俱寂，只有泉声一直送到枕边。

2. 默读第四自然段，思考：如果用一个词来表达你的感受，你会选择哪个词？（美妙）

3. 师：究竟美在何处，妙在何处呢？这还需要大家仔细读一读课文，去发现文中的美，体会文中的美。

4. 学生自由朗读本段第三句话，准备用这样的句式说出作者的心里话。

（1）出示句式：啊！这是……声音，多像……样……啊！

（2）同桌互相说一说。

（3）指名回答。

“轻柔的”：你要说哪种泉声？

出示原句：那像小提琴一样轻柔的，是在草丛中流淌的小溪的声音。

生：作者聆听到了轻柔的泉声，辨识出这泉声是草丛中流淌的小溪发出来的声音，品味到它像小提琴一样。

师：作者将它比作小提琴，你们想听一听小提琴的声音吗？（放小提琴曲）让我们边想象着那轻柔的旋律，边把这一句读一读。

说一说“清脆的、厚重回响的、雄浑磅礴的”泉声。（方法同“轻柔的”）

教师相机板书：听、辩、品。

（4）师引读这段话。

（5）指导学生读好这几句话。（课件：四种泉声音效）

（6）再看看这几句话，你有什么发现？（比喻、排比）

【设计意图】鼓励学生在语言情境中体会修辞的作用，训练学生说话，培养说话能力。

（7）这一句，作者向我们详细介绍了鼎湖山四种泉声，其实，这里的泉声远不止这些。你听，还有一些泉声忽高忽低，忽急忽缓，忽清忽浊，忽扬忽抑，是泉水正在绕过树根，拍打卵石，穿越草丛，流连花间……

5. 学习第四句。

（1）配乐朗读。

（2）听出来了吗？这里的泉声变幻莫测、悦耳动听。

这些泉声的描写和前面四种泉声的描写在表达方法上有什么区别？前面是

详写，这部分是略写。

（3）学生齐读，读出这种感觉。

【设计意图】通过画批，交流，朗读，评读，感受泉水的变幻莫测、悦耳动听。

（四）亲近自然，静思默想

1. 自由读第五自然段，思考：作者为什么喜爱鼎湖山？（美妙动听，滋润万木，孕育生机）

追问：作者为什么说它“孕育生命”，浏览全文，找出依据。

【设计意图】联系上下文，推想句子的意思，体会其表达效果。

2. 拓展练习。

鼎湖山听泉

小__薄__鼎湖山，

一路__一路__。

夜听清溪__妙曲，

孕育生机__心田。

【设计意图】结合课文内容，借助书中的语言完成填空，从而整体把握内容，提高语言运用能力。

3. 小结：作者之所以愿意敞开心扉，接受这潺潺清泉，不仅是因为泉声美妙动听，而且还因为泉水滋润着万木，孕育出蓬勃生机。这汩汩的泉水，已流到了我们的心中。最后，老师想用谢大光的一段话来结束今天的学习。

这一夜，只觉泉鸣不绝于耳，不知是梦？是醒？

梦也罢，醒也罢。我愿清泉永在。我愿清泉常鸣。

（五）作业

你能试着用第四自然段的写作方法，用比喻和排比写写雨吗？

提示：

1. 题目：《听雨》。

2. 可以从四季雨声特点的角度写，也可以从雨点落到不同地方的角度写。选取一个角度来写，只需写一个小片段。

附：板书设计

（耳）响、多、美

鼎湖山听泉

（心）听、辩、品

（曾获中国教育协会教育机构研究分会优秀成果评选优质课一等奖）

雅鲁藏布大峡谷
（第一课时）

谭　岚（北京第二实验小学永定分校）

一、教学目标

1. 认读十个字。

2. 朗读课文。

3. 了解雅鲁藏布大峡谷奇异在哪些地方，产生热爱雅鲁藏布大峡谷并为之骄傲自豪的感情。

二、教学重点

了解雅鲁藏布大峡谷奇异在哪些地方，产生热爱雅鲁藏布大峡谷并为之骄傲自豪的感情。

三、教学难点

了解雅鲁藏布大峡谷奇异在哪些地方，产生热爱雅鲁藏布大峡谷并为之骄傲自豪的感情。

四、教学策略

1. 充分利用多媒体课件，阅读、想象、感悟相结合，在学生脑海中展现雅鲁藏布大峡谷的美丽景色。

2. 抓住重点词语体会、感受大峡谷的奇异。

3. 引用课外资料（美国的科罗拉多大峡谷，秘鲁的科尔卡大峡谷），在比较中，感悟雅鲁藏布大峡谷的奇异之处，进而产生为之骄傲、自豪的感情。同时，九个垂直自然带的图片也为学生更好地理解生物多样性打好了基础。

五、教学过程

（一）激发兴趣，导入新课

1. 同学们，你们知道什么是峡谷吗？教师简介峡谷知识，并随机出示中国十大峡谷的图片。

2. 今天就让我们一起走进世界第一大峡谷——雅鲁藏布大峡谷。教师板书课题。

【设计意图】创设情境，激发学生学习兴趣，营造良好的课堂气氛，有利于学生与大自然形成共鸣。

（二）检查预习，感知奇异

1. 课前我们按照读一读，找一找，试一试，查一查这样的学习方案进行了预习。（课件出示预习方案）

预习方案

（1）读一读：读课文 3 遍，读准字音，读通句子。

（2）找一找：最难理解的 2～3 个词语，想办法解决。

（3）试一试：试着把课文分为三部分，想一想每部分写了什么。

（4）查一查：与课文相关的、你感兴趣的资料——选做。

2. 现在老师想看看大家预习的效果怎么样，要想把课文读通顺，首先就要读准字音，这篇课文出现了许多难读的地名，你能读准确吗？

3. 出示：珠穆朗玛峰、喜马拉雅山、科罗拉多大峡谷、秘鲁、科尔卡大峡谷、青藏高原、雅鲁藏布大峡谷。（学生开火车读，最后强调多音字。）

4. 同学们读得可真不错，相信你们把这些词放入课文中照样会读。同桌互相抽查一个自然段，检查你的同桌是否做到了字音准确，句子通顺，然后给他打分。

5. 预习中我们还弄懂了一些词语的意思，敢不敢考考自己呢？拿出小卷子，独立完成第一题。

根据意思，从课文中找到相应的词语。

（1）很少有人的足迹到这里。（　　　　　）

（2）真实可信，不允许怀疑。（　　　　　）

（3）形容姿态多种多样，丰富多彩。（　　　　　）

（4）使人捉摸不透，难以确定。（　　　　）

6. 预习中的试着把课文分为三部分，你是怎么分的？为什么？

7. 课文的每一部分又分别写了什么呢？（教师根据学生回答适时板书。）

8. 第二～第四自然段写出了雅鲁藏布大峡谷的奇异，它到底奇异在哪些地方呢？下面就让我们快速浏览课文的第二部分，完成练习中的第二题。

选择，将正确答案的序号写在括号里。

雅鲁藏布大峡谷奇异在哪些地方？（　　）

a. 世界第一大峡谷。

b. 生物多样。

c. 世界第一大峡谷，神秘莫测。

d. 世界第一大峡谷，神秘莫测，生物多样。

【设计意图】通过检查预习这种方式，了解学生的预习情况，同时让学生从整体上对课文有所感知，初步感受大峡谷的奇异。

（三）自主阅读，体会奇异

1. 课文从世界第一、神秘莫测、生物多样这三方面写出了雅鲁藏布大峡谷的奇异，下面就让我们再次走进雅鲁藏布大峡谷，一起去细细领略那神奇的风光吧。下面请同学们默读课文第二部分，独立完成第3、4、5小题，然后小组交流。

2. 全班交流。

雅鲁藏布大峡谷长（　　）千米，平均深度（　　）米，最深处达（　　）米，是不容置疑的世界第一大峡谷。

这段文字作者运用了（　　）的说明方法。

（1）学生填写。从这些数字中，你感受到了什么？（读出它的长和深。）

（2）结合实际体会长、深，感受奇异。

（3）反馈查资料，引进课外资料。

我们来看看世界著名峡谷深度和宽度的对比表：

世界著名峡谷长度深度对比表			
国家名称	峡谷名称	长度	深度
中国	雅鲁藏布大峡谷	504 千米	6009 米
美国	科罗拉多大峡谷	370 千米	2133 米
秘鲁	科尔卡大峡谷	90 千米	3200 米

（4）通过对比你发现了什么？此时你是什么心情？（骄傲、自豪）

（5）请你带着这样的情感快快读读这一自然段。

（6）总结说明方法。

【设计意图】检查学生查资料的情况，同时结合生活实际、引用对比资料，形象感知雅鲁藏布大峡谷的长和深，感受奇异，进而产生骄傲、自豪的思想感情。

雅鲁藏布大峡谷的水有（　　　　）的特点，山有（　　　　）的特点。

（1）学生汇报对比总结出“千姿百态”“神来之笔”这两个词。

（2）大峡谷的水到底有哪些姿态？

（3）你能配上手势，读出大峡谷水的千姿百态吗？

（4）为什么说大峡谷的山让人感觉如神来之笔呢？

（5）指导学生朗读。

【设计意图】抓住重点词语交流感悟，教师适时地予以点拨和帮助，在发散思维中加深对课文的理解，感受雅鲁藏布大峡谷山水的奇异。

雅鲁藏布大峡谷生物多样性的原因是什么？用直线画出相关的句子。

（1）学生汇报。

（2）九个垂直自然带是什么意思？你课外查资料了吗？（出示垂直自然带图。）

（3）思考：在同一坡面从高到低形成了9个垂直自然带，会给这里带来什么？

【设计意图】通过9个垂直自然带图这个课外资料，帮助学生理解生物多样性，进而更深刻地体会峡谷的奇异所在。

（四）总结提升，抒发情感

1. 教师结合板书进行总结。

2. 学完了雅鲁藏布大峡谷，你最想说的是什么？快快写下来。（学生完成阅读第六题。）

（五）布置作业

1. 将雅鲁藏布大峡谷介绍给自己的亲人。

2. 积累本课词语。

3. 围绕课文内容编几个适当的抢答问题。

附：板书设计

雅鲁藏布大峡谷

一（1）	位置	世界第一（2）长　深	说明方法
二（2~4）	奇异	神秘莫测（3）水　山	列数字
三（5）	意义	生物多样（4）动　植	作比较

（曾获中国教育学会小学教学方法创新实验与研究课题优秀成果一等奖。）

草　原

（第二课时）

张立梅（房山区良乡第三小学）

一、教学目标

1. 理清文章脉络，初步感受作者安排材料的方法。
2. 通过有感情地朗读课文，感受草原的自然美。
3. 在草原自然美熏陶下培养美感，初步感悟作者的表达方法。

二、教学重点

1. 抓住描写体会作者的感受，初步感受作者安排材料的方法。
2. 学习第一自然段的写法，练习写一个片段。

三、教学难点

1. 抓住描写体会作者的感受，初步感受作者安排材料的方法。
2. 学习第一自然段的写法，练习写一个片段。

四、教学策略

1. 读悟结合，指导学生结合文中重点词句理解课文表达的情感。
2. 采用小组讨论、交流等多种学习方法提高学生运用语言的能力。
3. 利用现代化教学设备，帮助学生深入理解文本，学习文章的表达方法。

五、教学过程

（一）创设情境，揭示课题

1. 欣赏图片并播放歌曲《美丽的草原我的家》，草原给你留下了什么印象？

2. 教师导言：今天，就让我们跟随语言大师老舍先生一起去领略内蒙古大草原美丽的自然风光，透过文字去体会那里独特的民族风情。

学生倾听歌曲，初步体会草原的美丽。

（二）整体感知，理清脉络

1. 轻声读课文，要求读准字音，读通句子。思考：草原给你留下什么印象？

2. 用最简洁的一个字或一个词语概括出草原给你、给作者留下的印象？——“美”。

3. 草原的“美”体现在哪些方面？

学生轻声读课文并思考问题。

【设计意图】 理清文章内容线索，使同学们初步感知文章的写作脉络，以便学生在学习的过程中做到有物可寻，有章可遵。

（三）朗读品析，感受景美

1. 老舍先生是如何把草原的美妙风光展现出来的？

2. 读文批画。

课件：默读课文第一自然段，思考。

作者描绘了哪些景物？用直线画下来。

这些景物有什么特点？用曲线画下来，并做批注。

生默读课文第一自然段，思考并交流。

3. 汇报交流。

课件：“那里的天比别处的天更可爱，空气是那么清鲜，天空是那么明朗，使我总想高歌一曲，表示我的愉快。”

（1）图片展示，形象感受草原的蓝天碧野。

（2）有感情地朗读，读出“清鲜”“明朗”的草原的高远辽阔的意境。

（3）如果此时你就置身于草原之中，你会怎么做？作者想怎么做？

课件：“在天底下，一碧千里，而并不茫茫。”

（1）读句子，理解“一碧千里”。

（2）你能说一些表示“绿”的四字词语吗？

【设计意图】 借助对课文重点词语的理解，强化词语训练，进一步培养学生运用语言的能力。

（3）“茫茫”是什么意思？同是写草原，为什么有的说“天苍苍，野茫茫，风吹草低见牛羊”，老舍先生却说“一碧千里，而并不茫茫”呢？

课件：“那些小丘的线条是那么柔美，就像只用绿色渲染，不用墨线勾勒的中国画那样，到处翠色欲流，轻轻流入云际。”

课件比较：“绿色渲染”“墨线勾勒”。

有感情地朗读，抓住“翠色欲流，轻轻流入云际”，体会“柔美”的感觉。

生有感情地朗读，并谈自己对课文的理解和感受。

【设计意图】 借助对课文重点词句的理解，让学生通过阅读对文章做出解释，形成正确评价，体会作者遣词造句的深厚功力，巩固学生学习和运用语言的能力。

课件：“这种境界，既使人惊叹，又叫人舒服；既愿久立四望，又想坐下低吟一首奇丽的小诗。”

（1）在这种境界里，作者有什么感受？

（2）“奇丽”是什么意思？如果让你吟诵一首奇丽的小诗，你会吟诵什么呢？

课件：“在这境界里，连骏马和大牛都有时候静立不动，好像回味着草原的无限乐趣。”

句子比较：

（1）在这境界里，连骏马和大牛都有时候静立不动，回味着草原的无限乐趣。

（2）在这境界里，连骏马和大牛都有时候静立不动，好像回味着草原的无限乐趣。

4. 有感情地朗读。

5. 从天到地，从小丘到羊群，到骏马、大牛，草原的无限乐趣令人愉快，令人惊叹，令人回味无穷。让我们一起仔细品味、用心赏读吧。（配乐朗读）

6. 熟读成诵。

（1）多么优美的景色，多么生动的语言，让我们把这一切永远印记在脑海之中吧，请同学们练习背诵第一段。

（2）指名背诵，感受草原的辽阔、美丽。

（四）学会运用，创造美感

课件：那里的天比别处的天更可爱，空气是那么清鲜，天空是那么明朗，使我总想高歌一曲，表示我的愉快。

这句话中既描写了景物，又表达感受。（借景抒情）

课件：这种境界，既使人惊叹，又叫人舒服；既愿久立四望，又想坐下低吟一首奇丽的小诗。

这句话作者直接表达了自己的感受。（直抒胸臆）

你能运用上面的方法中的一种或两种，自己写一段话吗？

生练习仿写，并交流。

【设计意图】课件演示，再现草原之美。通过课堂回顾，重温辽阔草原美丽风景，激发学习兴趣。指导学生运用学习到的文章写法练习写作，提高学生的习作能力，努力做到言之有物、言之有序、言之有情。

（五）升华情感，滞留问题

这节课我们跟随老舍先生一起领略了草原美丽的风光到草原去，如果你不走进蒙古包，那就谈不上真正去过草原。下节课就让我们走进蒙古包，感受蒙古人民的热情好客，感受大草原的人情美。

【设计意图】以景激情，用情品读，情景一致。

（六）布置作业，拓展延伸

1. 抄写本课生字新词。

2. 背诵并默写课文第一自然段。

3. 选择一处自己喜欢的景物，写一个片段。要学习第一自然段的写法——描写景物和抒发感情相结合。

附：板书设计

草原 美
- 景色美
  - 天 可 爱　清鲜　明朗　愉快
  - 天底下 一碧千里
    - 小丘　柔美　惊叹
    - 羊群　白花　舒服
    - 马牛　静立　回味
- 人情美

（曾获2008年全国小语会青年教师教学研究中心主办的教学设计大赛一等奖，2010年全国小学语文教学设计大赛一等奖）

挑　山　工

（第一课时）

周生利（房山区良乡第三小学）

一、教学目标

1. 检查自学生字词情况：读准带有轻声和多音字的词语，理解新词。

2. 正确流利地朗读课文，能运用串联段意的方法概括主要内容。

3. 学会抓住文中关键的语句质疑、解疑，从而体会句子的含义及其表达效果。

二、教学重点

揣摩句子含义，培养动笔习惯。

三、教学难点

体会挑山工朴素的话语所蕴含的哲理。

四、教学策略

“以读为本”与多种方法有机结合。

五、教学过程

（一）初读课文，整体感知

导语：今天我们来学习作家冯骥才的一篇散文，齐读课题。

1. 浏览课文。

要求：把带有生字的句子多读两遍，记一记；思考：围绕挑山工写了一件什么事？

2. 检查字词。

（1）填写课堂反馈卡。（另附）

学生看拼音，写词语。反馈指导：正确规范，书写美观。

（2）结合语境理解词语含义。

预设：包蕴：包含。初步理解“哲理”的含义：道理。

质疑：这里作者为什么用“哲理”而不用“道理”呢？（板书：哲理？）

【设计意图】对生字词的检查，不应该满足于单纯的认读，而要通过不同的形式，让学生达到真正的理解积累和运用的目的。

3. 串联各段段意，归纳主要内容。

（1）课文围绕挑山工讲了一件什么事？（哪几个自然段写了这件事）板书：解疑。

（2）再看看这件事前面写了什么，后面写了什么。

（3）归纳主要内容。

（二）顺学而导，感悟道理

1. 质疑导学。

读了课文之后，你有哪些疑问？

预设：挑山工和游人登山有什么不同？讲了什么道理？我需要它什么？

梳理这三个问题，哪一个是核心问题？

【设计意图】质疑是探求新知的开始和动力，不断发现问题，提出问题，在梳理的过程中既把握了文章的中心问题，又引出了下一个教学环节。

2. 抓重点语句，感悟哲理。

（1）哪几句话包含着哲理？

默读挑山工说的这段话，思考：这段话中包含着怎样的哲理？

第一层：同一条道。

第二层：不一样。

游人：走得快，东看西看，玩玩闹闹，总停下来。

挑山工：走得慢，步步踩实，一个劲儿。

第三层：理儿——走长了就跑到前边去了。

评价提升：梳理同学们的发言，因为是同一条道，都是从山下到山顶，所以登山才有可比性。紧跟着描写了挑山工登山和游人登山的不同，除了这点不同以外还有哪些不同。

（2）默读课文第一自然段：游人和挑山工登山还有哪些不同？

a. 学生读、画、汇报。

b. 理解折尺形路线：生读。

c. 指名画折尺形路线，看视频，结合资料说感受。再读这段话，体会挑山工挑货上山的辛苦。

补充资料：

泰山地处山东省泰安县，周边的经济不是很发达。挑山工登一次山要挑100多斤货物，就现在送一次货也只能挣20多块钱，冯骥才在1981年写这篇文章的时候，送一次货恐怕还挣不到一块钱。就这么一份辛苦的工作，他们还得竞争上岗呢，所以说他们肩上挑起的是全家人的希望啊！

（3）梳理信息，再质疑。

a. 整体看同学们提取的信息，一起来归纳都有哪些方面的不同：方式、负重、路程、目的。

b. 通过交流你发现新的问题了吗？

评价：这样的问题才是我们自己通过读书产生的真问题，对自己的学习才最有帮助。我们读书都能产生这样的疑问，难怪作者会这样问挑山工——

我看你们走得很慢，怎么反而常常跑到我们前头去了呢？你们有什么近道？

（4）抓对比，明道理。

a. 再读挑山工说的话，说说快慢之间为什么会有这么大的变化。

b. 游人停停住住，玩玩闹闹的时候是在干什么？

多么深刻的道理啊，难怪挑山工会露出得意的神色，那我们就再读读这段话。自己读，指名读。

【设计意图】 在对比朗读中感受快慢的辩证关系，理解挑山工由慢变快的原因，进而理解挑山工那段话中所讲的道理。

（5）结合生活，明哲理。

a. 挑山工讲的是一个登山的道理，而作者却说——

我心悦诚服地点着头，感到这山民的几句朴素的话，似乎包蕴着意味深长的哲理。

b. 你知道为什么用“哲理”而不用“道理”吗？哲理：是对人一生产生影响的道理。

读读这个资料，看看是不是对他的一生都产生了影响。

在我的创作生涯中，有一种精神、一种力量，就是与“挑山工”联在一起的。它已经注入我的骨髓（suǐ），我要永远地将它保留。

c. 再来读挑山工的话，把这些话深深地记在自己心里。

【设计意图】 利用资料，进行语言训练，辨析作者用词的准确性。

（6）明确写法。

这么深刻的哲理，作者是怎么写出来的？

抓住人物语言，抓住对比的写法，展现深刻的哲理。

（三）抓外貌，理解个性化语言

生读描写挑山工外貌的句子，谈印象。（憨厚朴实）

小结：一位憨厚朴实的挑山工，说着这样朴素又富含哲理的话，语言多么符合人物的身份啊，这是语言描写的最高境界，我们习作的时候要学着用啊。

（四）回归整体，照应前面质疑

1. 看看我们的书上都留下了哪些学习的痕迹。

2. 看问题，解决了哪个？没解决的留到下节课解决。

（五）作业

1. 抄写生字、新词。

2. 查找《黄山挑夫》，通过对比感受文中所讲的道理。

附：板书设计

挑山工

	生疑	解疑	需要
	快⇆慢	向着目标	
个性化		脚踏实地	
		坚持不懈	

军　　神

（第二课时）

赵成会（房山区教师进修学校）

一、教学目标

1. 读懂课文，通过理解描写人物的对话、神态的语句，体会刘伯承的坚强意志。

2. 初步领悟文章的表达方法，体会侧面描写的好处。

3. 有感情地朗读课文，体会人物的情感。

二、教学重点

通过感知人物言行神态描写理解“军神”的含义。体会刘伯承的坚强意志并产生敬仰之情。

三、教学难点

初步领悟文章的表达方法，体会侧面描写的好处。

四、教学策略

“以读为本”与多种方法有机结合。

五、教学过程

（一）复习导入

1. 浏览课文，回忆主要内容。

2. 过渡：刘伯承是一个“军人”，为什么沃克医生称他为“军神”？让我们来深入学习课文，了解刘伯承“军神”这一响亮名字的由来。

【设计意图】整体把握课文的主要内容，帮助学生形成篇的意识，为落实学段目标奠定良好基调。

（二）走进文本感受军神形象

1. 感受军神——激疑。

（1）出示自学提示。

默读课文第十七～第三十三自然段，思考：沃克医生为什么称刘伯承为“军神”？画出相关的语句，做好批注。

（2）集体交流。

a. 引导学生抓住刘伯承在手术中的表现，体会刘伯承的坚强意志。

病人一声不吭，他的双手紧紧抓住身下的白垫单，手臂上青筋暴起，汗如雨下。他越来越使劲，崭新的白垫单居然被抓破了。

（a）教师相机点拨：抓住“一声不吭、紧紧、青筋暴起、汗如雨下、越来越、居然”等词句，通过朗读想象，感受刘伯承所承受的痛楚和惊人的毅力、钢铁般的意志。

（b）让学生联系自己生活实际，并在与上文5号病床的病人的对比中感受刘伯承摘除坏死的眼球，割掉烂肉和新生的息肉时表现出的坚强，进而领悟到反衬的作用。

板书：一声不吭。

【设计意图】在阅读中抓住关键词语进行品味，体会词语的表达效果，进行写法的渗透。

b. 抓住“72刀”使学生深刻感受刘伯承是一块会说话的钢板，理解“军神”的含义，激起学生心中对刘伯承为什么要保持一个清醒的大脑的疑问。板书：72刀。

（a）联系上文说说这是一次什么样的手术。（学生读课文第十五自然段）

（b）资料：在三个多小时的手术中，要摘掉眼球，割掉烂肉和新生的息肉，理顺血管，再把血管扎好。

（c）将“72刀”和刘伯承手术中的表现滚动阅读，使学生深刻感受刘伯承的惊人毅力。

c. 小结：在战场上受这么重的伤，还能够保持从容镇定的军人已经不多，能够选择不用麻药忍受剧痛做完手术的就更少，而在手术中还能记清刀数的人只有刘伯承一个，所以沃克医生会这样称赞刘伯承——（齐读）：

沃克医生惊呆了，大声嚷道："你是一个真正的男子汉，一块会说话的钢板！你堪称军神！"

（a）学生谈谈对这句话的理解，感受语句表达的层次性。三层意思，层层递进。

（b）看视频，再次感受刘伯承那顽强的毅力和震撼人心的场景。

（c）见到此情此景，难道你真的没有什么问题想问问刘伯承吗？

【设计意图】在反复引读中，学生既逐层深入地感受到主人公的精神品质，同时又将感人的场景和段落铭刻于心间。理解了"军神"的含义，突破了教学难点。引导学生学会质疑，为体会刘伯承伟大的爱国情怀是他成为"军神"的动力做铺垫。

2. 感悟军神———释疑。

（1）读资料，谈感受。

红军时期：智取遵义、巧渡金沙。

抗日战争：黄崖底之战，歼日寇300多，伤亡30余；神头岭之战，歼日寇1500多，伤亡240余；长乐村之战，歼日寇2200多，伤亡800余。

解放战争：歼敌230万，剿匪114万，伤亡21万。

刘伯承作为我军的军事主官，其亲自策划和指挥的战役保持了不败记录，领袖毛泽东也称赞刘伯承元帅为"常胜将军"。

（2）再次指导有感情地朗读手术中刘伯承的表现和之前所作的决定。说说这次读后你又有什么新的感受。

（3）了解了这些，你又想对刘伯承说些什么？

【设计意图】通过资料的引用，不仅拓宽了学生的阅读方法，丰满了"军神"的形象，升华了对"军神"的理解和感悟，体会到刘伯承伟大的爱国情怀是他成为"军神"的动力，还激发了学生勇于探索、创新和追求真理的科学精神，把以学生的发展为本落到了实处。

3. 放眼全篇———悟法。

（1）默读课文，画出描写沃克医生神态、情绪、变化的句子，做好批注。练习有感情地朗读。

（2）用"当……时"句式，师生接读沃克医生的情感变化和刘伯承的表现。体会这样写的好处。

（3）小结：根据一般的经验，作者应该用大量的笔墨描写刘伯承，而本文作者为什么要用大量的笔墨描写沃克医生呢？这样的写法叫衬托——借他人的言行神态来写刘伯承。

（三）回归整体

1. 齐读沃克赞扬刘伯承的话，想一想你还可以给课文起个什么题目？在与原题对比中体会拟题的技巧。

2. 理出事情的起因、经过、结果。引导学生串联起因、经过、结果，再次概括课文的主要内容，并与第一课时写的主要内容对比，记下归纳的方法。

【设计意图】 揣摩文章的写作顺序，领悟文章的写作方法。

（四）读写结合

练笔：（任选其一）

1. 假如你当时就站在刘伯承的身边，你想对他说些什么？

2. 写一写读了这篇课文后的感受。

（五）拓展阅读，布置作业

推荐读物：《钢铁是怎样炼成的》《丰碑》。

【设计意图】 从课内向课外拓展延伸，开阔学生视野。领会运用侧面描写及抓住语言、动作、神态表达人物内心情感的方法。培养学生热爱读书的好习惯。

附：板书设计

军神

沃克	刘伯承	
冷冷	军人→军神	
怔住	从容镇定	对比
惊呆	一声不吭	衬托
肃然起敬	72 刀	

青山处处埋忠骨
（第二课时）

吴迎春（燕山星城小学）

一、教学目标

1. 通过揣摩人物的神态、语言、动作及心理活动，体会毛泽东丧子后极度悲伤的心情和不同于常人的宽广胸怀。

2. 走进人物内心，有感情地朗读课文。

3. 仿照课文描写人物的方法，补写课文省略的内容。

二、教学重点

通过细节描写，体会毛泽东的常人情怀和伟人胸怀。

三、教学难点

仿照课文描写人物的方法，补写课文省略的内容。

四、教学策略

整体感悟，情境体验，资料补充，读写结合。读、思、议、写相结合。

五、教学过程

（一）整体回顾，导入新课

1. 浏览课文，回顾主要内容。

2. 复习描写人物的方法。

3. 引入新课，继续学习课文，走进毛主席的内心世界。

【设计意图】 根据写人记事体裁文本的特点，整体把握课文，建立两课时之间的联系；复习描写人物的方法，为知识、能力的迁移做铺垫。

（二）自读自悟，生本对话

学生按“自学提示”自学：默读课文，画出描写主席动作、语言、神态、心理的词句，把你的感受批注在旁边，读出你的体会。

【设计意图】 边读边批画，为学生提供自读自悟、独立思考的时间，培养学生“不动笔墨不读书”的习惯，实现学生与文本的零距离接触。

（三）交流感悟，体会情感

板块一：抓住动作、心理描写体会主席的悲痛心情。

1. 品词析句。

句子1：从收到这封电报起，毛泽东整整一天没说一句话，只是一支又一支地吸着烟。（抓动作描写，体会悲痛）

句子2：那一次次的分离，岸英不都平平安安回到自己的身边来了吗？这次怎么会……（抓心理描写，体会悲痛）

2. 结合课外资料体会心情：“那一次次的分离”，父子间都经历了哪些分离？

小时候的岸英就历尽苦难，5岁时与父亲分离，8岁时随母亲被捕入狱，1936年被安排到苏联学习。在苏联留学期间他参加了苏联卫国战争，能活着回来就是一个奇迹！1946年，23岁的毛岸英回到阔别18年之久的父亲身边，还来不及享受天伦之乐，就遵照父亲的要求，被送到农村锻炼。

3. 小结归纳：动作、心理表达情感。

4. 指导朗读：读出体会，读出情感。

【设计意图】 在与文本对话的基础上，走出文本，结合课外资料，引导学生理解岸英生前与父亲聚少离多，进一步品味心理描写，体会毛泽东作为父亲对儿子的思念。在阅读中体会写法，体现了对读法、学法、写法的指导。

板块二：抓住动作、神态描写体会主席的常人情怀。

1. 品词析句。

句子1：“岸英！岸英！”主席用食指按着紧缩的眉头，情不自禁地喃喃着。

（1）抓住“岸英！岸英！”四个字、两个叹号及“喃喃”体会念子之情，读好这声声呼唤。

（2）抓住“按着紧缩的眉头”，体会主席极力压抑自己悲痛的心情，读出情感。

【设计意图】 这一环节主要采用读中感悟的教学策略，实现学生与文本的对话，使读中有体会，读中有感悟，读中有思考。随着入情入境的朗读，课文中那深邃的思想，高尚的情操，流淌在学生稚嫩的心田里，诱发出他们情感的波澜。

句子2：主席仰起头望着天花板，强忍着心中的悲痛，目光中流露出无限的眷恋。

（1）抓住“仰起头”“强忍”“无限的眷恋”，体会对爱子深深的留恋、思念。

（2）读出情感。

2. 小结归纳：动作、神态表达情感。

【设计意图】 通过对人物简短的语言描写和简单的动作描写的品读，在反复揣摩中走进人物内心，体会主席痛失爱子的锥心之痛。

板块三：抓住语言、心理描写体会主席的崇高境界。

句子1：儿子活着时不能相见，就让我见见遗体吧！

（1）细读这处心理描写，谈体会，感受主席作为一位父亲的常人情怀。

（2）引读主席的矛盾心理，读出一位父亲对儿子的眷恋。

句子2：我的儿子死了，我当然很悲痛，可是，战争嘛，总是要死人的。朝鲜战场上我们有多少优秀儿女献出了生命，他们的父母难道就不悲痛吗？他们就不想再见一见孩子的遗容吗？岸英是我的儿子，也是朝鲜人民的儿子，就尊重朝鲜人民的意愿吧。

（1）读一读主席说服自己的话，你读懂了什么？

（2）指导朗读，感受父亲失去儿子的悲痛。

首先，主席能把他当成普通的一员，坦然面对战争中儿子的牺牲。其次，主席把自己当成人民的一员，感同身受地体会百姓疾苦。再次，主席在承受失去爱子的痛苦时，尊重朝鲜人民的意愿。

（3）指导朗读主席的“自我安慰”，感受伟人的博大胸襟。

【设计意图】 学生通过层层深入的朗读进入文本，与文本贴近。

板块四：抓住动作、神态描写体会主席的矛盾心情。

1. 品析词句：秘书将电报记录稿交主席签字的一瞬间，主席下意识地踌躇了一会儿，那神情分明在说，岸英难道真的不在了？父子真的不能相见了？主席黯然的目光转向窗外，右手指指写字台，示意秘书将电文稿放在上面。

（1）抓住“下意识”“踌躇”“黯然的目光”等神态描写，体会主席的落笔千钧之难。

（2）抓住“转向窗外”“指指写字台”“示意”等动作描写，体会主席的落笔千钧之难。

（3）抓住“岸英难道真的不在了？”等心理描写，体会主席的落笔千钧之难。

【设计意图】营造情境，品味细节，通过品析主席神态和动作描写的语句，体会他的悲痛心情，并领悟作者通过人物神态、动作表现人物内心活动的表达方法。

2. 补充资料：十多年后，毛泽东逝世了。人们在整理毛泽东遗物时，才发现了叠放的整整齐齐的两件棉衣，一双袜子，一顶军帽和一条毛巾。这不是主席自己的，而是岸英的遗物。

（1）读了这份资料，你想说什么？

（2）小结：从岸英牺牲到主席去世，岸英的遗物被主席悄悄地收藏了26年，如果当时中央警察厅没有清理主席的遗物，这些秘密将永远尘封在历史中。可见主席把对儿子的爱深深地埋在心底，所有的悲痛和犹豫来源于那如山的父爱。

【设计意图】为了加深学生的阅读层次，补充了这段鲜为人知的资料，感受到主席做决定时痛苦的心情及对儿子深深的爱，使学生的阅读由浅入深。

（四）深入领会，理解诗句

1. 出示诗句“青山处处埋忠骨，何须马革裹尸还”，学生谈理解。

2. 联系第一课时交流过的毛泽东16岁时外出求学写给自己的诗：“孩儿立志出乡关，学不成名誓不还。埋骨何须桑梓地，人生无处不青山。”进一步体会“青山处处埋忠骨，何须马革裹尸还”表达的情感。

（五）学习写法，补白文本

1. 总结方法：课文通过对主席的语言、动作、神态、心理的描写，使读者走进了主席的内心世界，让我们感受到了他伟人的风采和凡人的情怀。

2. 出示课文结尾：电文稿下是被泪水打湿的枕巾。

想想这一夜毛泽东是怎样度过的，学习本课描写人物的基本方法，写一写。

3. 学生写话。

4. 交流评价。

【设计意图】本环节抓住文本省略的空白之处，引导想象毛主席当天夜里的语言、动作、神态和心理，迁移练笔，学习运用本文的表达方法。

（六）总结存疑，深度思考

1. 浏览全文，课文中明写语言的只有“喃喃”的一句“岸英！岸英！”为什么课文没有大篇幅地对主席进行语言描写，而是更多地写了神态、动作、心理？

2. 阅读第 28 课《毛主席在花山》，找出描写毛主席语言、动作、神态的语句，比较这两篇课文在刻画人物的方法上有什么相同之处，又有什么不同。

【设计意图】学生带着问题进课堂，围绕人物的内心情感有所悟、有所得，再带着问题走出课堂，更深入地去学习。

附：板书设计

青山处处埋忠骨

		动作
悲痛	思子	语言
	念子	神态
	恋子	心理

（曾获 2011 年北京市中小学优秀教学设计二等奖）

评、改读后感

孙　逸（燕山向阳小学）

一、教学目标

1. 在评价和修改读后感的过程中，引导学生进一步掌握“内容概括、联系实际、资料引用”等写法，并主动修改自己的读后感。

2. 在评改的过程中，提高学生的习作欣赏水平和自批自改的能力。

3. 进一步培养学生的写作兴趣和评价、修改的良好习惯。

二、教学重点

学生通过学习进一步掌握“内容概括、联系实际、资料引用”等写法，并运用这些方法修改自己的读后感。

三、教学难点

修改读后感，做到文从字顺、内容具体、感受独特、感情真实。

四、教学策略

在分享成功中得法，在集体评改中悟法，在自主修改中实践，在迁移拓展中延伸。

五、教学过程

（一）温故知新，在回顾引新中明标

回顾上节习作指导课的内容，引入新课，明确本节课的学习目标。

（二）赏评佳作，在分享成功中得法

1. 佳题赏评。

（1）第一组：

a. 特殊的爱——读《学会看病》有感。

b. 爱往往在点点滴滴上——读《学会看病》有感。

这两组题目对你有什么启发?

小结：同一篇文章，不同作者、不同角度、不同感受，这就叫“言由心生”。

（2）第二组：

高科技的时代——读《新型玻璃》有感。

说说这个题目好在哪儿。

小结：说明文也可以读出别样的感受。

（3）第三组：

a. 在父爱中长大——读《“精彩极了”和“糟糕透了”》有感。

b. 拒绝诱惑——读《钓鱼的启示》有感。

引导对比发现：一个是抓住局部谈感受，一个是抓住主题谈感受。

【设计意图】以上三组题目，学生在“感点”的选择上具有独特视角，抓住这一教学资源，通过不同角度、不同文体、不同内容的读后感题目的品评，引发学生关于立意和选材的思考。

2. 精彩片断赏评。

（1）片段一：简介文章内容，赏析中明确方法。

文中写父亲与儿子到湖边钓鱼，儿子钓到一条又大又漂亮的鲈鱼。但是因为没到捕捞鲈鱼的时间，父亲让儿子把鲈鱼放掉。虽然鲈鱼放走了，却教会了儿子拒绝诱惑。

这个片段好在哪里?

小结：文章内容概括不是摘抄文章的段落，要做到言简意赅，要切合自己的感受，并适时点题。

（2）片段二：引入相关资料，经验介绍中明确方法。

但丁曾说过，世界上有一种最美的声音，那便是母亲的呼唤。母亲的爱有千万种。我想到了高尔基的故事。高尔基离开家好几个月后回到家里，儿子欢呼着跑了过来。此时，高尔基是多么想拥抱儿子一下啊！但是没有，因为他不想让儿子过分依赖他，所以他的脸上没有流露出什么，只是微微一笑，依旧和往常一样。高尔基和本文的作者毕淑敏一样，用特殊的方式爱着自己的孩子。

这个片段好在哪里？

小结：写读后感，可以引用名言和小故事等资料，在丰富作文内容的同时，可以使作文更加引人入胜。

（3）片段三：联系生活实际，批画中明确方法。

我永远忘不了爸爸那严厉的目光，像一把利剑，仿佛要刺透我。我也忘不了爸爸的眉头拧成一个“川”字，脖子上的青筋仿佛要从脖颈里蹦出来。我更忘不了爸爸狠狠打我的几棍子。他甚至比小巴迪的父亲还要严厉。

“让你不完成作业，让你就知道玩！”话还没说完，棍子已落到了我的屁股上。我觉得天旋地转，屁股撕心裂肺地疼。我哭了。“今天不把作业写完，别想睡觉。”这第二下，我的屁股像着了火。骨头都碎了。“别打了，我疼，我再也不敢了。”爸爸不打我了，我边哭，边从床上爬起来。透过朦胧的泪水，我看到爸爸的眼圈竟然也红了，禁不住对自己的贪玩后悔不已。

就是在那个晚上，我一直在补作业，爸爸也一直陪着我。和文中的父亲相比，我的爸爸一样的严厉。但是通过阅读这篇文章我深深地明白了，天下的父母都是一样地爱孩子，这种爱可能是慈祥的，也可能是严厉的。与妈妈的慈爱一样，爸爸严厉的爱也让我感到温暖，他使我在爱中成长。

讨论、批画：这篇读后感好在哪里？为什么？

小结：运用联系实际这种方法的同时，还可以抓住人物语言、动作、外貌等细节描写，表达真情实感。

【设计意图】三个不同内容的片段赏析，在学生自评、生生互评、师生互评、电子白板批注赏评等多元化的评价中，教师、学生与学生习作展开了深刻的对话，师生在对话中共同建构，体悟读后感如何能写得更好之“法”，即“文章内容概括精，联系实际写心声，资料引用丰内容，言由心生吐真情”，也为后来的集体修改、自我修改指明了努力方向，进一步提供了明确的评价标准。

（三）共同诊脉，在集体评改中悟法

1. 看板书，小结评改要求和方法。

2. 电子白板出示一篇学生习作，供集体修改。

3. 集体评改作文。

（1）修改第二自然段的文章内容简介。

肯定优点，诊断问题，提出建议，口头修改。

（2）修改第三自然段的联想和感受。

肯定优点，诊断问题，提出建议，利用电子白板当堂修改。

（3）教师出示语言材料，提出修改建议。

a. 伏尔泰说过：外表的美只能取悦于人的眼睛，而内在的美却能感染人的灵魂。

b. 鸟美在羽毛，人美在心灵。

c. 1921 年许地山开始创作时，就以落华生作为自己的笔名，勉励自己要做一个具有落花生品格的人。

小结：借助这些名言、俗语以及有关作者的资料，能更好地表达自己的感受。

（4）品析题目，联系习作的内容思考是否恰当，试着修改题目。

（5）与原习作的小作者交流。

【设计意图】本环节是学生理解、消化、吸收的过程。由一篇到一类，由写作到指导再到写作，学生写作、修改的能力不断得到提高。

（四）字斟句酌，在自主修改中实践

1. 明确修改要求，学生修改自己的读后感。

2. 成果展示，集体交流：展示自己认为修改最成功的片段，对比修改前后变化。学生互评，教师适时点评。

【设计意图】课堂上重点修改一部分，使“得法—悟法—用法”这一修改训练的全过程得以落实。

（五）举一反三，在迁移拓展中延伸

1. 总结本节课的收获。

2. 拓展延伸：如果是写“观后感”，你有什么想法？

【设计意图】本环节的教学策略意在拓展“感”的外延，再一次体现“由一篇带一类”，引导学生学会举一反三。

附：板书设计

文章内容概括精，联系实际写心声

评、改读后感　　言由心生吐真情，资料引用丰内容

反复修改出佳作，作文一定能成功

（曾获 2012 年北京市中小学优秀教学设计三等奖）

圆明园的毁灭
（第二课时）

杨　蕾（燕山向阳小学）

一、教学目标

1. 了解圆明园辉煌的过去和毁灭的经过，激发学生热爱祖国文化、仇恨侵略者的情感，增强不忘国耻、振兴中华的责任感和使命感。

2. 通过重点句段的品读，了解课文遣词用句的特点及“反衬”的表达方法，领悟文章组织材料的特点。

3. 积累课文优美词句，背诵课文第三自然段。

二、教学重点

通过语言文字的品读，体会作者所表达的情感，初步感悟“反衬”这一表达方法及其表达效果。

三、教学难点

体会情感，领悟文章组织材料的特点。

四、教学策略

以读为本，读写结合，促进“言意兼得”。

五、教学过程

（一）回顾，聚焦课文表达

1. 板书课题，回顾主要内容。

2. 聚焦第一课时留下的问题：课题叫《圆明园的毁灭》，为什么却用大量的笔墨描写了圆明园昔日的辉煌？

【设计意图】整体回顾主要内容，以学生的质疑为出发点，问题直击“语言表达”这一研读重点，确立整节课的“研读基调”。

（二）精读，领悟课文表达

1. 初探“毁灭”，感受愤恨与惋惜。

（1）自读第五自然段，交流感受。

（2）默读，批画：请你把目光聚焦在表达上，作者是通过怎样的描写把这些情感表达出来的？默读这一段，画下那些最刺痛你心灵的文字。

【设计意图】教师引导学生把关注的焦点转移到表达上，通过默读“画下最刺痛心灵的文字”，由“感受”到“表达”，由“思想内容”到“言语形式”，抓住“言与意”的契合点发散开，力求“言意兼得”。

（3）交流，领悟表达方法。

他们把园内凡是能拿走的，统统掠走；拿不动的，就用大车或牲口搬运；实在运不走的，就任意破坏、毁掉。为了销毁罪证，10月18日和19日，三千多名侵略者奉命在园内放火。

透过关键词语，感受强盗的蛮横、猖狂、嚣张、恣意践踏，产生愤恨、惋惜等情感。

（4）小结：作者把满腔的愤怒都倾注在每一个文字中，真是字字见情呀！用朗读表达愤恨与惋惜之情。

2. 旧貌神游，感受“昔日的辉煌”。

（1）学生自读自悟：让我们回到昔日辉煌的圆明园，透过作者浓墨重彩的描写去感悟圆明园昔日的辉煌。默读课文第三、第四自然段，想一想：昔日的圆明园带给你怎样的感受？

（2）精读第三自然段，领悟表达。

a. 透过七个“有”，整体感悟园内景物的丰富、美好。

b. 发现七个“有”的形式变化——“有、也有、还有、不仅有”，感受丰富多变的语言表现出园内景观包罗万象，应有尽有。

c. 教师范读（教师读出对比），你听出了什么？

引导发现语言表达的“秘密”：景物的列举体现出“一一对应”的特点。

d. 对读体会表达效果：男生读“金碧辉煌的殿堂”“热闹的买卖街”；女

生读“玲珑剔透的亭台楼阁”“田园风光、山乡村野”，读出对比，体会表达效果。

e. 背诵第三自然段。

【设计意图】“一一对应”的表达特点是学生理解的难点。教师用范读搭建“支架”，通过抑扬顿挫的朗读突出了这一表达特点。男女生对读，读出了区别与联系，读出了理解与感悟。在这一读、再读、三读的过程中，学生逐步揭开了语言表达“神秘的面纱”。由不知到知、由内容发现到表达发现，经历了真实的学习过程。

（3）略读第四自然段。

a. 自读，谈感受。

b. 出示教师运用课外资料、仿照第三自然段改写的“下水文”：

圆明园中，有古色古香的珐琅瓷瓶，也有闪闪发光的如意宝瓶；有三四件名贵的皇帝朝服，还有上万件精致的毛皮制品；不仅有精致的赤金酒壶，还有通体镶满宝石的金银佛像；上万幅的名人字画和珍贵书籍更是数不胜数……所以，它又是当时世界上最大的博物馆、艺术馆。

c. 思考：为什么课文不像老师这样，用丰富的描写，并仿照第三自然段的写法，也把“文物”这一段具体地写下来，而只写了简单的三句话呢？（详略得当）

【设计意图】教师的“下水文”，在同一教学环节内发挥多重效果：既展示了课外资料、丰富了教学内容，也为学生提供了第三自然段仿写的范例，并且通过对比阅读，引导学生发现课文在安排材料上的特点及其表达效果。

3. 再读“毁灭”，抒发爱国激情。

（1）播放图片资料，感受圆明园昔日的辉煌，激发热爱祖国灿烂文化的情感。

（2）创设情境，激情引读第五自然段。

4. 课堂练笔，实践表达的方法。

（1）学生写话：请你结合课文和课外资料，想一想：这罪恶的大火烧毁了圆明园的什么呢？把它写下来：

大火连烧三天，烧毁了__________，也烧毁了__________；烧毁了__________，还烧毁了__________；烧毁了__________，更烧毁了__________……烟云笼罩了整个北京城。我国这一园林艺术的瑰宝、建筑艺术的精华，就这样化成了一片灰烬。

（2）利用实物展台进行展示、交流、评价。

【设计意图】写话环节的设计，用排比句式，便于引导学生学习第三自然段的“一一对应”的写法，做到学有所用。

（三）解疑，点明课文表达

1. 回顾质疑：课题叫《圆明园的毁灭》，为什么却用大量的笔墨描写了圆明园昔日的辉煌？说说你的理解。

2. 教师点明写法：反衬。

（四）延伸，引向实践活动

课堂小结，布置语言实践活动：让我们带着思考，继续查阅资料，更深入地了解圆明园。两周后，我们将以“站在圆明园的废墟上”为主题，进行一次演讲比赛，期待着同学们的精彩表现。

【设计意图】“走出”圆明园，学生应当在思想情感、语言表达、课外知识等各方面有所收获。这一活动设计，运用专题学习的方式，把孩子们引向图书馆、网络、社会等更广阔的语文学习空间，体现了语文的综合性、实践性。

附：板书设计

圆明园的辉煌

毁灭——反衬——辉煌

（二、三、四）　　（五）

蝉

（第二课时）

齐　新（大兴区黄村镇第一中心小学）

一、教学目标

1. 理解课文内容，知道课文是从哪几方面来写蝉的，是怎样来说明蝉的特点的。

2. 体会“把事物人格化”的好处，选择感兴趣的句子有感情地朗读。

3. 产生对事物认真观察的兴趣和愿望。

二、教学重点

1. 理解课文内容，知道课文是从哪几个方面来写蝉的，是怎样来说明蝉的特点的。

2. 产生对事物认真观察的兴趣和愿望。

三、教学难点

1. 找出课文中把蝉当作人来写的语句，体会这样写的好处。

2. 学习资料的处理与运用。

四、教学策略

本节课，以白板为依托，以读为本，利用自主探究的学习方式，从具体语言环境入手，抓住典型事件，在学生的交流活动中渗透学科教育和情感教育。

五、教学过程

（一）回顾全文，整体把握蝉的特点

语言导入，引导学生齐读课题，回顾课文是从哪几个方面写蝉的。

喜欢音乐、没有听觉。板书。

（二）以读为本，深入理解蝉对音乐的喜欢

总起：你是从什么地方看出蝉喜欢音乐的。教师随着学生的思路展开，准备如下：

1. 理解词语。

（1）“嗜好”。（文字课件）不是一般的爱好。

区分：嗜好、爱好、喜好（喜欢）用词语理解法布尔喜欢蝉。

（2）含有“比”的词语。（文字课件）

选择字义，比：1. 比较、较量，2. 等到，3. 依附，4. 紧靠；挨着。

理解词语的含义：比肩而坐（学生说到此句时随机出示，并扩展到其他两个词语：比邻而居、比邻相守）

拓展到：海内存知己，天涯若比邻。

2. 把事物人格化的句子。（重点准备）

第一句：用删掉或是换词语的形式理解这样写的好处。（文字课件）

一到7月，它就占据了（趴在）靠我屋子门前的那棵树，总是在洋洋自得地（删掉“洋洋自得地”）高声唱着（叫着）。

第二句：从“牺牲”中体会举事例说明法。

的确，为了满足对音乐的嗜好，蝉牺牲了很多——为了它所热爱的音乐，那么，只有缩小内部的器官，来安置乐器了。

在学生谈到相关语句时（出示图片课件，旋转图片），学生读句子谈理解，教师在图片上用彩笔圈画出像铙钹一样的乐器、响板所占腹部的面积，引导学生在视觉上直接感受大小比例，从而深刻理解此“安置”对蝉来说是多么大的牺牲。（文字课件）

引领学生读出自己的感情。

板书：举事例。

第三句：借助想象理解作者认真观察。（文字课件）

无论在饮水或行动时，它们从未停止过歌唱。

深入渗透：读这一句时，你想到什么？想象一下蝉在干什么时从未停止过歌唱。

学生自由发言。作者怎么知道的？

观察是一般形式的看吗？仔细地看，认真地看。文中哪里能体现出作者在细致地观察？板书：观察。

学生在文本中找到相关语句朗读并加以体会；教师拓展资料举例：作者为了观察，曾经12小时趴在地上。多么认真！作者观察了15年才写成这篇文章。

3. 文本中把事物人格化的语言比较多，找到这些句子，并让学生读一读，说说发现了什么。学生自学后发言，谈谈对文本中重点语言的理解，进一步认识拟人的作用。（课件呈现）

凡是找到三句和三句以上的学生，在题目旁画一颗星，奖励自己对语言的感悟力。

【设计意图】在学习蝉的第一个特点中，了解作者是怎样运用说明方法来把蝉的特点写清楚的，理解和明确文本的语言特色——把事物人格化，在蝉与作者的关系中体会作者的情感。

（三）创设情境，充分感知蝉没有听觉

1. 听蝉唱歌。

教师引导说：大家都听过蝉的歌声吧，你们是怎么听的？谁跟他不一样？学生发言。

引入瓦特和蒸汽机的故事，教导学生做个善听者：同学们现在正处于想象力最丰富的年龄，这是你们的长项。

播放课件“蝉的鸣叫”，让我们边听边想，学生说想到什么。

找到文本中法布尔的想法，读一读，对比中学生们会发现自己和科学家想的一样的问题，此时鼓励：“你就是未来的科学家，希望你坚持下去，无论听到什么都不断地用大脑去思考。”法布尔名言：在科学上最好的助手是自己的头脑，而不是别的东西。

板书：推想、猜想，想象、推测……

（图片课件）瓦特和蒸汽机，有了想象，生活处处有学问。你想什么呢？

【设计意图】引导学生边听边想象，激发学生学习兴趣，培养学生的想象力。

2. 抓住“能听见自己唱歌吗”展开：能听见吗？怎么知道的？

视力好，复眼的作用。

在他看不见的情况下，你干点什么？继续唱。（文字课件）

你尽管站在它的背后讲话、吹哨子、拍手、扔石子，而蝉仍然镇静地继续发声，好像没事人儿一样。

3. 设计朗读。（领读和齐读）

利用土铳声音大——师生接读课文。

做实验就是要验证一下，得出结论。

（四）引导思辨，延伸阅读

面对板书你有什么想法？可以谈收获。

1. 既然蝉唱歌不是呼唤伙伴，也不是个人的原因，它自己听不到，它不停地歌唱到底是为了什么呢？学生自由发言。（热爱音乐）

教师的话：资料表明蝉“在地下辛辛苦苦了四年，只有一个月的时间在阳光下欢歌，这就是蝉的寿命。我们没有理由责备它们”。多年的蛰伏，换来一个月左右的成长生命，叫它如何不拼命大声歌唱呢？引发学生朗读：文章开头（齐读）；相关语言的朗读（自由读）。

2. 谈收获：学生自由发言。

从文本中把事物人格化的语言扩展到《昆虫记》书上的语言。（文字课件）推荐《昆虫记》。

学生资料介绍：法布尔和《昆虫记》。

附：板书设计

蝉　法布尔

↑

爱生活　爱科学

喜欢音乐　没有听觉

（举事例、做实验、推想……）学生参与板书

梅　花　魂

（第二课时）

徐双燕（通州区中山街小学）

一、教学目标

1. 联系课文内容，体会文中的思想感情，理解“梅花魂”的含义。

2. 了解课文内容，体会华侨老人眷恋祖国的思想感情。

3. 了解开头和结尾的联系，体会它们的作用。

二、教学重点

了解有关梅花的三件事，体会华侨老人眷恋祖国的思想感情。

三、教学难点

理解“梅花魂”的含义。

四、教学过程

（一）复习导入

回顾：课文写了外祖父的几件事？引导学生提炼出小标题：读诗落泪、珍爱梅图、不归而哭、赠墨梅图、送梅花手绢。

【设计意图】整体把握文章，领悟写人方法，培养概括能力。

（二）品读课文，体会人物思想

梅花与外祖父之间有怎样的联系？“梅花魂”指什么？重点品读文中与梅花有关的三件事，理解“梅花魂”的内涵。

1. 珍爱梅图。

读一读第三自然段，思考：外祖父爱墨梅图到什么程度？

（1）对比“不甚留意”“分外爱惜”。

（2）对比读：去掉“轻轻”“慢慢”好不好？体会训斥语气是那样重，擦污迹的动作又是那样轻，这一轻一重体现了外祖父对墨梅图的无比珍爱。

（3）指导学生把自己的体会用朗读表达出来。

【设计意图】使学生领悟理解文意的方法，在语言训练中帮助学生理解内容，体会情感。

2. 赠墨梅图。

（1）默读第十二、第十三自然段，根据自学提示完成：a. 把第十三自然段分成三层，概括每层分别写了什么？b. 思考：“他们就像这梅花一样”，“他们”指谁？“他们”与梅花一样的是什么？c. 说一说：你体会到了外祖父怎样的情感？

【设计意图】品读外祖父的语言，理清课文脉络，理解所写内容。使学生在默读中深入理解外祖父这段语重心长的话语的内涵，知道梅花精神即是民族精神的象征，理解“梅花魂”的含义。

交流时教师适时补充：a. 课件展示梅花图片，让学生直观感受梅花凌寒独放、傲霜怒雪的精神。观后让学生分别用一个词、一句名言、一句古诗词来形容梅花。b. 课件展示气节人物：文天祥——人生自古谁无死，留取丹心照汗青；江姐——竹签子是竹子做的，共产党员的意志是钢铁铸成的；朱自清——宁肯饿死，也不吃美国的救济粮。

【设计意图】帮助学生从抽象到具体去理解文意，提高学生语言运用的能力，增加语言积累。

（2）讨论：外公为什么珍爱墨梅图？既然如此珍爱，为什么又把墨梅图赠给“我”？

3. 送梅花手绢。

（1）指名读第十四、第十五自然段，在文中画出：这是怎样的一块梅花手绢？圈出表示颜色的两个词，说一说这两个词让你联想到了什么。

（2）思考：为什么外祖父要把身上仅有的梅花手绢也送给了“我”？

4. 外祖父送给“我”的仅仅是梅花手绢吗？联系珍爱梅图、赠墨梅图、送梅花手绢这三件事说说“梅花魂”的含义。

5. 通过外祖父三次落泪的情景，体会老人思乡之情。

(1) 出示文段。

读到“独在异乡为异客，每逢佳节倍思亲”“春草明年绿，王孙归不归”“自在飞花轻似梦，无边丝雨细如愁”之类的句子，常有一颗两颗冰凉的泪珠落在我的腮边、手背。

a. 请学生读自己查到的古诗《九月九日忆山东兄弟》《山中送别》《浣溪沙》，简单说说自己对这几首思乡古诗的理解。

b. 学生读文，思考：外祖父为什么读到“独在异乡为异客，每逢佳节倍思亲”“春草明年绿，王孙归不归”“自在飞花轻似梦，无边丝雨细如愁”之类的句子时，会落泪。

(2) 自由读课文，找出另外两次落泪的语句，读三次落泪，体会到老人怎样的情感？

(3) 指导学生把自己的体会用朗读表达出来。

6. 现在，墨梅图可以承载着外祖父的心愿回国了，当我们回国的大客轮起航时，满头银发的外祖父显得越发衰老，他泪眼蒙眬，望着船儿向着祖国的方向越漂越远，老人有多少话还想和莺儿说？有多少话想和远在大洋彼岸的祖国说？你们能把老人的心里话写下来吗？

7. 读课文首尾两个自然段，这两个自然段有什么联系？这样写有什么作用呢？

【设计意图】回顾整体，深化主题。

附：板书设计

我看见了大海
（第二课时）

吕　敏（通州区中山街小学）

一、教学目标

1. 理解课文内容，明白继父带“我”去看海的意义。有感情地朗读课文。

2. 能体会到继父对“我”这个残疾女孩深沉的爱，以及“我”对继父的感激之情。

3. 引领学生体会句子，使学生从中感悟理解句子的方法。

二、教学重点、难点

能体会到继父对“我”这个残疾女孩深沉的爱，以及“我”对继父的感激之情。

三、教学策略

以读为本，读中悟情，读中悟法。

四、教学过程

（一）复习导入

回顾课文的主要内容。板书文中主要人物：继父、河子。

（二）研读课文，体会继父爱之深

1. 对比体会，了解河子的变化。

（1）引导：河子是一个身材畸形的女孩子，在她 8 岁前……（出示：第一自然段，指名读）问：你们读出了什么？

（2）引导：多年之后……（出示：第二十七自然段，齐读）问：你们又读出了什么？

（3）过渡：8岁前从未走出家门，15岁后能独自穿行于闹市，能自食其力，是谁改变了河子？继父都做了些什么让河子有了这么大的变化？

【设计意图】明确学习内容，直奔重点，通过河子前后变化的强烈对比把学生带到文本中，激发学生探求新知的兴趣。

2. 继父鼓励“我”走出家门。

（1）出声读第二部分，找出描写继父的语句。

（2）指名读找到的句子。（课件出示）自由练读继父的语言描写，体会继父的想法。

（3）老师引读。

（4）分角色朗读。

点拨：把对继父的理解用朗读表达出来，试着读出自己的感受。

3. 许愿带河子去看海，燃起河子对生活的热爱。

（1）（课件出示大海图片，配乐）师范读：“海水是蓝的，和天空一样蓝；海水是咸的；海很大很深；海里有鱼，大鱼小鱼；海上有船，大船小船……”

（2）体会继父讲大海故事的用意。

a. 假如你是河子，听了这些描述，你会想些什么？

b. 你能体会到继父为什么要给“我”讲大海的故事吗？

（3）小结：一个看海的承诺，燃起了河子对生活的热爱与追求，帮助河子树立了生活的目标。

（4）自由练习朗读。指导：怎样才能读出继父的用意？

4. 鼓励河子自食其力，克服困难，独立生活。

（1）自读自悟。

提出自学要求：默读课文第十八~第二十一自然段，想一想：为看海做准备，继父都做了什么？为什么这样做？画出相关的句子并进行批注。

（2）集体交流。

a. 学生初谈感受。

b. 教师相机点拨。

按照继父的规定，每天我要做一件对我来说难度较大的家务活儿。学校不收畸形儿，继父就自己当老师。

“规定”意味着什么？对于身体畸形的河子，她会觉得怎样？

继父严格执行自己的规定时，心里会怎样想？

继父的身体虽然越来越坏，但他仍然拖着病病歪歪的身子，成天带我去这儿去那儿，鼓励我独自进商店买东西，做家务活儿。

去这儿去那儿，想象一下继父会带河子去哪些地方？去干什么？

继父的身体怎样，是什么支撑继父这样坚持？

每当我做了什么我原先不能做的事情的时候，继父就变得欣喜若狂，仿佛我做了件惊天动地的大事。

“你真能干，河子！”

“欣喜若狂”是什么意思？河子都做了什么让继父这样？继父为什么会因为“我”的点滴进步而高兴得发狂？

（3）小结：就是这样一位继父，严格地规定我学做家务，学知识；就是这样一位继父，忍受着自己的病痛，享受着我成功的喜悦；就是这样一位继父——不是亲生父亲胜似亲生父亲。多么伟大的父爱啊。（板书：爱）

（4）指名读第十八、第二十两个自然段，回顾内容，感受一下这份伟大的父爱。

【设计意图】让学生进行换位思考，以发展学生的语言表达能力，思维想象能力，进一步体会到河子听了继父的话树立了生活的信心，进而体会继父的良苦用心。

5. 戳穿骗局，体会继父宽广如海的胸怀。

（1）教师引读。

真正长大了，终于可以去看海了，但是，不久以后，“一个春日融融的上午……”

引导：多年来的希望，多年来的努力，到头来却是一个骗局。（板书：骗局）

（2）对于这个“骗”字，你有什么感受？

小结、过渡：是呀，这一个“骗”字包含了继父多年的心血；这一个“骗”字饱含着继父对河子的情；这一个“骗”字展现出的是伟大的父爱！河子能理解到吗？

（3）师生合读“当我……当我……当我……”。

a. 河子终于明白了“看海”的意义。继父“看海”的真正意义是什么？

b. 小结：题目中的大海指的是生活的海洋。河子说：“我看见了大海。”这是在告诉继父我看见了生活的海洋，是在告诉继父，我能在生活的海洋中自由地遨游了。

（三）结合语言文字运用，深入感悟课文

1. 看着继父的遗像，河子还会说些什么呢？

2. 学生动笔写——集体交流。

（四）回归整体，拓展升华

1. 总结课文：一个看海的骗局，里面蕴涵着继父对河子的伟大的父爱，这份父爱是用心良苦的爱，是深沉的爱。

2. 横向比较：像以这样特殊的爱为题材的文章，我们也曾学到过。《母亲的纯净水》中一瓶特殊的纯净水表现了母亲对女儿的关爱。这些表现“爱”的题材，不同于我们生活中常见的关心，照顾，帮助，但其中蕴含的情却引人入胜，又感人至深。让我们做生活的有心人，善于发现生活中这样特殊的爱，积累写作素材。

【设计意图】总结学习方法，对课文进行横向对比，落实编者意图，让学生学会学习。

附：板书设计

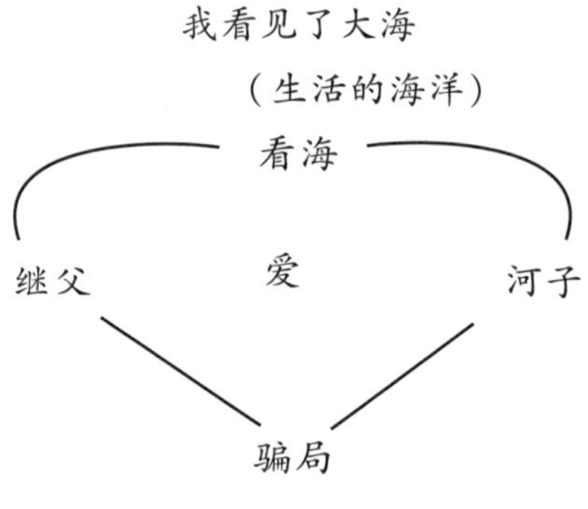

在炮兵阵地上
（第二课时）

刘　燕（通州区官园小学）

一、教学目标

1. 能抓住描写彭总语言、神态的重点语句练习做批注，在品读中体会彭总对工作高度负责的精神，产生对彭总的敬仰之情。

2. 体会文章通过描写人物的语言、行动、神态表现人物特点的方法。

3. 有感情地朗读课文。

二、教学重点

1. 能抓住描写彭总语言、神态的重点语句揣摩人物的内心，体会彭总的思想品质。

2. 有感情地朗读课文。

三、教学难点

抓住描写彭总语言、神态的重点语句学习做批注。

四、教学策略

引导学生通过画批寻找答案，提高阅读效率。在交流中，学生进行初步的思想碰撞，丰富自己的理解。

五、教学过程

（一）浏览课文，整体回顾

1. 快速浏览课文，想一想，课文写了一件什么事？

2. 概括主要内容。

【设计意图】引导学生从整体上把握文章内容，培养学生的概括能力。

（二）初读课文，画批感悟

1. 默读课文第二、第三自然段，找出描写彭总神态的语句。

2. 交流所画语句。

【设计意图】培养学生从文本中准确提取有效信息的能力。

（三）精读课文，品读文字

1. 自读自悟，联系语句体会人物情感态度、精神品质。

自学提示：默读课文第二自然段中描写彭总神态的语句，体会彭总的情感变化，想一想彭总是个怎样的人，简要做批注。

2. 交流分享，联系神态描写走进人物。

（1）理解彭总的“脸色有些不好看”。

a. 结合课文第二自然段，说一说从彭总的神态体会到什么，彭总的脸色为什么“有些不好看”。

b. 引导学生联系实际体会事情的严重后果。

（2）理解“再也忍不住了”。

a. 体会彭总神态的变化及原因。

b. 说说彭总是个什么样的人。

3. 指导批注。

（1）从哪些方面作批注？（情感、品质）

（2）如何批注？（两三个词或短语）

（3）教师示范做批注。

4. 练习批注。

（1）用刚才学过的方法，为第三自然段中描写彭总神态的语句做批注。

（2）学生交流批注。

预设：电闪雷鸣般地发作了——发怒、负责。

【设计意图】引导学生通过画批寻找答案，提高阅读效率。在交流中，学生进行初步的思想碰撞，丰富自己的理解。

5. 品读语言，感悟人物品质。

（1）朗读感悟彭总的高度负责。

“别的事？什么别的事！”彭总电闪雷鸣般地发作了，“还有比守住你们的阵地，不让敌人的炮弹把你们的阵地掀翻更重要的事吗？你们啊，你们坐在敌人只要一发炮弹就能送你们升天的地方，还在忙什么别的事！乱弹琴！”

a. 联系实际，理解“电闪雷鸣”，练习朗读。

b. 教师指导：注意标点。（?！火气大）

c. 有感情地朗读。教师及时评价。

d. 学习反问句。理解反问句表达的意思。变换句式比较，体会反问句表达效果。有感情地朗读，注意停顿。

e. 体会人物品质。

（2）朗读中感悟彭总的雷厉风行。

彭总压住了火，声音轻了，批评的分量可更重了：“你们几个都留在这，现在就动手，把这个弹药库拆掉重修。看还有什么问题，你们就地研究解决。过一个月，我再来检查！你这个团长，撤职！送军法处。”

（3）读第三自然段。

【设计意图】抓住彭总的语言、神态，通过朗读体会彭总对工作高度负责的精神和雷厉风行的工作作风，产生对彭总的敬仰之情。

6. 播放视频，提升对人物的认识。

7. 回读第二、第三自然段，通过有感情地朗读，体会人物品质。

8. 小结学习方法：用抓住描写人物语言、神态的重点语句做批注的方法进一步认识人物。

（四）自读课文，巩固方法

1. 学习第四～第九自然段，画出描写彭总言行、神态的句子，选择重点简要做批注，体会彭总的思想感情，说说彭总是个怎样的人。

【设计意图】培养学生自主学习的能力，巩固做简要批注的学习方法。

2. 组织交流。

（1）“小景，去，把团长请来！”

指导抓住重点字“请”体会彭总对团长的尊重、关心。

（2）彭总拉着团长，让他在自己的身边坐下。

从动作体会彭总对同志的关心。

（3）彭总说："我今天又说了错话，向你道个歉！但是只错了一句，不该说把你撤掉，送军法处。其余的话都对！当然，你认为不对的，还可以批评我，不能赌气不吃饭啊！"

抓住语言分析人物：彭总能够态度诚恳地作自我批评，体现出他是个实事求是、严于律己的人。

a. 彭总到底错没错？你是怎么理解的？组织讨论：

错了。（理由是……）

没错。（理由是……结合上下文，结合当时的背景资料来谈。）

b. 从他的"道歉"中，你体会到什么？

（4）"想想吧，人民把一扇大门交给你来守卫，你就得千方百计把它看好啊！"

这句话不仅是彭总语重心长地对团长的嘱咐，更是自己内心的独白，体现出他是个对工作认真负责的人。

3. 小练笔：读读最后一段，想一想，团长此时想些什么呢？用"团长激动不已，心想……"句式写一写。

【设计意图】在阅读中融入练笔，深化认识，培养学生的表达能力。

附：板书设计

在炮兵阵地上

			高度负责	
	在阵地	发火	雷厉风行	（语言）
彭总			实事求是	（神态）
	在团部	道歉	严于律己	（动作）

梅　花　魂

（第二课时）

张　薇（通州区官园小学）

一、教学目标

1. 了解课文内容，体会华侨老人思念家乡、眷恋祖国的情怀。

2. 有感情地朗读课文，理解“梅花魂”的含义。

3. 了解开头和结尾的联系，体会它们的作用。

二、教学重点

了解有关梅花的三件事，体会华侨老人眷恋祖国的思想感情。

三、教学难点

理解“梅花魂”的含义。

四、教学过程

（一）初读课文，整体感知

1. 导入：这节课，我们继续学习《梅花魂》。通过上节课的学习，我们知道了课文以梅花为线索讲了五件事。浏览课文，想想写了哪五件事？

2. 请两名学生将课文叙述的五件事写在黑板上。

3. 请同学仔细观察这五件事，看看你能发现什么。

预设：①读诗落泪；③伤心痛哭。写的是外祖父落泪。

②珍爱梅图；④送墨梅图；⑤送梅花手绢。写的是与梅花有关的事。

【设计意图】 整体感知课文内容，让学生明白要想体会文章表达的思想感情就要从整体出发。

（二）精读感悟，入境入情

1. 学习珍爱梅图，感受别样情。

（1）指名读课文第三自然段，找出描写外祖父珍爱墨梅图的语句，思考从中体会到了什么。

（2）说体会。

a. 对比外祖父对古玩和墨梅图的不同态度，体会外祖父对墨梅图的珍爱。

b. 品析“有生以来”“第一次”“轻轻”“慢慢”等词语以及反问句式，剖析外祖父的言行，体会其对墨梅图的珍爱。

c. 有感情地朗读句子。

【设计意图】引导学生抓住外祖父的态度与言行进行品读，从中体会老人对墨梅图的珍爱以及作者运用对比的手法来表现人物情感的写法。

2. 学习送墨梅图，感受民族魂。

（1）学生默读第十三自然段，思考读懂了什么，边读边做简单的批注。

（2）出示课件。

a. 读句子，说理解。

b. 出示课外资料《卜算子·咏梅》，引导学生朗读、感悟梅花不畏严寒的精神。

c. 齐读文中描写梅花的语句，再次体会梅花的精神。

d. 出示填空：外公爱梅花的形与色，更爱她的（　　）。

【设计意图】指导学生自读自悟感受梅花的品格，再引导学生背诵毛泽东的《卜算子·咏梅》，增加学生对梅花品格的认识。

（3）学习民族精神。

出示课件：几千年来，我们中华民族出了许多有气节的人物，他们不管历尽多少磨难、受到怎样的欺凌，从来都是顶天立地，不肯低头折节。他们就像这梅花一样。

a. 指名读句子，说说对这句话的理解。

b. 出示文天祥、赵一曼、朱自清、江姐的照片，老师配乐叙述他们的英雄事迹。

c. 师生合作读，读中感悟民族精神。

d. 出示填空：外公赞颂梅花，就是在赞颂（　　　　　　）。

e. 小结：这里采用了借物喻人的方法，外公借赞颂梅花，来赞颂像梅花一样的中国人。

（4）剖析内心，理解梅花魂。

出示课件：一个中国人，无论在怎样的境遇里，总要有梅花的秉性才好！

a. 齐读上面的句子，想一想，外公对莺儿提出了什么希望？

b. 指名有感情地朗读第十三自然段，边读边思考“梅花魂”的含义。

【设计意图】 通过剖析外祖父的内心，理解梅花魂的含义，懂得外祖父珍爱墨梅图的原因，感受老人的民族气节。

（5）回顾前文，体会爱国情。

出示课件：有生以来，我第一次听到他训斥我妈：“孩子要管教好，这清白的梅花，是能玷污的吗？”

a. 指名读句子，想一想，此时你对这句话有了哪些新的理解？

梅花是祖国的象征，外祖父把自己的一腔爱国情寄托在这梅花图上，他怎能允许有人玷污呢？

b. 再读外祖父的话，读中品味深意。

3. 学习送梅花手绢，感受爱国心。

（1）指名读课文相关段落，其他同学边听边思考莺儿带走了什么？

（2）当我们回国的大客轮起航时，外祖父泪眼蒙眬，望着船儿越漂越远，这位华侨老人心里会想些什么呢？请你们拿起笔，写下老人的心声。

学生动笔书写。（配乐：我的中国心）

（3）指名读所写内容，教师从内容和写法上进行评价。

【设计意图】 引导学生围绕文章内容以及老人的情感续写，走进老人的内心世界，再次感受老人爱国情，培养学生的想象力，培养学生习作能力。

4. 学“落泪”句，感悟思乡情。

（1）浏览课文，找到描写外祖父落泪的语句，画下来。

（2）联系上下文说老人落泪的原因。

（3）小结：三次落泪，让我们感受到了外祖父的浓浓思乡情。

【设计意图】 指导学生抓住人物的神态，结合上下文进行理解，体会老人的思乡情。

5. 学习首尾段，领悟写法。

（1）指名读课文第一自然段和最后一个自然段。

（2）想一想，课文首尾两个自然段有什么联系？这样写有什么作用？

【设计意图】 了解首尾呼应，学习写作方法。

（三）朗读全文，回归整体

1. 有感情地朗读全文。

2. 总结：同学们，“梅花魂”不仅仅是指梅花的精神，更象征着我们中华民族的民族精神。外祖父对梅花的酷爱正是对祖国的热爱，对祖国的眷恋。多少流浪异国他乡的海外游子，就像外祖父一样，无论何时何地，心中割舍不去的就是这颗眷恋祖国的心！

【设计意图】 回归整体，让学生对“梅花魂”有个系统、完整、清晰的认识。

（四）布置作业，课外延伸

1. 你想对这位华侨老人说些什么？请你把它写下来。

2. 积累有关梅花的诗词。

附：板书设计（略）

在炮兵阵地上
（第二课时）

黄淑芳（通州区后南仓小学）

一、教学目标

1. 抓住描写彭总语言动作神态的重点词句练习做批注，体会彭总对工作高度负责的精神，产生对彭总的敬佩之情。

2. 体会文章通过描写人物的语言神态表现人物特点的方法。

二、教学重点

第三自然段对彭总神态语言的理解。

三、教学难点

体会彭总对工作高度负责的精神。

四、教学策略

“以读为本”与多种方法有机结合。

五、教学过程

（一）复习

1. 读准字音。

（1）前沿，分量，弹药库。

（2）你就得（děi）千方百计把它看（kān）好啊（ɑ）!

迅速浏览课文，回忆一下课文写了哪两个场景？（板书：阵地上，在团部）

【设计意图】 检查上节课字音掌握情况，了解课文内容。

（二）新授

1. 白天，在阵地上。

（1）自学提示：默读第二～第三自然段，用直线画出描写彭总神态变化的词语。想想为什么彭总的神态有这样大的变化？用曲线画出描写彭总语言的句子。从画的句子中标出关键词简单做批注，体会彭总是个怎样的人。

（2）集体反馈。

a. 神态：从“彭总的脸色有些不好看了”“再也忍不住了”“电闪雷鸣般地发作了”中看出彭总越来越……（生气）

b. 理解“电闪雷鸣般地发作了”的意思。

作为一个负责国家安全、国防建设的彭总来说，发火是对祖国、对人民交给的工作的一种什么表现？（一种负责的表现。）

指导读，他能容忍危害阵地安全、威胁人民生命安全的隐患存在吗？体会彭总对工作负责的态度。

c. 问：彭总对工作认真负责就表现在大发雷霆吗？

“你们几个都留在这儿，现在就动手，把这个弹药库拆掉重修。看还有什么问题，你们就地研究解决。过一个月，我再来检查！你这个团长，撤职！送军法处！”

指出：一抓到底，雷厉风行都是对工作非常负责的表现。

2. 学习第二层：

（1）自学提示：在团部吃晚饭时彭总是怎么说的？怎么做的？

（2）重点：教育团长看好祖国的大门。

这句话不光是在教育团长，也是在时刻提醒自己，猜测：彭总对自己常说的话：

人民对我这么信任，让我当国防部长，我就要__________。

人民对我这么信任，让我当国防部长，我怎么能__________？

望着这样一位对工作如此负责的首长，想想自己对工作的态度，团长留下了泪水，这是什么样的泪水？团长心中会对彭总说什么？

__________我想对你说______________。

【设计意图】体会彭总对工作的态度从非常负责到高度负责，培养学生的自学能力。

（3）文章题目是在炮兵阵地上，为什么要写彭总在团部吃饭这个场景呢？

耐心教育团长，让团长从内心深处认识到自己的错误，这依然是彭总对工作高度负责的表现。

如果只写炮兵阵地上的情景，团长就不能从内心真正认识到自己失职的严重性。选材恰当完整。

【设计意图】体会文章选材的完整、恰当的特点。

3. 小结：从发火—重修—教育体会到了彭总对工作的高度负责。彭总就是这样深入地开展工作的。这在文章的第一自然段就已经介绍了。自己找一找。（经常）

4. 扩展：彭总是个怎样的人？（对工作高度负责的人）

除了抓住人物的神态之外还可以抓住彭总的动作、语言体会。

抓住“向你道个歉”“只错一句”“还可以批评我”等句子体会彭总的勇于自我批评，为人坦率，实事求是，严于律己，平易近人。

（三）小结

1. 对下属像亲人般的关心，对自己严格要求，敢于自我批评，做事实事求是。

2. 写法：抓住人物的神态、语言、动作去反映人物的品质。

（四）作业

必做：有感情地朗读让你感动的段落。

选做：当彭总再次视察炮兵阵地时，会是什么情景？展开你的联想，写下来。

附：板书设计

在炮兵阵地上

在阵地上	发火	
	重修	对工作高度负责
在团部	教育	

（对下属十分关心

对自己严格要求，做事实事求是）

詹 天 佑

（第二课时）

杨虹艳（通州区后南仓小学）

一、教学目标

1. 理解感悟课文内容，体会詹天佑的爱国热情和创新精神。

2. 理解重点词语，能做简单批注。

3. 朗读课文。

二、教学重点

感悟课文内容，体会詹天佑的爱国热情和创新精神。

三、教学难点

理解重点词语，做简单批注。

四、教学策略

“以读为本”与多种理解方法有机结合。

五、教学过程

（一）起势：导入新课

1. 当我们乘火车去八达岭，途中路过青龙桥车站时，可以看到一尊铜像，这就是詹天佑。人们为什么要以此来纪念他呢？今天这节课我们继续学习课文，齐读课题。

2. 回忆文章写了一件什么事？

预设：詹天佑在帝国主义的阻挠、要挟和嘲笑下，主持修筑第一条完全由我国的工程人员设计、施工的京张铁路。

【设计意图】激发兴趣，回忆课文主要内容。

（二）承接：初读文本，理清顺序与结构

1. 引导学生自由读第一自然段，思考詹天佑是个怎样的人。用文中的一句话回答。

2. 引导学生理解“杰出”的意思。

【设计意图】在初步了解课文内容的基础上，提高学生结合上下文理解词语的能力。

（三）聚焦：感悟文本，激活语言与情感

1. 感悟詹天佑接受修筑任务的背景。

（1）默读第二、第三自然段，思考：詹天佑是在怎样的情况下接受主持修筑京张铁路的任务的，画下相关的句子。

预设：是在阻挠、要挟和嘲笑下接受修筑京张铁路的任务的。

教师相机点拨：

a. 他们认为这样一要挟，铁路就没法子动工，最后还得求助于他们。

师：这说明帝国主义者对中国的藐视。

出示：从北京到张家口的铁路全长200公里，是联结华北和西北的交通要道。（指名读）理解交通要道。

b. 帝国主义要挟阻挠清政府自己修筑铁路的最终目的是什么？（读书上的句子）

师：这说明他们侵犯中国的野心，所以他们提出了一个条件（指名接读书上句子）

c. 就在这种情况下，詹天佑毅然接受了任务，全国上下都轰动了，可帝国主义者却认为是个笑话。（一生接读书上的句子）

引导想象：他们为什么这样说？如果是你听到这句话会有什么想法？

（2）组织学生看录像，学生初谈感受。

小结：在帝国主义的极力阻挠、要挟和嘲笑下，在设备严重落后的条件下，詹天佑毅然接受任务，你认为他是个怎样的人？（爱国）

【设计意图】了解詹天佑接受修筑京张铁路的背景，了解帝国主义侵犯中国的

野心，感受詹天佑接受任务的艰难，激发爱国之情。

2. 默读课文第四自然段，思考开始勘测线路的时候，詹天佑遇到了哪些困难，是怎样克服的。画下相关的句子，简单批注。

（1）出示句子，理解詹天佑对工作的态度。

哪里要开山，哪里要架桥，哪里要把陡坡铲平，哪里要把弯度改小，都要经过勘测，进行周密计算。（细心）

詹天佑不管条件怎样恶劣，始终坚持在野外工作。（恒心）

为了寻找一条合适的线路，他还常常请教当地的农民。（虚心）

遇到困难，他总是想：这是中国人自己修筑的第一条铁路，一定要把它修好。否则，不但那些外国人要讥笑我们，而且会使中国工程师失掉信心。（信心）

（2）詹天佑在主持修筑京张铁路过程中，不仅仅遇到这些困难。出示补充资料：慈禧太后为修颐和园每年不惜数千万金，但不愿为修路出钱。正当进入第二段工程时，汇丰银行又故意刁难，拖付工钱，造成误工。帝国主义乘机欺凌，他们派人打扮成猎人的模样，在詹天佑修铁路的地段巡视，以便随时看中国人出洋相。铁路要经过皇室亲戚的坟地，他们率众闹事，要求改道。詹天佑忍辱负重，花费许多时间跟权贵周旋，终于让铁路从墓墙外通过。和詹天佑一起修筑铁路的好友，有的坠落深涧不幸牺牲，有的中途逃跑；最让詹天佑感到痛心的是女婿遭绑架，心爱的女儿不幸身亡……

教师相机点拨：看了这几段让人动容的文字，再来读读这段话，你一定会有别样的触动。（出示：遇到困难，他总是想：这是中国人自己修筑的第一条铁路，一定要把它修好。否则，不但那些外国人要讥笑我们，而且会使中国工程师失掉信心。）

教师：詹天佑不但自己经常这样想，他也经常勉励身边的工作人员。（一生接读）

师生合作读，形成联想朗读，感受修筑之困难。

当资金短缺，铁路修筑被迫中断的时候，詹天佑总是想__________

当帝国主义者打扮成猎人的模样，看中国人出洋相的时候，詹天佑总是想__________

当皇亲国戚出来阻挠的时候，他总是想__________

当亲友牺牲离去，当女婿被绑架，女儿身亡，詹天佑陷入巨大的悲痛之

中，他总是想__________

遇到困难，詹天佑不仅自己这样想，还经常勉励身边的工作人员__________

遇到困难，他总是想，（一生接读）遇到困难，他总是想，（一生接读）遇到困难，他总是想，（齐读）这正是詹天佑克服困难的力量源泉，是他爱国的体现。

【设计意图】 教学中，通过师生合作读、生生对比读、生生合作读、形成联想读、整合前后内容读等方法来真正理解詹天佑的爱国情怀。

3. 感悟詹天佑的杰出。

（1）默读第五自然段，思考：针对居庸关和八达岭两种不同的地势，是采用什么方法开凿隧道的？（演示开凿过程）

【设计意图】 理解开凿过程及设计“人”字形线路的优点，训练归纳概括能力。

（2）自读第六自然段，思考：铁路经过青龙桥附近遇到了什么困难？是怎么克服的？

预设：引导学生在空白处画“人”字形线路。

教师演示引导读书。读板书，看填空回答：詹天佑是我国杰出的爱国工程师。

【设计意图】 理解开凿过程及设计“人”字形线路的优点，训练归纳概括能力。

4. 练笔。此刻假如你就站在詹天佑的铜像前，心里一定有很多话想说，请你把它写出来。（可以借助课文中的词语来表达你的情感）

5. 整合前后内容读，延伸文字的情感。

6. 满怀敬意，齐读课题。

（四）收合：布置作业与延伸

1. 完成文后第一题。

2. 对比课文和你所搜集的资料，写下你对詹天佑的赞颂。

附：板书设计

詹天佑
- 爱国 —— 毅然接受任务
- 杰出
  - 勘测线路
  - 开凿隧道
  - 设计“人”字形线路

狼牙山五壮士

（第二课时）

张乃清（通州区运河小学）

一、教学目标

1. 朗读课文，思考五名战士被祖国和人民称为“壮士”的原因。

2. 有感情地朗读课文，抓住人物的言、行、神态的描写，体会人物的思想感情，对狼牙山五壮士热爱人民、仇视敌人，为祖国、为人民勇于献身的精神产生崇敬之情。

二、教学重点

理解五名战士被祖国和人民称为“壮士”的原因。

三、教学难点

理解五名战士被祖国和人民称为“壮士”的原因。

四、教学过程

（一）整体把握，完成提纲

1. 读题，回忆题目传达的信息。

2. 快速读课文，回忆课文内容完成提纲。

3. 评价学生的答案及书写。

预设：（1）接受任务。（2）诱敌上山。（3）引上绝路。（4）顶峰歼敌。（5）英勇跳崖。

（二）明确方向，自主探究

1. 通过选择正确的义项的方式明确“壮士”的内涵。

2. 五位战士为什么被称为“壮士”呢？请结合课文内容来回答。请边读课文边把相关的语句用直线画下来，把自己的理解批注在句子旁边。看看谁的理解能够得到的全体同学的认可。

（三）品读悟情，讨论，释疑

1. 分层品读，感悟壮士之心。

走哪一条路呢？为了保护人民群众和连队主力，班长斩钉截铁地说了一声“走”，带头向莲花瓣走去。战士们热血沸腾，紧跟在班长后面。他们知道班长要把敌人引上绝路。

（1）出示图片，体会“走”的英勇。

这就是三面悬崖的莲花瓣、棋盘陀顶峰。文中讲到这是怎样的一条路？选择走这条路也就意味着选择了什么？

（2）勾连上文，体会“走”的壮烈。

五位壮士胜利地完成了掩护任务，准备转移。

阅读文章，学会前后勾连。这时候如果我们结合前文的这句话来体会班长的这一决定会更让你感动。你体会到什么？

（3）品读悟情，体会“走”的坚定。

这一决定班长是怎样做出的？读出自己的理解。

（4）品读“紧跟”，感悟壮士之心。

从战士的表现中你读懂了什么？

我们耳畔似乎响起了荆轲的歌声：“风萧萧兮易水寒，壮士一去兮不复还！”读出你的感动。

在这生死关头，班长一个“走”字，毫不犹豫地把生的希望留给了群众和连队主力。一个“走”字，意味着他们选择了一条绝路，一条牺牲之路。五壮士舍生赴死的行动是何等壮烈啊！

为什么称他们为“壮士”？结合这部分内容来解释，你会选用哪个词？

预设一：不怕牺牲。

预设二：甘愿牺牲。

请说出你的理解。被同学们赞同的学生上台板书自己的理解，其他学生修改批注。

2. 自读自悟，感受壮士之形。

胡福才刚要拧开手榴弹的盖子，班长抢前一步，夺过手榴弹插在腰间，猛地举起一块磨盘大的石头，大声喊："同志们！用石头砸！"顿时，石头像雹子一样，带着五壮士的决心，带着中国人民的仇恨，向敌人头上砸去。

（1）抓住动作，揣测心理。

动作是人物内心世界的表达，我们应该学会通过动作揣测人物的内心活动。找找描写班长动作的字有哪些。你从中读懂了什么？

（2）比读，品读，体会情感。

这里面有一个表示动作的字带有强烈的情感。你还能把它换成其他的动词吗？这些词与"砸"有什么不同？

（3）引入资料，激发情感。

出示图片，师配乐深情叙述：中国人民怎能忘记，日本侵略者在中国大地犯下的滔天罪行，他们在中国的土地上杀光、烧光、抢光，给中华民族带来了深重的灾难。在我们脑海深处，深深烙印着"卢沟桥事变"、"九一八事变"、东北沦陷、"南京大屠杀"这些刻骨铭心的仇恨。这惨无人道的暴虐，这痛彻心肺的感受我们怎能忘记？

同学们，谁想深情地朗读这句话？

交流理解，修改批注。

（4）归类朗读，感悟写法。

课文中像这样通过描写人物动作来表现五壮士对敌人仇恨的语句还有多处，请找一找，看谁有一双"火眼金睛"。

小结：从这些文字描写中，我们看出虽然五位战士的动作、神态不同，但他们仇恨敌人的情感是相同的。

3. 诵读理解。

（1）品词析句，理解壮志。

聚焦"五壮士英勇跳崖"部分内容时，学生充分表达自己的感悟之后，再出示填空：

面对死亡，五位壮士"脸上露出胜利的喜悦"是因为（　　　　　）；

面对死亡，五位壮士"砸碎"枪，"相继"跳崖，表明（　　　　　）；

面对死亡，五位壮士发出的"壮烈豪迈的口号声"表明（　　　　　）。

【设计意图】这一练习，旨在深化"壮士"的内涵和外延，使学生真正知道五名战士被称为壮士的原因。

（2）欣赏壮举，表达真情。

多么壮烈的话语，多么豪迈的壮举！让我们通过屏幕目睹五位英雄的壮举吧！

（3）诵读文本，感情表达。

（4）交流理解，修改批注。

（四）整理思路，运用语言

1. 整体出示标画的语句，订正学生的标画，总结人物刻画的方法。

2. 学完课文，回看课题，你们明白五位战士为什么被称为“壮士”了吗？

【设计意图】学习了课文后，教师再请学生结合板书把五名战士被祖国和人民称为“壮士”的原因说一说，并写下来。写完后通过实物投影展示一两名学生的答案。这一环节的设计，是为了让学生整理自己的感受，从说到写，训练学生运用语言准确表达的能力。

3. 全体起立，播放雄壮的音乐。

孩子们，让我们一起深情地记住这五位壮士的名字：

马宝玉、葛振林、宋学义、胡德林、胡福才。

他们是中华民族坚强不屈精神的代表，他们是反抗侵略者，具有爱国主义精神的代表，他们是忠于党和人民，为了党和人民勇于献身的英雄——狼牙山五壮士。

（五）作业

1. 有感情地朗读课文。

2. 搜集有关抗日英雄的事迹，分工合作制成手抄报。

附：板书设计（略）

我看见了大海
（第二课时）

宋庆捷（通州区东方小学）

一、教学目标

1. 通过品词析句、联系上下文，感悟继父对“我”这个残疾女孩深沉的爱。

2. 有感情地朗读课文。

3. 能仿照例句说话。

4. 能体会继父对“我”这个残疾女孩深沉的爱，以及“我”对继父的感激之情。

二、教学重点

学生品词析句，感悟继父对“我”这个残疾女孩深沉的爱。

三、教学难点

体会继父对“我”这个残疾女孩深沉的爱，以及“我”对继父的感激之情。

四、教学过程

（一）复习巩固，整体回顾全文

1. 今天让我们继续学习第 14 课，齐读课题。

2. 快速浏览课文，回忆这篇课文写了一件什么事。

（二）精读语段，感悟文本内涵

1. 再现情景，初步感悟继父讲“海”的用意。

（1）在继父的故事里，在河子的心愿中，海是什么样的呢？请你找出相关语句并画下来。

（2）（出示：海的语句）请你出声读读这句话，想想你感受到什么。

（3）配乐观看课件中海的美景图，让学生用两个字和四个字的词语来表达看海后的感受。

（4）齐读“海”的语句，读出对大海的向往之情！

（5）如果你现在就是河子，听着继父那海的故事，心里会想些什么？

（6）继父为什么要给河子讲“海”的故事？你能联系上节课我们讲的两部分内容说说吗？（板书：自卑）

【设计意图】从观看想象画面、表达感受入手，读出对大海的向往之情，指导学生联系上节课学的“河子自卑、胆怯”的内容，感悟继父讲“海”的故事的用心。

2. 品读感悟，体会继父培养河子自立能力的用心良苦。

（1）学生根据自学提示自学第十四~第二十二自然段。

（2）学生交流继父严格要求河子的部分。

a. 预设：学生抓词语“规定”、两个“每天”等感悟继父对河子的要求“严格”。

b. 刚才你在这段文字旁批注的是哪个词语？如果让你在它的前边加上修饰词，你打算怎样加？修改、完善你刚才的批注。

c. 指名读“继父对河子的要求十分严格”的部分，读出感受。

（3）学生交流表现继父用心良苦的部分。

a. 继父还帮助河子做了哪些看海准备？

b. 让我们感受到了继父的用心良苦。（板书：用心良苦）请你把这个词批注在这段文字的旁边。

c. 如果老师把“病病歪歪”“成天”这两个词语去掉，你再读一读这段文字，想想有什么感受？

d. （课件添上词语）请你读一读这段文字，你一定会读得更好。

【设计意图】培养学生品词析句及感情朗读的能力。让学生在思维训练及朗读训练中，感悟继父对河子的用心良苦，感受继父对河子的爱。

3. 创设情境，深层感悟继父讲“海”的用心。

（1）河子作为畸形儿，做事遇到困难时，继父会给河子讲什么故事鼓励她呢？

（2）（再次出示：海的语句。）你现在就是继父，“我”就是河子，你会怎样给“我”讲“海”的故事呢？

（3）男女生对读“海”的句子，通过朗读，表达继父对河子的鼓励之情。

（4）在继父的鼓励下，（板书：鼓励）河子学会了一切，继父的表现是怎样的？

（5）谁能把有关“欣喜若狂”的语句给大家读一读？

（6）当“我”做了什么原先不能做的事情时，继父就变得欣喜若狂？你可以联系书上第二十三自然段的内容说，也可以用书外的内容说。（板书：自立）

（7）此时你就是继父，“我”就是河子，看到“我”学会那么多，你会给我讲什么故事奖励“我”呢？

（8）（再次出示：海的语句。）标点符号也是无声的语言，“……”告诉我们什么呢？你能试着说说吗？

（9）你能通过你的朗读，把你所说的美表现出来吗？

（10）老师也很想读读这段文字，在老师读的过程中，请你们把眼睛闭上，想象当时海面上的景象。（课件同时播放海浪的声音）

（11）（配海浪声音）请你们把想象到的一起读出来吧！

【设计意图】创设读的情景，让学生充分发挥想象，能找段和段之间的联系。这样，既锻炼了学生的语言表达能力，又延伸了他们的思维空间。

4. 研读思考，领悟继父的善意谎言。

（1）谁能读读继父临死前的语言，想象你听后的心情是怎样的。

（2）请你带着这种心情练读河子感到受骗的语句。谁试着给大家读一读？

（3）这里有一个字最能表达你的感受，是哪个字？

（4）那是不是骗局呢？请小组进行讨论交流。

【设计意图】通过学习，学生的思维得到了训练，语言表达得到了提升，还培养了他们的合作交往能力，对继父如海般宽广的胸怀也有了深层感悟。

5. 品读写法，顿悟继父看海的意义。

（1）请你出声读读文章最后这段话，想一想你读懂了什么？谁试着给大家说说？

（2）这段文字表达了河子对继父怎样的情感呢？（板书：感激）

（3）第一句话比较长，你们读“当……时”的句子，我读后半句，在读的过程中，想想这句话在写法上有什么特点。

（4）总结：这三件事都是为一个中心服务的，这样写可以使文章更加有震撼力。以后我们在写作文的时候也可以用到这个方法。

（5）当我做什么事情的时候，我突然明白了继父的“看海”的意义？可以用书上的内容，还可以用书外的内容。谁试着说说？

（6）你能综合刚才同学说的内容，把这句“当（　　）时，当（　　）时，当（　　）时，我突然明白了继父的‘看海’的意义”填完整吗？同桌可以先说说。

（7）当我学会一切的时候，终于明白了继父的用心良苦。所以，无数次站在继父的遗像前，悄声对他说看见了大海。刚才我们在这段文字旁边批注的是哪个词语？如果让你修改完善你的批注，你打算怎样做？

（8）表达了河子对继父的万分感激之情，修改完善你的批注。

【设计意图】学生在品读这段文字的写法中领悟了继父看海的意义。在修改、完善批注中，既培养了学生的批注能力，又让学生领悟到河子对继父的万分感激之情，使学生的情感得到升华。

（三）超越文本，升华情感体验

1. 创写情境，走进河子的内心世界。（配乐）此时此刻，你就是河子，肯定有很多话想对继父说，把你想说的写下来！

2. 创读情境，抒发河子对继父的万分感激之情。针对文章最后一句话，配乐引读四次。

【设计意图】通过创设读和写的情境，使学生理解“无数次”的深刻内涵，明白继父的良苦用心，深层理解继父的“看海”的意义。

（四）总结归纳、回归文章整体

1. 出示河子自卑和自立的语段，让学生对比读，感受继父的父爱如海。

2. 小结。（板书：父爱如海）

3. 深情齐读课题。

附：板书设计

我看见了大海

继父　　鼓励　　河子　自卑——→自立

↓　　　　　　　　感激　　←——

用心良苦

父爱如海

白　杨

（第二课时）

李丽娟（通州区司空分署街小学）

一、教学目标

1. 理解重点段，体会思想感情。
2. 了解作者借物喻人的表达方法。

二、教学重点

了解白杨的特点，体会爸爸服从祖国需要，扎根边疆、建设边疆的思想感情以及他对下一代的期望。

三、教学难点

体会作者借物喻人的表达方法。

四、教学过程

（一）复习旧知，新旧衔接

复习字词。纠正写法，辨析形近字。

辩论　　浑黄一体　　复述

分辨　　混蛋　　叙述

归纳课文主要内容。这篇课文讲的是一位边疆建设者在火车上向子女们介绍生长在戈壁滩上的白杨的特点，借以表达自己扎根边疆、建设边疆的远大志向。

（二）歌曲引路，进入情境

欣赏歌曲《小白杨》，思考歌曲里的小白杨比喻谁，课文中的“白杨”比喻谁。让我们走进课文。

【设计意图】提前渗透借物喻人的意识，为借物喻人的难点做一个铺垫。另外，借助欢快的歌曲、精美的图像进一步加深对白杨的认识，也为课文教学提供感性的认识，为后面的教学奠定基础。

（三）新授部分，品读文本

1. 分析爸爸介绍白杨特点的词句，感悟白杨的品格。

（1）默读课文的第二部分，思考介绍了白杨树的哪些特点。请在文中做简单批注。

（2）出示爸爸介绍白杨树特点的几句话，分析品读。

a. 第一个特点是高大挺直。

b. 第二个特点是适应性强。结合一段视频资料，体会沙漠的荒凉，风沙的无情以及白杨的挺直，练习朗读第一部分沙漠的景象。

c. 第三个特点是坚强不动摇。结合关联词语“不管……不管……总是”体会白杨这一特点，进一步突出了在恶劣的环境下白杨的品格。

d. 在充分理解之后练习有感情地朗读。

2. 分析爸爸要表白的内容，感悟爸爸对下一代的期待。

（1）出示句子。

“爸爸只是在介绍白杨树吗？不是的，他也在表白着自己的心。而这，孩子们还不能理解。”

（2）把反问句改写成陈述句，对比体会设问句自问自答的好处在于强调下面的内容，引起读者的阅读兴趣和深刻的思考。

（3）孩子们只晓得什么？用课文中的内容回答。而孩子们不晓得的是什么？分析归纳以下要点：孩子们不晓得爸爸妈妈为什么到新疆来工作，孩子们不晓得爸爸妈妈为什么让他们到新疆读书，孩子们不晓得新疆到底是一个怎样的地方。

（4）孩子们不晓得的，同学们，你们晓得吗？出示孩子们搜集到的新疆地理、历史、比邻国家、气候、土特产等，加深对爸爸等老一辈建设者扎根边疆的了解。

（5）出示新疆建设者建设新疆的幻灯片，教师饱含深情地配乐解说：20

世纪 50 年代，新中国百废待兴。爸爸妈妈服从祖国开发新疆的需要，离开父母家人，从自己的老家千里迢迢奔赴新疆。刚来到这里，放眼四望就是茫茫荒原。开始住在帐篷里，经常是早晨起来，帐篷被风沙刮跑，人已经被埋在了沙堆里。凭着对祖国和人民的忠诚，他们顽强地生存了下来。他们开垦荒原，一次不行就两次、三次，终于战胜了风沙。拖拉机开进来了，挖土机开进来了，他们一天天体会着成功的喜悦。建起了房子，种上了庄稼，建起了幸福的家园。一年一年，他们战胜了恶劣的自然环境，让荒原慢慢地变成了绿洲。爸爸回想着这一切的峥嵘往事。

（6）爸爸对自己说（全体女生读爸爸介绍白杨特点的句子），对战友们说（男生读），更想对孩子们说（全班齐读），进一步体会爸爸要表白的心是服从祖国需要，扎根边疆、建设边疆的志向和行动。

3. 体会结尾段的含义，感悟爸爸的欣慰之情。

（1）默读课文第四部分，爸爸表白的志向和行动在孩子们身上能实现吗？

（2）出示："在一棵高大的白杨树身边，几棵小树正迎着风沙成长起来。"体会重点含义。引导学生抓住重点词语体会句子含义。"高大的白杨树"象征着爸爸等老一辈建设者。"小白杨"象征着孩子们。"迎着风沙成长起来"象征着未来的建设者正在成长，新疆建设后继有人。

（四）小结全文，归纳写法

1. 课文表面是写白杨树的特点，实际是赞美扎根边疆、建设边疆的建设者们。这种写法叫做借物喻人。

2. 仿写练习。

（1）竹子全身都是宝……这使我想起了……

（2）蜡烛燃烧了自己照亮了别人，这使我想起了……

【设计意图】明了借物喻人的写作方法，仿照这种写法，进行片段练习。目的是学以致用，让孩子知道这种写法的妙用。

（五）作业设计，课外延伸

完成片段练习仿写，任选。

1. 看到蜡烛，我联想到……

2. 看到小草，我想到了……

3. 看到竹子，我想到了……

附：板书设计

白杨	→	赞	→	建设者
高大挺直				扎根边疆
适应性强				服从需要
坚强不动摇				建设边疆
↓				↓
借物				喻人

木　笛

（第二课时）

王　红（通州区司空分署街小学）

一、教学目标

1. 朗读课文，体会木笛手朱丹的爱国之情，知道在任何时候都不要忘记祖国的历史。

2. 能够结合上下文理解难句的意思。

3. 默读课文，理解朱丹在考场上为什么放弃终试，后来为什么又被破格录取。

二、教学重点

朗读课文，了解内容，体会木笛手朱丹的爱国之情。

三、教学难点

能够结合上下文理解难句的意思。

四、教学过程

（一）衔接

1. 同学们，今天我们继续来学习第9课《木笛》。请大家齐读课题。

2. 教师过渡：上节课，我们已经学了不少词，老师听写几个词语，看你们掌握得怎么样。听写词语：参加终试、拒绝吹奏、取消考试、遇难同胞、破格录取。（学生听老师读词语，在田格纸上书写）

3. 听写完后，用展台订正。如果学生写错了，请学生及时改过来。

4. 你能试着用上一些词语说说课文的主要内容吗？（木笛手朱丹即将参加终试，因为拒绝演奏欢乐的乐曲，被取消考试资格。后来他来到南京大屠杀遇难同胞纪念碑前，吹起了笛子，他的笛声感动了曾拒绝他参加终试的音乐大师，最终他被破格录取了。）

5. 教师相机点拨。

（二）质疑

1. 教师过渡语：你能用上听写的词语试着提几个问题吗？

学生可能提到的问题：

（1）朱丹为什么要放弃终试？

（2）朱丹为什么要拒绝演奏欢乐的乐曲？

（3）大师为什么又破格录取了他？

2. 教师过渡语：我们应该先解决哪些问题呢？（教师与学生一起梳理出最先要解决的问题：为什么不演奏欢乐的乐曲呢？）

【设计意图】学生是语文学习的主人，让学生有选择学习内容的权利，提高语文学习的实效性。

（三）理解课文

1. 理解朱丹为什么不演奏欢乐的乐曲。

教师过渡语：朱丹为什么不演奏欢乐的乐曲呢？当他接过让他演奏欢乐乐曲的卡片时他的反应是怎么样的呢？默读课文，在书上找答案。

（1）默读，请学生找到这句话。教师大屏幕出示语句。

看过卡片，朱丹眼里闪过一丝悲戚。沉默片刻之后，他向主考席深深鞠了一躬，然后抬起头，歉疚地说：“请原谅，我可以不演奏欢乐的曲目吗？”

（2）读懂了吗？请结合这段话的上下文想一想它的意思。

让我们看幻灯片：

朱丹接过了卡片看到了______________，他想________ ……于是他说________。

（3）指名说说怎么填。（根据课文内容，第一个、第三个空，答案相似，第二个空因人而异）。

（4）把朱丹想到的写在本上。

（5）反馈学生写的情况，引导学生深入理解朱丹的“悲戚”。

2. 教师过渡：朱丹的想法大师和考官怎么能知道？当大师问他为什么不

能演奏欢乐的乐曲时，朱丹是怎样来回答的呢？让我们来读读朱丹的话。

朱丹的话：

今天我不能演奏欢乐的乐曲，

因为今天是 12 月 13 日，

是南京大屠杀遇难同胞纪念日。

（我）没有忘记（考试），

请原谅……

【设计意图】 通过有感情地朗读，引导学生感受朱丹内心的悲痛。

3. 理解为什么朱丹被破格录取。

教师过渡语：朱丹不演奏欢乐的乐曲，他演奏了什么样的曲子呢？打开书，读一读，找一找，他在什么样的环境下，演奏了什么样的曲子？

（1）理解描写环境的句子。教师屏幕出示主题图。

（2）他演奏了什么样的曲子？在书上画出最能表现曲子内容的词句。

a. 屏幕出示：

朱丹伫立雪中，小心地从绒套中取出木笛吹奏起来。笛声悲凉凄切，犹如脉管滴血。寒冷凝冻着这声音，烛焰温暖着这声音。坠落的雪片纷纷扬起，托着笛声在天地间翩然回旋。孩子们在静静地倾听，他们似乎听懂了这如泣如诉的笛声。

b. 找出最能表现笛声的词语。

教师板书：悲凉凄切、脉管滴血、翩然回旋、如泣如诉。

c. 点读。悲凉凄切。教师问学生这个词怎么读，给学生联系上下文想的时间，然后再让学生读。

脉管滴血。教师点拨学生：同学们，这是朱丹的心在流血呀！

翩然回旋。教师点拨学生：那是遇难同胞的哭声不断呀！

如泣如诉。教师点词素：问学生“泣”是什么意思，生答：“是哭呀！”

d 再读这段话。（配乐朗读）。

4. 教师过渡：朱丹的这首曲子这样悲伤，他要向人们倾诉什么呢？请我们写在纸上。然后请大家读一读。

笛声在向人们倾诉__________

根据学生可能出现的答案，教师相机进行评价。

（1）笛声在向人们倾诉着那段已经被人忘记了的国耻，以及在朱丹心中那说不出的苦涩和让人不忘国耻的呐喊声。

（2）笛声在向人们倾诉，请别忘记这段国耻，忘记是不可以原谅的，因为我们是中国人。（告慰）

（3）笛声在向人们倾诉，在为南京遇难同胞们感到悲戚。

（4）寒冷的夜，我们不应忘记这段历史，无数死去的同胞记载了这段历史，让我们用一颗炽热的心来告慰祖国。

（5）祈祷和平。

我们再来读读这段：

笛声/悲凉凄切/犹如/脉管滴血/寒冷凝冻着这声音/火焰温暖着这声音/坠落的雪片纷纷扬起/托着笛声在天地间翩然回旋/孩子们/在静静地倾听/他们/似乎听懂了这如泣如诉的笛声。

【设计意图】通过读句子、找词语、填空、续写，引导学生思考、感受朱丹深深的爱国情。

（四）大师被什么而打动

在场的人听懂了这笛声，你听懂了吗？大师也被打动了，他为什么被打动？是什么使他做出如此的决定呢？（学生可能会答：1. 眼前这位有勇气的中国青年。2. 这位青年的爱国情。3. 如泣如诉的笛声……）

【设计意图】理解朱丹被破格录取的原因，同时感受朱丹高超的技艺和深深的爱国情。

（五）回归整体

教师出示一首诗作为结束语。

最后让我们以著名的诗人王久辛在纪念南京大屠杀 70 周年所作的长诗《致大海》中的几句结束我们的课：

面对列强/国破了/但精神的山河在/只要/精神不灭啊/祖国就永远有尊严。

附：板书设计

木笛

- 悲凉凄切
- 脉管滴血
- 翩然回旋
- 如泣如诉

只有一个地球
（第二课时）

贾俊伶（通州区司空分署街小学）

一、教学目标

1. 朗读课文，能结合课文内容，了解人类的生存“只有一个地球”的道理，知道保护地球生态环境的意义。

2. 抓住关键词语感受重点句子在表达文章内容和思想感情上的作用。

3. 感受保护地球生态环境的意义，并产生从我做起、精心保护地球的感情。

4. 使学生了解打比方、作比较等说明方法。

二、教学重点

理解文章内容，了解只有一个地球和我们要精心保护地球的道理，知道保护地球生态环境的意义。

三、教学难点

1. 抓住关键词语，感受重点句子在表达文章内容和思想感情上的作用。

2. 了解打比方、作比较等说明方法。

四、教学过程

（一）导入

1. 齐读课题。

2. 填空。

（　　）的地球。

（二）学习课文

1. 学习第一部分。

（1）过渡：书上是怎样描写地球的呢？请你默读第一自然段，用曲线在文中画出来。

生在书中画下相关句子。

（2）屏幕出示：

映入眼帘的是一个晶莹透亮的球体，上面蓝色和白色的纹痕相互交错，外面裹着一层水蓝色的"纱衣"。

自读这句话，谈感受。

（3）欣赏地球的图片，感受地球的美丽。

（4）有感情地读出人们对地球的赞叹。

屏幕出示：

地球，这位人类的母亲，这个生命的摇篮，是那样的美丽壮观、和蔼可亲。

（5）体会渺小。

过渡：地球是如此美丽，然而这美丽的地球又是渺小的。默读第一部分，用横线画出描写渺小的句子。

汇报。(按顺序)

描写"渺小"的句子：

a. 但是，地球又是一个半径只有6300多千米的星球，在群星璀璨的宇宙中，就像一叶扁舟。

比较：

但是，地球又是一个半径只有6300多千米的星球，在群星璀璨的宇宙中，就像一叶扁舟。

但是，地球又是一个半径6300多千米的星球，在群星璀璨的宇宙中，就像一叶扁舟。

在比较、朗读中了解说明方法。

b. 地球表面的面积是5.1亿平方千米，而人类生活的陆地大约只占其中的五分之一。

出图演示陆地所占的面积。

这句话使用了什么说明方法?

【设计意图】 通过这一部分的学习，学生知道地球是美丽的，但又是渺小的，为下面的学习做铺垫。

（6）小结：作者使用数字说明和打比方的说明方法让我们更具体、更形象地认识到地球的渺小。

2. 学习第二部分。

（1）过渡：默读第二部分，边读边想这一部分是围绕哪句话写的，并用笔画下来。

（2）汇报。理解重点句。

拿矿产资源来说，它不是上帝的恩赐，而是经过几百万年，甚至几亿年的地质变化才形成的。

（3）说一说使用了什么说明方法。

（4）师小结。

（5）指读第四自然段。

（6）播放视频，感受人类对地球的破坏。

（7）生谈感受。

（8）体会使用的说明方法。

【设计意图】 通过理解文本及观看视频，学生感受到地球母亲的无私与人类对地球的肆意破坏，进而体会到保护环境的重要性，并了解举例子与对比的说明方法。

3. 学习第三部分。

（1）提出设想：我们移居到别的星球上好不好?

（2）学生依据文本回答。

科学家已经证明，在以地球为中心的40万亿千米的范围内，没有适合人类居住的第二个星球。

比较：

科学家已经证明，至少在以地球为中心的40万亿千米的范围内，没有适合人类居住的第二个星球。

科学家已经证明，在以地球为中心的40万亿千米的范围内，没有适合人类居住的第二个星球。

（3）体会说明方法。

（4）师小结，强调说明方法。

4. 学习第四部分。

（1）过渡，引导学生要精心保护地球。

（2）读写结合。

屏幕出示：

地球妈妈，您别哭了，别哭了！

我__________________

我们__________________

我们会__________________

我们再也不__________________

您别伤心！您别难过了！

【设计意图】通过小练笔激发学生保护地球的情感，并知道保护环境要从身边的小事做起。

（3）朗读保护地球的句子。（引读）

（三）回归整体

师：破坏环境，就将毁灭人类自己，地球的未来就是人类的未来，地球的命运就是人类的命运，作为地球的儿女，我们每个人都应该心系环境，为保护环境做出努力，因为我们：

生：读课题——只有一个地球。

附：板书设计

只有一个地球	美丽渺小	数字
	资源有限	举例子
	别无去处	对比
	保护地球	假设

鲸
（第二课时）

刘桂霞（通州区中山街小学）

一、教学目标

1. 了解课文介绍了鲸的哪些特点或习性。

2. 知道课文是怎么说明鲸很大的。

3. 学习第一自然段的说明方法，用数字、比较的说明方法，说明鸵鸟“大”的特点。

4. 体会说明语言的严谨和表达的有序。

二、教学重点

知道课文是怎么说明鲸很“大”的。

三、教学难点

学习第一自然段的说明方法，用数字、比较的说明方法，说明鸵鸟“大”的特点。

四、教学过程

（一）导入新课

（二）复习字词

1. 听写本课字词。注意写字的姿势，书写要正确、规范，力求美观。（公斤、哺乳、种类、吃掉、喷潮、睡觉、胎生）

2. 同桌交换，对照屏幕，看看他写得是否正确，帮助他把书写错误的字改正过来。

3. 告诉同桌，他的哪些字写得特别漂亮，值得你去欣赏。

（三）复习篇章结构

1. 老师把这些词语分成了三类，根据上节课的学习，想想为什么这么分。

2. 分类及依据。

（1）分类。

公斤

哺乳　　种类

吃掉　　睡觉　　喷潮　　胎生

（2）学生回答依据。（形体、进化和种类、习性）

（四）分别了解鲸的特点或习性

1. 形体。

（1）列数字的说明方法。

a. 鲸的形体特点是——大。课文是怎么说明鲸大的呢？快速读第一自然段。

b. 这里面有我们学过的说明方法，你能说出来吗？这种说明方法有什么好处？

c. 自己读一读这个句子体会。

（2）作比较的说明方法。

a. 我们再来看一看这一段中另外的几个句子：（投影出示）

不少人看过象，都说象是很大的动物。其实还有比象大得多的动物，那就是鲸。

我国捕获过一头4万多公斤重的鲸，它有17米长，一条舌头就有十几头大肥猪那样重。

它要是张开嘴，人站在它嘴里伸手还摸不到它的上腭；4个人围着桌子坐在它嘴里看书，还显得很宽敞。

b. 这几个句子有什么共同点？

c. 这样说明好不好？

d. 自己读读这几句话，体会作比较这种说明方法的好处。

（3）小结说明方法的好处。

【设计意图】 突出本课学习的重、难点，充分体会数字、比较的说明方法的用法和好处，为后面的仿写做准备。

2. 进化和种类。

（1）进化。

a. 这种庞然大物是怎么进化来的呢？自己读第二部分，完成前面的填空。

出示投影：鲸的祖先最初________，后来________，最后________。

b. 指名填空。

（2）种类

师：在演变的过程中，有的有牙齿，变成了——齿鲸；有的没有牙齿，变成了——须鲸。

3. 生活习性。

（1）食性。

a. 鲸的身子这么大，到底吃多少东西啊？想不想看一看？（放录像：须鲸进食的情况。）

b. 把你看到的须鲸的进食情况讲给大家听。

c. 读读课文的第三自然段，找出说明须鲸进食的内容读一读。

d. 出示须鲸进食内容并指名读：

须鲸主要吃虾和小鱼。它们在海洋里游的时候，张着大嘴，把许多小鱼小虾连同海水一起吸进嘴里，然后闭上嘴，把海水从须板中间滤出来，把小鱼小虾吞进肚子里，一顿就可以吃两千多斤。

e. 把课文的介绍和同学的介绍比较一下，哪种更好？（引导学生体会到：课文的介绍是有序的，先写须鲸吃什么，怎么吃，吃多少。）

f. 再来读这段内容体会一下。

g. 我们再来看看齿鲸的进食情况。（放录像）

h. 能不能有序地描述一下你看到的情景？

i. 读读课文中对齿鲸进食的说明，体会作者的表达方法。

【设计意图】 利用对须鲸进食情况的学习，把学生的描述和课文的语言进行比较，引导学生体会课文语言表达的有序。再利用对齿鲸进食情况的学习，让学生有意识地进行有序表达，训练学生的语言表达能力。

（2）呼吸。

a. 鲸又是怎样呼吸的呢？自己读课文第四自然段来了解一下。

b. 不同种类的鲸，喷潮的水柱也不相同。你若是一个有经验的渔民，你能从水柱上来判断是哪种鲸吗?

出示动画：须鲸、齿鲸喷潮的形态。配以文字：这是____鲸，因为________。

（3）睡眠。

a. 鲸睡觉时的样子特别有意思！读一读第五自然段，看看鲸是怎么睡觉的。

b. 摆一摆：这几只可爱的鲸吃饱了，也玩累了，它们要睡觉了。它们睡觉的方式是怎样的？谁来摆一摆？（学生摆图片）

c. 这么有趣的睡眠方式，课文是怎么描述的呢？谁读一读？

【设计意图】以上的动画填空和摆图片环节的设计，可以培养学生的理解能力和从文中提取信息的能力。

（4）繁殖。

师：鲸又是怎么繁殖的呢？读第五自然段，说说你了解到了哪些知识。

4. 哺乳动物。

（1）鲸的身体十分像鱼，又在海洋里生活，那它为什么不叫“鲸鱼”呢？

（2）课文是从哪几方面说明它是哺乳动物而不是鱼类的呢？快速找一找。

【设计意图】此环节引导学生从篇章的角度整体把握课文内容，引导学生体会课文内容前后的联系性。

（五）练笔

1. 回顾。我们一起来看课文第一自然段。回忆一下：这一部分用了哪几种说明方法来说明鲸的形体大的特点？课文介绍得这么好，咱们能不能也试着用一用呢？

2. 练写。

（1）同学们都知道，鸵鸟是现今世界上最大的一种鸟。请你根据手中的资料，学习第一自然段的说明方法，把鸵鸟“大”的特点表现出来。可以用一种方法说明，也可以用几种方法来说明。

鸵鸟是现今世界上最大的一种鸟。________________________。

师：在写作时你应该注意什么？

【设计意图】培养学生的审题习惯和能力。

（2）出示一些资料。

（3）除此之外，老师还为你提供了很多资料。快速地看看这些资料，想一想：要说明鸵鸟的“大”，你会用哪些资料？

（4）现在你也动笔写一写，看谁的说明最能表现鸵鸟“大”的特点。

（5）读一读好的，说说好在哪里。读一读有问题的，说一说问题在哪里。看自己的，能不能修改得更好一些？

（6）展台展示修改得好的。

（六）作业

请用上恰当的说明方法，选择鸵鸟的另外几个特点把它介绍清楚。

附：板书设计

	形体	严谨
鲸	进化和种类	
	习性	有序

跳　　水

（第二课时）

顾雪莲（顺义区东风小学）

一、教学目标

1. 能结合上下文和生活实际理解课文内容，体会船长危急中果断处理问题的品质。

2. 能体会课文情境的发展变化，有感情地朗读课文。

3. 能够把自己读文后的感想和同学交流。

二、教学重点

结合上下文体会船长逼迫孩子跳水的原因，知道船长是怎样的一个人。

三、教学难点

走近船长，感受他对孩子的深厚父爱。

四、教学策略

学案导学中凸显篇章整体、读中感悟。

五、教学过程

（一）听写词语，回顾故事

1. 听写词语。

钻来钻去、桅杆、吓唬、瞄准。

2. 用上这些词语，说说这篇课文讲述了一个怎样惊心动魄的故事。（要求：说清事情的起因、经过、结果）

（二）明确目标，出示学案

1. 初步了解船长的做法。

在这危急关头，是船长用枪逼迫孩子跳水，救了孩子。他是怎样做的呢？读读文中的语句。

2. 明确本课目标。

此时如果给你一个机会，你最想问船长什么？

引导：为什么要用枪逼迫孩子跳水？

3. 出示学习方案。

（1）船长为什么要用枪逼迫孩子跳水？联系上下文想一想其中的原因。画出有关的语句，简单写写批注。

（2）从船长逼迫孩子跳水的过程和结果中，可以体会到船长是一个怎样的人？

带着感受读读有关的句子。

（三）自主探究，因需交流

按照学习方案的提示自主探究学习，有了收获或困惑可随时与同学或老师交流。

【设计意图】为学生创设自主学习的空间，凸现学生是学习的主体。

（四）共议交流，走近船长

（出示船长瞄准孩子的图片）作为孩子父亲的船长，为什么要用枪逼迫孩子跳水呢？

1. 体验“绝境”。学生可能先谈（1），也可能先谈（2），依学生发言的顺序组织教学。

（1）孩子在最高的横木上摇晃，随时可能失足。

（学生容易抓住第七自然段谈出：当时孩子的处境太危险了，时间就是生命，此情此景这是最好的方法……）

只要孩子一失足，他就会跌到甲板上，摔个粉碎。即使他不会失足，拿到了帽子也难以转身走回来。所有的人都不知所措。

a. 抓住“只要……就”“即使……也”这两个关联词语来体会，可让学生读出感受，明晰句子的关系。

b. “即使……也”一句学生理解起来有难度，引导学生结合上下文或者当时的情景来想一想。补充出示：“他丢开桅杆，两只手摇摇摆摆地走上那最高的横木。”并播放相应动画。

现在你能说说为什么“即使他不会失足，拿到了帽子也难以转身走回来”？（因为孩子站在了桅杆最高的横木上，横木很窄，位置又高，而且孩子丢开了桅杆、放开了绳子）

c. 此时教师出示词语。（险境、绝境）如果用一个词语来概括，哪个最合适？说明理由。

【设计意图】在品析词句中理解句子的意思，体会关联词语的作用。

（2）孩子此时醒悟过来，脚下摇晃，心惊胆寒。

（学生能抓住第八自然段谈出，孩子此时醒悟过来，脚底下摇晃起来，孩子的处境更危险了，此情此景，父亲必须用枪逼迫孩子跳水。）

小结：是呀，从孩子放开桅杆和绳子，摇摇摆摆走上最高横木起，无时无刻不处在摔死的边缘，所以，船长要逼迫孩子跳水。

此时此刻，我们不禁要问孩子：为什么会爬到最高的横木上？又为什么到现在才醒悟过来？

2. 探究原因。

（1）浏览第一～第六自然段，思考上面的疑问。（解决第一课时学生的疑问）

（2）交流预设。（将书中的语言用自己的话来表述）

a. 学生可能从猴子的角度来考虑——风平浪静中的“放肆”。

b. 学生可能从孩子的角度来考虑——哭笑不得后的“气急（极）”。

（相机解决学生一课时存留的问题：“气急了”和“气极了”有什么不同？结合课文内容说说孩子为什么“气急了”，又为什么“气极了”呢。）

c. 如果能结合猴子和孩子双方的情况回答最好，如果不能，则提出要求。

相机朗读第四～第六自然段，边读边想象，再现情景，进入角色。

过渡：开始拿猴子取乐的水手们，现在再也笑不出来了，从船舱中走出来的船长是怎样说、怎样做的呢？

3. 走近船长。

正在这时候，孩子的父亲——船长从船舱里走了出来，手里拿着一支枪，本来要打海鸥的。他看见儿子在桅杆的横木上，就立刻向他瞄准，同时喊：

“跳到水里，赶快跳到水里，不跳我就开枪了！”孩子在上面摇晃着，没有听明白爸爸的话。“跳到水里，不然我就开枪了！一！二！”在父亲刚喊出“三”时，孩子把头往下一低就跳了下来。

（1）“正在这时候”是指什么时候？（孩子危在旦夕，甲板上的人束手无策……）

（2）当船长看见孩子在桅杆顶端的横木上时，他立刻用手枪向他瞄准，同时大声喊。是怎样喊的呢？（点击变色）自由读，体会。

同桌二人合作朗读，角色体验。

创设情境，感悟真情：孩子们，你就是那位船长，看见儿子在桅杆顶端的横木上，你立刻向他瞄准，同时喊道：（学生喊）______________________

（3）结果：齐读最后一段。

（4）从船长逼迫孩子跳水的过程和结果中，可以体会到船长是一个怎样的人？（体会到船长的沉着冷静、机智果断。）

（五）续写故事，总结全文

1. 续写故事，受到启迪。

同学们，这是一个真实的故事，我们的课文只是节选，孩子醒过来之后，会是怎样的情景呢？让我们做一次托尔斯泰，给课文补写一个结尾。

交流展示。

过渡：此时船长到底有怎样的表现，心情如何呢？

2. 出示原文的结尾，升华情感。

船长怔怔地，怔怔地，他狂喊一声，飞奔着跑向船舱，久久地，久久地没有出来……

【设计意图】走进原著，感受人物，升华情感。

（六）布置作业

必做：课后作业第二、五、四、三题。

选做：建议阅读《船长》和《生死较量》这两篇文章。

与《地震中的父与子》对比阅读，谈谈异同，并写写你的感受。如果能读读列夫·托尔斯泰的其他作品更好。

附：板书设计（略）

白　　杨

（第二课时）

李雪娜（顺义区石园小学）

一、教学目标

1. 理解白杨的特点，通过感悟人物的言行和心理，体会爸爸服从祖国的需要，扎根边疆、建设边疆的思想感情以及对下一代的希望。

2. 有感情地朗读课文。

3. 了解文章借物喻人的写作方法。

二、教学重点

了解白杨树的特点，体会爸爸服从祖国需要，扎根边疆、建设边疆的思想感情以及对下一代的希望。

三、教学难点

体会爸爸神态的变化，领悟爸爸表白的心意。

四、教学过程

（一）复习导入

这节课我们继续学习第 26 课《白杨》，齐读课题。根据上节课的学习，完成填空：

火车窗外是茫茫的大戈壁，没有（　　），没有（　　），也没有(　　)，而这里的白杨却（　　　　）。

白杨树到底有什么特点呢？爸爸又想借白杨表白自己怎样的心呢？这节课

就让我们一起来深入地学习这篇课文。

【设计意图】利用填空将白杨与环境联系起来，为后边学习奠定基础。

（二）感悟交流

1. 理解白杨树的特点。

（1）补充体会白杨特点的步骤及方法。

a. 课文介绍了白杨树的哪些特点？

读读文中描写或介绍白杨树的语句，在文中圈画或者自己来概括一下它的特点，再带着感受读一读。

b. 爸爸借白杨表白了自己怎样的心呢？

c. 解答疑难问题。

（2）自主学习后交流。

相机出示：

白杨树从来就这么直，这么高大。哪儿需要它，它就很快地在哪儿生根、发芽，长出粗壮的枝干。不管遇到风沙还是雨雪，不管遭到干旱还是洪水，它总是那么坚强，不软弱，也不动摇。

a. 学生容易体会到白杨直、高大的特点，让学生带着感受读一读。如果能结合上文相关语句来体会更好，相机换词理解“高大挺秀”。

b. 可能谈到“适应性强”或者“生命力顽强”，如果未谈到，再读来发现。

当学生谈到“哪儿……哪儿……”时，追问：还可能哪儿需要它？把想到的放在句子里读一读。

学生谈到“不管…不管…总是……”时，点击将“逗号”变成“省略号”，你还能说一句吗？（不管遇到冰雹还是霜降，不管遭到严寒还是酷热……）带着感受读一读。

（3）整体朗读，总结白杨的特点。

兄妹的争论，打断了爸爸的思绪，引出了爸爸对白杨的介绍，分角色朗读第四～第十三自然段，想象白杨的生长环境，想象爸爸是怎么跟孩子们说的。

完整地总结一下白杨的特点。（高大挺秀、适应性强、生命力顽强）

你会怎样地赞美白杨呢？

2. 体会爸爸表白的心。

利用第十四自然段引导深入探究。

（1）交流如何体会爸爸的心。

补充学案第2点：

a. 课文介绍了白杨树的哪些特点？

读读文中描写或介绍白杨树的语句，在文中圈画或者自己来概括一下它的特点，再带着感受读一读。

b. 爸爸借白杨表白了自己怎样的心呢？

读读爸爸介绍白杨的句子，联系上下文，结合与爸爸有关的语句来体会。

试着说说爸爸要表白怎样的心。

c. 解答疑难问题。

（2）成果汇报。（简单整理思路后）

a. 学生能结合第十三、第十五自然段，对爸爸表白的心有所体会：如：像白杨一样，不怕条件的艰苦……读读有关的语句，可能做不到全面、完整，不一定能联系着白杨来想爸爸，这两个自然段的联系也需要教师的点拨。

b. 点拨深化。

相机结合第十五自然段，并适时引入视频帮助理解屯垦戍边的原因。（爸爸自愿到祖国需要的地方，虽然路途遥远，环境艰苦，但爸爸决定扎根边疆）

自由读第十三自然段，读读白杨、想想爸爸：用“白杨是……爸爸也是，……”这样的句式说一说。（白杨是：“哪儿需要它，它就很快地在哪儿生根、发芽，长出粗壮的枝干”；爸爸也是：新疆需要他，他就自愿来到了新疆……）

【设计意图】再读爸爸介绍白杨的话，把爸爸和白杨联系起来，也就此整合零碎的感悟，并达到训练表达的作用。

c. 整合提升。

理解爸爸的心。

因为爸爸在借白杨表白自己的心，所以“爸爸的微笑消失了，神色变得严肃起来”。（补充出示）

爸爸的微笑消失了，神色变得严肃起来。他想了一会儿，就告诉儿子和小女儿：“白杨树从来就这么直，这么高大。哪儿需要它，它就很快地在哪儿生根、发芽，长出粗壮的枝干。不管遇到风沙还是雨雪，不管遭到干旱还是洪水，它总是那么坚强，不软弱，也不动摇。”

自由读第十三自然段，试着完整地说说爸爸要表白怎样的心。指名读、评读。

爸爸不只是回答了孩子的提问，不只在介绍白杨树的特点，更重要的是借此回答表明了自己的心。像这样借对某一事物的描写或者介绍来表白人的品格或精神的写作手法，称为“借物喻人”。

体会篇章主旨。

分角色朗读第第四～第十五自然段，教师读第十六自然段，完成填空：

在新疆，有（　　　　　　　　　　　）。这儿需要（　　　　　　），（　　　　　）就在这儿（　　　　　）。而（　　　　　　）不管（　　　　），总是（　　　　　　　　）。

学生很容易说出文中的内容，结合爸爸的表白你是否有更深的理解？还可以怎样填？试着说一说。

让我们拿起书，再次齐读爸爸的话，他表白的不仅是自己的心，也是无数边疆建设者的心呀！

【设计意图】开放的设计，由文本表面的意思引导到深层的含义，让不同孩子的思维都得到训练与发展。

3. 体会神态，解答疑问。

配乐朗读最后一段，补充学案第3点，解答疑问。

补充出示：

①课文介绍了白杨树的哪些特点？

读读文中描写或介绍白杨树的语句，在文中圈画或者自己来概括一下它的特点，再带着感受读一读。

②爸爸借白杨表白了自己怎样的心呢？

读读爸爸介绍白杨的句子，联系上下文，结合与爸爸有关的语句来体会。

试着说说爸爸要表白怎样的心。

③解答疑难问题。

爸爸两次“沉思”分别在想什么？“又浮起一丝微笑”的原因是什么？

（1）体会“沉思”。

浏览全文，思考前文爸爸望着戈壁滩上的卫士出神，以及此处又陷入沉思，爸爸都在沉思什么呢？请你批注在书上。

（2）感悟“微笑”。

为什么说爸爸“又浮起一丝微笑”？你能理解爸爸“又浮起一丝微笑”的

原因吗？（爸爸对新疆的未来充满了希望。交流今天新疆发展的资料。）

【设计意图】 体会爸爸的神态，引导学生回顾全文，达到整体感知的效果，进而让学生更好地理解文章“借物喻人”的写作方法。

（三）总结全文，理清脉络

1. 默读全文，给课文分段。
2. 小结收获，全班分享。

（四）布置作业，拓展延伸

必做：1. 有感情地朗读课文。

2. 完成检测题。

选做：茅盾先生著有《白杨礼赞》，找一找，读一读。

附：板书设计

白　杨

（借物喻人）

白杨	爸爸（建设者）
高大挺秀	自愿
哪儿……哪儿	扎根
不管……不管……总是	建设

理想的风筝
（第二课时）

刘东宇（顺义区马坡中心小学）

一、教学目标

1. 结合上下文和生活实际理解难句，认识到刘老师是一个对工作、对生活有着强烈的爱与追求的老师，体会到作者对老师的深厚感情。初步懂得一个人对生活要有追求，要热爱生活。

2. 有感情地朗读课文，理解“理想的风筝”的含义。

3. 体会第五自然段细节描写的作用。

二、教学重点

结合上下文和生活实际理解难句，认识到刘老师是一个对工作、对生活有着强烈的爱与追求的老师，体会到作者对老师的深厚感情。初步懂得一个人对生活要有追求，要热爱生活。

三、教学难点

理解“理想的风筝”的含义。

四、教学过程

（一）回顾内容，导入新课

通过上节课的学习，说说课文回忆了刘老师的哪几件事。

（二）自主探究，因需合作

学生依据选择的学案自学 5 ~ 7 分钟，因需合作交流。

学案1：

默读课文，思考：刘老师是一个怎样的人？你是从哪些地方感受到的？画出重点词句，并在感受深的地方写写批注。

学案2：

课文中写道："刘老师用他那双写了无数个粉笔字的手，放起了一架又一架理想的风筝。"默读课文，文中哪些语句与这句话有联系？画下来读一读。结合这些语句及自己的理解说一说"理想的风筝"指的是什么。

（三）汇报交流，整体提升

以学案1为主思路进行交流，选择学案2学习的同学可以随时参与。

可以先引导学生从整体角度概括地说一说"刘老师是一个怎样的人"。

【设计意图】培养学生整体把握文本的能力。

再引导学生结合文本语言深入体会"刘老师是一个怎样的人"。

1. 刘老师是一个乐观、幽默的人——笑谈身残。（刘老师讲女娲补天造人的传说）

一般会从刘老师笑谈自己的残疾体会其乐观、幽默，容易忽略学生的感情变化。教师相机出示填空并适时引导对难点"酸涩的感情"的理解。

教室里自然腾起一片笑声，是因为____________________。但笑过之后，每个学生的心头都飘起一股酸涩的感情，是因为____________________。同时更增加了对刘老师的尊敬，又是因为____________________。

2. 刘老师是一个讲课极好的人——倾情讲课。（刘老师讲历史课的情景）

（1）估计学生可能从"慷慨激昂""哽咽"和"激动地落泪""沉重地低下头去"等正、侧面描写体会刘老师讲课极好。

（2）相机出示如下语句深入引导学生体会刘老师的"爱国"情结，相机指导朗读。

祖国的历史，使他自豪。
讲到历代的民族英雄，他慷慨激昂，
常常使我们激动得落泪；
而讲到祖国近代史上受屈辱的岁月，
他自己又常常哽咽，
使我们沉重地低下头去。

3. 刘老师是一个热爱学生的人——赞赏、鼓励学生。（刘老师课上提问学

生的情景）

（1）学生容易从刘老师提问学生的情景体会他热爱学生。

（2）相机出示：

他不喜欢笔试，却喜欢在课堂上当众提问同学，让学生们述说自己的学习心得。我记得清楚极了——

倘若同学回答得正确、深刻，……

倘若有的同学回答得不好，……

这情景，已经过去了将近30年，今天一想起来，依旧那么清晰、那么亲切。

（3）通过师生合作朗读（学生读大屏幕上的话，教师读刘老师的表现）体会段落结构。

（4）感受细节描写的作用：老师读的时候，大家边听边想象当时的情景，谈谈体会。

4. 刘老师是一个对生活有着爱与追求的人——放、追风筝。（刘老师放风筝和追线拐的情景）

（1）从亲手放飞风筝谈。

a. 学生容易结合“绝不肯放弃”“亲手”感受刘老师绝不肯放弃亲手放飞风筝的快乐，教师相机出示，引导学生读出感受：

他的腿自然不便于奔跑，然而，他却绝不肯放弃亲手把风筝送入蓝天的欢乐……

b. 学生还可能从刘老师亲手放飞风筝的情景去体会刘老师对生活的热爱。引导学生边读边想象，加深体会。

c. 补充出示：想象刘老师和同学们放风筝时的情景，他可能和同学们说些什么呢？

这时候，他最幸福，笑声朗朗，指着天上的风筝，同看风筝的同学们说笑。

（2）从故意丢掉线拐谈。

学生容易结合这段话感受刘老师对生活的爱与追求。相机出示：

有一次，他故意撒手，让天上飞舞的纸燕带动长长的线和线拐在地上一蹦一跳地向前飞跑。他笑着，叫着，拄着拐杖，蹦跳着去追赶线拐，喊着：“你们不要管，我自己来。”他终于气喘吁吁地抓住线拐，脸上飘起得意和满足的稚气。那天，他一定过得最幸福、最充实，因为他感到他生命的力量。

a. 学生可能从“故意撒手”体会刘老师对生活的爱与追求。引导学生结合刘老师的残疾或与健全人对比加深体会，指名读出感受；学生还可能从刘老师追赶线拐的情景去体会他对生活的爱与追求。指名朗读，想象情景及刘老师此时的心情谈体会；学生还可能从“最幸福、最充实……感到他生命的力量”体会刘老师对生活的爱与追求。引导思考：假如你是刘老师，会想些什么呢？动笔写一写。

b. 交流体会，深化情感。

（3）这情景使“我”深深地感动，出示齐读：

一个年过五十身有残疾的老师，对生活有着那样纯朴、强烈的爱与追求，一个活泼泼的少年又该怎么样呢？

你从这句话中体会到了什么？结合“一个活泼泼的少年应该怎样呢”体会刘老师对我们的影响。

（4）整合提升：你能结合具体事例完整地说一说刘老师是一个怎样的人吗？（如学生有困难，可出示填空提示学生）

上课笑谈身残，这就是（　　　　　　　　　　　　　　）的刘老师；为祖国的历史而自豪，为祖国历史的屈辱而哽咽，这就是（　　　　　　　　）的刘老师；鼓励每一位学生的成长进步，这就是（　　　　　　　　）的刘老师；拄着拐杖放飞、追赶风筝，这就是（　　　　　　　　　　）的刘老师。

【设计意图】 培养学生结合具体事例评价人物的能力。

5. 理解课题的含义（适时融入交流学案2）

（1）引导学生谈谈对课题的理解。

（2）结合这一自然段及作者苏叔阳的资料深入体会课题的含义。

已经近30年没见到他了，然而他永远在我的记忆里行走、微笑。他用那双写了无数个粉笔字的手，放起一架又一架理想的风筝。那些风筝将陪伴着我的心，永远在祖国的蓝天上翱翔。

学生容易结合刘老师是一个讲课极好的人，联系“我考入了历史学系，和刘老师的影响有极大的关系”，感受“理想的风筝”是指刘老师对“我”的影响；不容易结合刘老师的乐观、幽默，对生活的爱与追求感受刘老师对所有学生的深远影响。可以引导学生结合“一架又一架理想的风筝”“永远”等词语深入体会。

【设计意图】 利用课外资料，帮助学生理解课题的含义和作者深刻的感情。

（四）拓展延伸，深化主题

总结：刘老师的言传身教给学生带来了深远的影响，他在每个学生的心里放起了一架又一架理想的风筝。虽然已经近30年没见到他了，然而他永远在我的记忆里行走、微笑。

（五）布置作业

必做：有感情地朗读全文；背诵第一、第五自然段。

选做：搜集有关残疾人自立、自强的故事读一读，或写写学完这篇课文后的体会。

附：板书设计

理想的风筝

刘老师	放飞	坚强　乐观
学生	埋下	理想种子

桂林山水

（第一课时）

张　杰（顺义区马坡中心小学）

一、教学目标

1. 能理解课文内容，边读边想象桂林山水的美丽景色，感受山水特点，产生喜爱之情。

2. 能有感情地朗读课文，背诵课文。

3. 学习课文对“山”“水”特点的描写方法，能仿照课文把一个事物的几个特点写清楚，写具体。

二、教学重点

感受桂林山水的特点，体会作者的思想感情及表达的方法。

三、教学难点

体会课文最后一段话的表达特点，能仿照课文把一个事物的几个特点写清楚，写具体。

四、教学策略

在学生自主阅读的基础上，利用在语境中理解词句意思、想象、课外资料补充、引导建构内在联系等手段完成本课教学。

五、教学过程

（一）回顾导入，整体感知

1. 通过上节课的初读，谁能说说桂林山水给你留下了怎样的印象？

2. 试着用串联各自然段内容的方法说说这篇课文的主要内容。

【设计意图】体会连段成篇的方法，培养归纳概括的能力。

（二）自主探究，初步感受

自学提示：细读第二、第三自然段，抓住相关的语句感受桂林山水的特点，简单写写批注并练习有感情地朗读，再想想作者是怎样表达的。

学生依据自学提示做5~7分钟的自主探究，可以因需合作。

（三）共议交流，品味“特点”

1. 漓江的水静、清、绿。

漓江的水真静啊，静得让你感觉不到它在流动；漓江的水真清啊，清得可以看见江底的沙石；漓江的水真绿啊，绿得仿佛那是一块无瑕的翡翠。

（1）品读语言中感受漓江水的特点。

a. 谈到水“静”时，要求用读来表现，可出示对比句，在评读中相机指导。

漓江的水静，静得让你感觉不到它在流动。

漓江的水真静啊，静得让你感觉不到它在流动。

b. 谈到水“清”时，引导学生结合相关的资料，如水清的图片、水深的资料来感受。

c. 谈到水“绿”时，引导学生对其中丰富的内涵进行个性化、开放性的感悟。

你还感受到了什么？带着感受读一读。

（2）体会漓江水的独特美。

结合批注说说作者是怎样表达的。

a. 容易抓住排比句体会，但可能只关注到其中一两个方面：整体排比的句式，每个特点先概括再具体，还运用了比喻的修辞手法。

回答问题感觉有困难时，可有感情地读一读，体会句子形式的变化。

漓江的水真静啊，

静得让你感觉不到它在流动；

漓江的水真清啊，
清得可以看见江底的沙石；
漓江的水真绿啊，
绿得仿佛那是一块无瑕的翡翠。

读后会感到语言像诗一样，富有韵律美。读出这种美。

b. 易于忽略开头的对比，启发：介绍桂林山水的特点为什么要写“波澜壮阔的大海”“水平如镜的西湖”呢？

c. 合作朗读，体会写作顺序。

【设计意图】体会表达，训练思维。

d. 回顾反思中修改完善批注。

【设计意图】夯实学法，培养习惯。

导语：刚才我们体会了漓江“水”的特点及作者的写作手法，请你们读一读第三自然段，运用刚才的学法简单补充、修改自学记录。

2. 桂林的山奇、秀、险。

（1）重点感受山“奇”与山“秀”。

山“奇”。

学生一般能结合句子感受到桂林的山很奇特，但不能感受其内涵的丰富之美。

a. 再读一读，品一品，倡导学生联系字典中“奇”的解释，说说桂林的山“奇”在哪儿。

b. 相机补充图片（文中出现的“象鼻山”“骆驼山”，还有未写的“鸡头峰”“羊角山”……），解读文本内涵。

c. 指名读，教师范读。读出节奏，读出“特点”。

山“秀”。

引导：由“倒映水中”你想到了什么呢？（山秀水美，山青水绿，山水相映……）

小结升华：正是因为山青倒映水才绿，正是因为水清山秀水更美，难怪上文说到“漓江的水真绿啊，仿佛那是一块无瑕的翡翠”。

山“险”。

由“危峰兀立”“怪石嶙峋”感受山势险峻。追问“意思”→想象“情景”→读出“体验”。

（2）对比体会水美山美的写法。

自由读第三自然段，作者是怎样表达的？与第二自然段有何异同？（相同的构段方式，同样的排比手法，运用比喻。第三自然段运用大量比喻，具体形象展现山奇、山秀）

3. 桂林山水甲天下。

我们跟随作者一起观赏了桂林山水，能结合你的感受谈谈为什么人们都说“桂林山水甲天下”吗？

（四）综观“特点”，回归整体

1. 说说你读懂了什么，有什么不明白的。

2. 立足全文互助解疑：

浏览全文，为什么说走进了连绵不断的画卷呢？又为什么说“舟行碧波上，人在画中游”？

顺势引导：清代袁枚曾写下这样的诗句“分明看见青山顶，船在青山顶上行”，能说说你的理解吗？

3. 齐读结尾一段，想象桂林山水相映的立体之美。

（五）运用写法，进行仿写

1. 自由读课后作业 4 题，明确任务。

2. 解析示例，明确要求。（一段话写出了漓江的水的三个特点，仿写要达到的目标是：选择一个事物，然后把这个事物的几个特点写出来）。

3. 选择事物，学生仿写。

4. 交流展示。

（六）布置作业

1. 背诵课文。

2. 仿照课文对“山”“水”特点的描写方法，写一段话。

附：板书设计

桂林山水

甲天下	水：静　清　绿	山水相映
	山：奇　秀　险	人在画中游

穷　　人

（第二课时）

张　杰　李金梅（顺义区马坡中心小学）

一、教学目标

1. 能联系上下文或结合当时的社会背景理解桑娜忐忑不安的心情，感受她矛盾的心理，体会她内心的美好品质。

2. 学习不断深入把握课文主要内容的方法，提高整体感知能力。

3. 能有感情地朗读课文，体会心理描写的作用。

二、教学重点

能联系上下文或结合当时的社会背景理解桑娜忐忑不安的心情，感受她矛盾的心理，体会她内心的美好品质。

三、教学难点

理解桑娜矛盾的心理缘起，不断深入感受其美好心灵。

四、教学过程

（一）回顾导入课文

1. 今天我们继续学习第10课《穷人》，回忆一下课文围绕“穷人”写了一件什么事。有困难的同学可以看一下笔记。

2. 我们用简短的语言概括了事件的梗概，随着学习的深入我们还将不断修改。从我们了解的这件事中，你能用一两个词语来评价一下桑娜吗？（预计学生会感受桑娜是善良的，有爱心的，随着学生的发言板书）

3.《穷人》这篇文章是列夫·托尔斯泰根据法国大作家雨果的长篇叙事诗《贫苦人》改写的。雨果在诗的第一小节写道：“爱，不是一个字或词语。”今天我们就和作者一起先走进桑娜的内心世界，感受一下那不能用一个字或词语表达的爱，结合文本语言或资料深入体会桑娜内心的善良。

（二）完善学习方案

1. 出示：这是这节课我们要达到的目标之一，也是本文学习的重点。

学习方案。

（1）学习目标：结合文本语言或资料体会桑娜内心的善良……

（2）学习方法：

谁知道这省略号表示什么？（桑娜的其他品质，通过学习不断完善。）

如果要达到这个学习目标我们该用什么方法？（默读课文、画出描写桑娜心理活动的句子、联系上下文或结合资料思考……相机体会心理描写的作用）

【设计意图】引导学生结合文本特点，逐步完善达到学习目标的方法与步骤。

2. 完善学习方案。

学习方案。

（1）学习目标：结合文本语言或资料体会桑娜内心的善良……

（2）学习方法：默读课文，思考：从文中的哪些语句可以感受桑娜的善良或其他品质？选择感受深的一两处画下来，将自己的感受简单批注，并练习有感情地朗读。

（三）自主探究学习（5 ~7 分钟自主学习，因需合作）

（四）共议交流提升

师：从文中哪些语句可以感受桑娜的善良或其他品质？读读你画的句子，再谈感受。

1. 从“非抱回来不可”感受桑娜本性善良。

她的心跳得很厉害。她自己也不知道为什么要这样做，但是她觉得非这样做不可。

（1）学生可能会结合“非这样做不可”谈桑娜善良，引导学生读出感受。

（2）引导学生联系上下文理解桑娜“非这样做不可”的原因。如果有困难，引导学生读读第七自然段，体会西蒙死得悲惨。再读这句话。

（3）看到这悲惨的一幕桑娜想都没想，毅然决然地抱回了两个孩子，你们在这里做了哪些批注？（本性善良）

（4）引导学生修改或补充批注。

【设计意图】培养学生不断修正学习收获的意识与习惯。

过渡：你们还从哪儿感受桑娜的善良或其他品质？

2. 从“忐忑不安”感受桑娜宁愿自己受苦也要帮助别人。

她脸色苍白，神情激动。她忐忑不安地想：“他会说什么呢？这是闹着玩儿的吗？自己的 5 个孩子已经够他受的了……是他来啦？……不，还没来！……为什么把他们抱过来啊？……他会揍我的！那也活该，我自作自受……嗯，揍我一顿也好！”

（1）从“自己的 5 个孩子已经够他受的了……”体会桑娜心疼丈夫，担心未来。（预计学生会抓住“自己的 5 个孩子已经够他受的了”来谈，桑娜知道家里贫困，如今又多了两个孩子，会加重丈夫的重担，这不是闹着玩的。）

a. 引导从哪儿可以感受“自己的 5 个孩子已经够他受的了”。（学生可能结合第一自然段“丈夫在恶劣的天气还要出海捕鱼”来谈出他们未来生活的不可预测性，如果能结合渔夫自己对天气情况的描述来谈则更好，谈不到则略。相机体会环境描写的作用。也可能结合第二自然段“孩子们的吃穿”等处来谈出桑娜和渔夫现在的生活很贫穷。引导学生读出感受。）

【设计意图】引导学生在联系中读懂文本。

b. 面对今天的贫穷，想想不可预知的明天，桑娜想到的仅仅是渔夫吗？（未来的生活）读出感受。

c. 桑娜的担心不是没有道理，列夫·托尔斯泰在《穷人》原文的结尾中写道：

由于一连几天的海风暴，渔夫出海不但艰辛，而且一点收获也没有，家里已经快断炊了……

结合资料理解桑娜的心情，读出感受。

小结：生活的艰难让桑娜的心情无法平静下来。

（2）从“桑娜希望丈夫回来却又害怕丈夫回来”的矛盾心理体会桑娜对现实生活的恐惧与无助。（预计学生会谈到桑娜害怕丈夫回来，追问：还能从哪儿体会到？“门嘎吱一声，仿佛有人进来了。桑娜一惊，从椅子上站起来。”“不，没有人！”）

相机出示：从这段描写中你又感受到了什么？（担心丈夫，急切盼望丈夫

回来）

丈夫清早驾着小船出海，这时候还没有回来。桑娜听着波涛的轰鸣和狂风的怒吼，感到心惊肉跳。

桑娜倾听着风暴的声音，“他现在在哪儿？上帝啊，保佑他，救救他，开开恩吧！”她一面自言自语，一面画着十字。

a. 桑娜刚才还急切地盼望着丈夫的归来，可是现在她又害怕丈夫回来，他怕什么？（怕丈夫不同意收养两个孩子……）把这种感受读出来。

b. 将“他会揍我的！那也活该，我自作自受……嗯，揍我一顿也好！”变色，可是桑娜已经做好了宁愿挨揍也要收养两个孩子的准备，她更怕什么？（她怕丈夫不能平安归来，未来的生活会更艰难，她怕不能把自己和西蒙的孩子养大……）读出这种感受。

c. 真是难为桑娜了，面对今天的生活，她想到丈夫，想到孩子，唯独没有想到自己，在这儿我们该批住什么呢？（宁愿自己受苦也要帮助别人）

d. 修改完善批注。

（3）从“揍我一顿也好”感受桑娜收养两个孩子的坚定。引导学生读出这种坚定。

（4）回归小整体。

这就是列夫·托尔斯泰笔下的桑娜，一个有血有肉的穷人。让我们带着对桑娜的敬佩再来感受一下她的忐忑不安。

导语：从此以后，桑娜一家9口生活在一起，日子越来越艰难，就在他们快要断炊的时候，上帝开恩了，海风暴终于停息了，渔夫满载而归。于是桑娜又有了新的希望：

上帝保佑，明天，不，明天的明天以及所有的以后的日子都会像现在这样！西蒙，你可以放心了！我们的日子会好起来的，一切都会好起来的！

从《穷人》原文的这段描写中你对桑娜又有了哪些新的认识？（贫穷但很乐观，对未来充满希望）

小结：正像雨果在《悲惨世界》中说的：“他们对世界的见解也是他们人品的表白。”

3. 完善学习方案。

（1）课文学到这儿，谁再来说说学习方案中的省略号省略了什么？

（2）补充完善学习方案。

（五）整体回归

再来看上节课我们一起总结的课文主要内容，你觉得该有哪些修改呢？（提示：可以加入环境情况以及桑娜的心情。在海风呼啸的深夜，桑娜焦急地等待丈夫捕鱼归来，发现邻居西蒙死了，便把两个可怜的孤儿抱回了家，心中忐忑不安，渔夫回来同意收养。）

下节课我们将走进渔夫的内心世界，感受渔夫的美好心灵。

（六）作业

1. 读读《穷人》的原文。
2. 试拟探究渔夫品质的学习方案。

附：板书设计

穷人

桑娜：（本性）善良

宁愿自己受苦　也要帮助别人

乐观

一个这样的老师

（第二课时）

康 维（顺义区李桥中心小学）

一、教学目标

1. 通过对怀特森老师言行、神态等方面的体会，了解他独特的教育方法、思想，能正确评价怀特森老师。

2. 联系上下文体会“我”的态度变化，理解怀特森老师的做法对学生的影响。

3. 体会侧面描写的作用。

二、教学重点

通过对怀特森老师言行、神态等方面的体会，正确评价怀特森老师。

三、教学难点

体会侧面描写的作用。

四、教学策略

依托学案实现学生与文本、教师、同伴、编者多元对话。

五、教学过程

（一）复习导入，回顾学案

1. 回顾课文主要内容。

2. 引出学案。

学案 1：结合怀特森老师是怎样上科学课的，体会他是一个怎样的老师。在感受深的地方写写批注，带着感受读一读。

学案 2："我"是怎样逐步认识怀特森老师是一个怎样的老师的呢？画出相关的语句，简要地填写在表格中。

相关的语句（简写）	是一个怎样的老师

（二）共议交流，精读品味

写人的文章要从主要人物入手进行学习，因此以学案 1 为主思路，整体交流怀特森是一位怎样的老师。

1. 怀特森老师是一个教法独特的老师。

走进"凯蒂旺普斯"事件。

（1）怀特森老师教的方法独特。

估计学生能从"凯蒂旺普斯"事件的整体（编造故事—测验—记录成绩）感知怀特森老师是一个教法独特的老师，如果只关注到第五自然段等局部，在联系中整合。

相机出示：

"很简单，"怀特森老师眼里闪过狡黠的光芒，解释道，"有关凯蒂旺普斯的一切都是我编造的，这种动物从来就没有过。你们笔记里记的都是错的，错的当然就不能得分了。"

学生不易关注"很简单"来体会老师的独特。则追问：请你联系上文说说老师认为什么"很简单"？

学生也可能会抓住"狡黠"感受到独特。如果学生不能体会到，则通过换词或结合字义理解"狡黠"，读出怀特森老师狡猾的眼神中蕴含着智慧。

（2）怀特森老师教的内容独特——希望我们学会"怀疑"。

继续交流怀特森老师的独特之处，顺势出示：

怀特森老师摆摆手，让大家平静下来："难道你们自己没有想过吗？既然是'绝迹'了，那就什么也没留下。我向你们描述它的夜间视力、皮毛的颜色，以及许多根本不存在的现象，还给它起了个可笑的名字，你们竟一点也没有起疑心，这就是你们不及格的原因。"

学生易结合反问句"难道你们自己没有想过吗？""竟一点也没有起疑心"

来体会怀特森老师要教会“我们”怀疑，教会“我们”独立的思考。则：

a. 引导学生思考：怀特森老师认为“我们”应该想到什么？

b. 想象当时的情景：怀特森老师会怎样向我们说这番话呢？

走进“小轿车”事件。

学生易于结合小轿车本不是生物，但怀特森老师还要让“我们”反驳，及“我”用了两天的时间写小论文，才勉强及格，体会怀特森老师的教法独特。

相机出示原文：

有一次，他对我们说他的大众牌轿车是活的生物。我们花了整整两天才拼凑了一篇在他那里通得过的驳论。他不肯放过我们，直到我们证明我们不但知道什么叫生物，且还有坚持真理的毅力时，他才罢休。

（1）读一读原文，说一说怀特森老师让“我们”反驳小轿车是活的生物的真正用意。

（2）比较一下原文和课文的写法：原文是直接叙述，而课文突出介绍了老师的语言，读起来更生动。

【设计意图】引导学生与编者对话，体会课文中人物语言描写所起的作用。

导语：怀特森老师的课就是这样的不同寻常，他就是这样一个教法独特的老师，（学生批注：教法独特）当“我”把怀特森老师的事讲给邻居听时，邻居认为老师不该这样捉弄“我们”，“我”是怎么看待的呢？

2. 怀特森老师是一个教会“我们”新怀疑主义的老师。

并不是所有的人都能认识到这里面的价值。有一次，我把怀特森老师的事讲给一位邻居，他惊讶极了：“那位老师不该这样捉弄你们。”我正视着他的眼睛，告诉他：“你错了。”

（1）理解“你错了”的真正含义。

换一句话来表示你对这句话的理解：我正视着他的眼睛，告诉他：“__________。”

当学生谈到怀特森老师在教会“我们”新怀疑主义时，出示：

我们应该时刻保持警惕，用事实，用科学的方法，纠正错误，而且应当有坚持真理的毅力。同学们把这种学习方法称为“新怀疑主义”。

a. 说一说“新怀疑主义”是什么。追问：你知道“怀疑主义”吗？（怀疑一切）与怀特森老师教“我们”的新怀疑主义有什么不同？

b. 教师引读：怀特森老师通过一节又一节的科学课要我们懂得……要我们懂得……要我们懂得……

当学生结合“并不是所有的人都能认识到这里面的价值”来理解时（对第一课时的解疑）：

a. 想一想：“这里面的价值”是什么呢？

b. 结合第十三自然段感受到“我们”把新怀疑主义带到了所有的课堂。

引导深入：“新怀疑主义”的价值到底是什么？（是学会了一种思维方式）

过渡：怀特森老师教我们科学课以来，我是怎样逐步认识怀特森老师的呢？这是学案2的探究内容，请同学们浏览课文，再梳理一下自学的收获。

（2）逐步认识怀特森老师是一位怎样的老师（以按学案2学习的学生交流为主）

相关的语句（简写）	是一个怎样的老师

学生的汇报也许不能全面展开“我”认识怀特森老师的过程，有时不能准确表达他是一个怎样的老师。在汇报与交流中补充完善，学习准确地评价人物。

追问：在“我”逐步认识怀特森老师的过程中，“我”的态度发生了怎样的变化？用恰当的词语在括号里填写“我”的态度变化过程。

（　　）——（　　）——（　　）——（　　）——（　　）

【设计意图】高年级要重视篇章的教学，此环节就是想引导学生站在篇章整体的角度，体会“我”对怀特森老师的认识是逐步形成的。

小结：在一节又一节的科学课中，“我们”逐步认识了怀特森老师，他用这样独特的方式不仅教给“我们”科学知识，还教会“我们”新怀疑主义这种思想。

（三）写法指导

这篇文章是大卫·欧文回忆自己少年时一位教科学的怀特森老师，对怀特森老师的语言、神态和行为进行了正面描写，那为什么作者还要写“我”的心情变化和同学们的反应，以及课文的最后三个自然段呢？

如学生不能体会到这样写的好处，教师讲明：这里运用侧面描写，给人一种身临其境、如见其人的感受，衬托出怀特森老师教给“我们”的新怀疑主义对我们产生了深刻的影响。作者运用正、侧面描写相结合的写作方法，使怀特森老师的特点就更加鲜明突出了。

（四）学案运用，拓展阅读

推荐阅读《蜘蛛先生来访》，运用学案1的学习方法，结合老师上课的情景，体会他是一个怎样的老师。

（五）布置作业

必做：课后2题、3题。

建议：试着把这种独特的学习方式带到我们的学习、生活中去。

附：板书设计

一个这样的老师	———————	“我”
教法独特	编造故事	喜欢
	进行考试	怀疑
	记录成绩	不满
		理解
教会“怀疑”		敬佩

《金色花》和《百合花开》

（第一课时）

张海燕（怀柔区第一小学）

一、教学目标

1. 认读十二个生字。

2. 了解“我”的情感变化的原因，感受金色花的美。说说百合花开放前后的经历。懂得在任何艰难困苦情况下都要坚持，只要坚持就一定能成功。

3. 引导学生品读重点词句，在对比读中感悟两篇文章的主题及写法的相同和不同。

4. 积累文中优美的词句并写出自己的感悟。

二、教学重点

引导学生走进文本，品读重点词句，展开想象，联系生活实际，使学生感悟本单元的主题。

三、教学难点

体会本单元四篇课文在表达上的异同。能结合阅读和实际，写出自己的感受。

四、教学过程

（一）回顾单元课文，明主题之“意”

引导学生明确《顶碗少年》《“钢琴之王”的微笑》的主题，即在成长的过程中会遇到各种各样的困难，在这种情况下，不要轻易放弃，要坚持下去，就会取得成功。体会表达上的相同点，即通过事件来表达主题。

（二）自主探究，得主题之“要”

1. 学生朗读这两篇课文，扫清文字障碍。

读准文中难词及短语：

庸俗　泯灭　闲情逸致　不无遗憾　肃然起敬　无所顾忌　始终不渝

枯涸龟裂　刀戟般凛凛叉开

2. 感悟《金色花》的作者和百合花的经历。

（1）自读自悟，联系文中词句看情感变化。

出示学习单，先自主学习，后小组交流。

学习单：

	情感变化或经历	为什么会有这样的变化	积累感动你的语句	给你的启示
作者				
百合花				

（2）交流分享，联系主题看表达。

指导学生联系文中词句进行交流。

A. 《金色花》中作者的情感变化及原因。

（a）生找出作者的情感变化。

不无遗憾—不再关心—忍不住大笑—流下了眼泪—感到惭愧。

（b）情感变化的原因。师相机抓住描写金色花美丽的语句，进行重点品读。

是的，是一朵花，并且是一朵异常漂亮的花。金黄色，12 个绸缎般富有光泽的花瓣；敏感地轻颤着柔软的花穗，细密地遍布着雪乳般滋润的花粉。它凝然静立，却闪烁着宫殿般辉煌灿烂的光芒。

（c）师生合作对比读，感受金色花的顽强。

B. 学生谈百合花的情感变化及原因，师相机点拨。

（a）百合花生长在悬崖峭壁上，生存条件恶劣，但坚信自己一定能开花。当受到杂草的鄙夷，蜂蝶鸟雀的劝阻时，它坚定自己的信念努力开花，开出了美丽的花。此时它并没有停止努力，最后形成了百合谷地。

（b）教师引读，感受百合花的坚持不懈，不怕嘲笑，坚定自己的信念努力开花。

师引读：

当面对杂草的鄙夷时，百合说……

当面对杂草的讥讽时，百合说……

当面对蜂蝶鸟雀的劝阻时，百合说……

（c）感悟坚定信念，形成百合谷地。

百合花坚定自己的信念，终于开出了那富有灵性的洁白而美丽的花。百合花没有停止自己的努力，终于形成了百合谷地，并得到了人们的赞美，但它谨记着第一株百合的教诲：

我们要全心全意地开花，以花来证明自己的存在。

【设计意图】采用引读的形式，用自己的情感与语言渲染带路，学生边听边感悟，思绪与情感随教师的语调、语气、语态的变化而变化，使自己的体悟与文本产生共鸣。

（三）揭示中心，得主题之“魂”

金色花和百合花的经历给了我们怎样的启示？

学生交流：抓住文章的主题进行交流。

【设计意图】我们的语文课堂尊重文本的价值取向，这是提高语文教学有效性的任务之一。这一环节是对课文的深度拓展。

（四）点明写法，得主题之“法”

1. 回读《金色花》和《百合花开》两篇文章，总结“借物喻人”的写法。

2. 回顾本单元的四篇课文，感悟主题的相同和表达的不同。

主题相同：在成长的过程中会遇到各种各样的困难，不要轻易放弃，要坚持下去，就会取得成功。

表达的不同：《顶碗少年》和《“钢琴之王”的微笑》是通过事件来表达主题的。《金色花》和《百合花开》是通过物来表达主题的。

（五）小练笔，得主题之“华”

1. 学生课堂练笔。

2. 重点赏评引路。

3. 修改练笔。

【设计意图】学生通过阅读本单元的文章，达到了明主题之“意”，悟主题之“要”，融主题之“魂”，得主题之“法”的目的。而习作实现了把阅读中积淀的情感、积累的语言淋漓尽致地表达出来的目的，真正得主题之“华”，这一环节是学生实现个性表达的最高境界。

（六）拓展阅读，了解作家写作风格

林清玄的《桃花心木》。

（七）作业

1. 积累两句不怕困难，勇于坚持的诗句或格言。
2. 深入阅读林清玄的《桃花心木》。

附：板书设计

金色花　　百合花开

借物喻人

不放弃　　坚持不懈

将　相　和

（第二课时）

杨海芹（怀柔区第三小学）

一、教学目标

1. 了解课文内容，抓住人物言行，体会蔺相如机智勇敢的斗争精神、廉颇勇于改过的崇高品质，以及两人以国家利益为重，顾全大局的政治远见。

2. 引导学生抓重点词、句、段，揣摩课文语言，学习通过人物的言行表现人物的思想性格的写作方法。

3. 学习有理有据地评价人物。

二、教学重点

1. 抓住重点词句揣摩课文语言，感受人物形象，学习理解与表达。

2. 学习通过人物的言行表现人物品质的写作方法，把握人物形象，并有理有据地评价人物。

三、教学难点

把握人物形象，并有理有据地评价人物。

四、教学过程

（一）复习导入，明确目标

1. 回忆课文内容：文中介绍了哪几个小故事？（板书：完璧归赵、渑池之会、负荆请罪）

2. 浏览课文，找出“将”“相”不和的原因。

廉颇看到蔺相如职位比自己高，很不服气。他对别人说：“我廉颇攻无不克，战无不胜，立下许多大功。他蔺相如有什么能耐，就靠一张嘴，反而爬到我头上去了。我碰见他，非得给他难堪不可！”

（1）抓住廉颇的语言描写，交流“将”“相”不和的原因。

（2）指导朗读，感悟廉颇的自高、自大、妒忌心强。

【设计意图】通过板书，引导学生整体回顾文章的主要内容，深入理解课题，引起阅读期待，并明确本课的学习目标：体会廉颇、蔺相如各是怎样的一个人，课文是怎样表现的。

（二）细读文本，感悟人物形象

1. 出示阅读提示，自主阅读。

阅读提示：默读课文，抓住重点内容做好批注，体会蔺相如、廉颇各是怎样的一个人。

【设计意图】本篇课文篇幅较长，因此，教学中打破传统的“串讲”形式，为学生出示学习提示，并给学生充足的阅读时间，利于学生理清文路，捕捉信息。

2. 集体交流反馈。

预设：

（1）交流“完璧归赵”，感受蔺相如的人物形象。

a. 学生初谈感受。

b. 老师相机点拨。

（a）抓住“一定、理直气壮、撞碎、大大方方”等词语，联系上下文体会出蔺相如的机智与勇敢。（板书：撞）

（b）指导朗读，感悟蔺相如的机智、大无畏精神。

（c）品读描写秦王的语句，感悟蔺相如的品质。

联系上下文，体会秦王前后态度的变化，感受蔺相如的机智、勇敢。

（d）师生配乐朗读，体会蔺相如的大智大勇。

当赵王和赵国大臣进退两难的时候，蔺相如运筹于帷幄之中，胸有成竹地说：________

面对不讲信用的秦王，蔺相如上前一步，沉着、镇定地说：________

当蔺相如把和氏壁稳稳地攥在手里之后，他毫无惧色，字字掷地有声，理直气壮地逼迫秦王说：________

当蔺相如把和氏璧完完全全送回到赵国后，摸透了秦王的心理，他大大方方地说：________

【设计意图】在学生自读、自悟，充分自学的基础上，发表自己的看法，让学生学会联系上下文理解课文，以此训练学生的口语表达，从而体会人物心理，感受人物性格特征。另一方面，教师适时地引导学生抓住秦王的语言、动作、神态侧面描写，感悟人物形象。

（2）交流“渑池之会”，进一步感受蔺相如这一人物形象。

a. 学生初谈感受。

b. 老师相机点拨。

蔺相如说：“您跟我现在只有五步远。您不答应，我就跟您拼了！”（板书：拼）

（a）引入《史记》原文，教师范读，感受语言文字的丰富内涵。

左右欲刃相如，相如张目叱之，左右皆靡。于是秦王不怿，为之击缶。

——《史记·廉颇蔺相如列传》

（b）学生自主解读《史记》，领悟文字的内涵。

（c）指名读《史记》原文，再现当时情景。

（d）师生分角色读原文，体会蔺相如的机智、勇敢。

【设计意图】充分挖掘课内资源，借助《史记》原文，以文释情，加大对《史记》原文的朗读，让学生在读中感悟，体会言语表达的不同形式。

（3）交流“负荆请罪”，感悟蔺相如、廉颇的高尚品质。

a. 抓住蔺相如、廉颇语言描写的语句，体会蔺相如识大体、顾大局的品质。

“秦王我都不怕，我会怕廉将军吗？大家知道，秦国不敢进攻我们赵国，就因为赵国武有廉颇，文有蔺相如。如果我们两个闹不和，就会削弱赵国的力量，秦国就要乘机来打我们了。我之所以避着廉将军，为的是我们赵国的利益。”

廉颇看到蔺相如职位比自己高，很不服气。他对别人说：“我廉颇攻无不克，战无不胜，立下许多大功。他蔺相如有什么能耐，就靠一张嘴，反而爬到我头上去了。我碰见他，非得给他难堪不可！”

b. 创设情景：感受廉颇负荆请罪时的情景，体会廉颇的人物形象。

c. 发散思维：廉颇负荆请罪时会说些什么呢？（板书：跪）

【设计意图】 充分利用课文生成的情境让学生说话，发散学生的思维，培养学生的言语表达能力。

（三）自主实践，正确评价人物

廉颇、蔺相如是怎样的人？请你任选一个人物做评价。

1. 学生独立、自主写出对其中一个人的评价。

2. 实物投影，展示学生成果、交流。

3. 总结梳理，明确方法。在评价人物时，应先亮明观点，然后用具体的事例说明。事例说明的语言，应该来自于文本，抓住重点，进行概括总结。

4. 运用方法，进行修改，提高评价人物的能力。

【设计意图】 在自主实践环节，体现了过程与方法，体现了读写结合的理念。同时教师充分利用学生生成的资源，培养学生在评价中言语组织和言语表达的能力，使学生掌握准确、全面、有理有据地评价人物的方法。

（四）回归整体，提升故事内涵

回扣课题，理解“和”的意思。领悟“将”“相”和好的真正意义是为了国家的兴盛与安定。

【设计意图】 回归整体，回扣课题，使学生走出文本，走进生活，认识得到提升。

附：板书设计

将 相 和

蔺相如	完璧归赵	撞	机智勇敢
和	渑池会见	拼	顾全大局
廉 颇	负荆请罪	跪	勇于改过

（曾获北京市基础教育课堂教学设计大赛二等奖）

如何阅读一本书
——《假如给我三天光明》导读课

王 双（怀柔区第三小学）

一、教学目标

1. 借助书中前言、简介、目录、书评，选择适合自己的书。

2. 借助重点章节了解人物，书的梗概，激发读书兴趣。

3. 了解精读、略读、浏览等相结合的阅读方法，促使学生培养良好的阅读整本书的习惯。

二、教学重点

借助重点章节了解人物，书的梗概，激发读书兴趣。

三、教学难点

了解精读、略读、浏览等相结合的阅读方法，促使学生培养良好的阅读整本书的习惯。

四、教学策略

创情境，激兴趣。读封面，选好书。读内容，学方法。读书评，入书境。

五、教学过程

（一）创情境，激兴趣

（出示不同版本的图书封面）要求同学们看，读出书的名字。

（二）读封面，选好书

1.（出示封面）提出要求：请同学们先来看封面，从封面我们能知道什么？

（1）介绍作者：（出示作者图片）美国海伦·凯勒。

（2）区分译者与编者的不同。

（3）选择出版社。

【设计意图】学生经过对封面的观察，获取到作者、出版社的相关信息。通过教师的引导，学生能够根据相应的信息选择适合自己阅读的高质量的图书。

（三）读内容，学方法

1. 前言。

引导学生阅读前言：我们一起翻开手中的书，一般在书的扉页会有前言或者内容简介。

前言往往能够帮助我们很快地了解作者写这本书的目的，你轻声地读读。

写自传回忆从出生到现在的生命历程，真令我觉得惶恐不安，一道帷幕笼罩住了我的童年，要把它掀开，的确让我疑虑重重。

写自传本身是件难事，更何况童年已久远，至于哪些是事实，哪些只是我的幻觉想象，我自己也分不清楚了。只不过，在残存的记忆中，有些事情的发生，仍然不时鲜明地在我脑中闪现，虽然只是片断的、零碎的，但对于我的人生，却都有或多或少的影响。为避免冗长乏味，我只把最有兴趣和最有价值的一些情节，作一些陈述。

【设计意图】学生要想读好一本书，就要认真地了解这本书的不同方面。学生通过这本书的前言了解作者写这本书的目的，初步感受到作者海伦·凯勒的坚强。

2. 内容简介。

20世纪，一个独特的生命个体以其勇敢的方式震撼了世界，她——海伦·凯勒，一个生活在黑暗中却又给人类带来光明的女性，一个度过了生命的88个春秋，却熬过了87年无光、无声、无语的孤独岁月的弱女子。然而，正是这么一个幽闭在盲聋哑世界里的人，竟然毕业于哈佛大学德克利夫学院，并用生命的全部力量处处奔走，建起了一家家慈善机构，为残疾人造福，被美国《时代周刊》评选为20世纪美国十大英雄偶像。

（1）学生自己读一读。

（2）引导学生思考交流：你们有什么疑问吗？谁来说一说？（给学生思考的时间）

（3）随着学生的回答，出示图片并以动情的语言介绍莎莉文老师。

【设计意图】通过内容简介的阅读，学生对这本书有了新的认识，激起学生好奇心，同时心中产生了许多的疑问，大大地提高了读书的欲望。

3. 目录。

导入学习目录环节：怎样能有顺序地、完整地读好这本书呢？我们还有一个可以信赖的朋友——书的目录。目录就是用简洁的短语介绍这本书的内容，看目录有什么作用呢？

（1）生命的开始。

我生命的开始是简单而普通的，就像每个家庭迎接第一个孩子时一样，大家都充满了喜悦。

春光里百鸟啁啾，歌声盈耳，夏天里到处是果子和蔷薇花，待到草黄叶红已是深秋来临。三个美好的季节匆匆而过，在一个活蹦乱跳、咿呀学语的孩子身上留下了美好的记忆。

（学生朗读，配乐）

教师语言过渡：然而好景不长，幸福的时光总是结束得太早。一个充满知更鸟和百灵鸟的悦耳歌声且繁花盛开的春天，就在一场高烧的病痛中悄悄消失了。

痛苦的生活。

我站在两个谈话者之间，用手触摸他们的嘴巴，可是我无法明白他们的意思。于是我疯狂地摆动四肢，蠕动嘴唇，企图与他们交谈，可是他们一点儿反应也没有。我生气极了、大发脾气，又踢又叫，一直到筋疲力尽为止。

a. 引导学生感悟语言文字：她的内心是多么的痛苦啊，她渴望交流，渴望和正常人一样，请同学们体会着读这段文字。

b. 引导学生交流感悟：读了这两段话你感受到了什么？

（2）信心与希望。

我们沿着小路散步到井房，房顶上盛开的金银花芬芳扑鼻。莎莉文老师把我的一只手放在喷水口下，一股清凉的水在我手上流过。她在我的另一只手上拼写“WATER”——“水”字，起先写得很慢，第二遍就写得快一些。我静静地站着，注意她手指的动作。突然间，我恍然大悟，有股神奇的感觉在我脑中激荡，我一下子理解了语言文字的奥秘了，知道了“水”这个字就是正在我手上流过的这种清凉而奇妙的东西。

a. 生交流主要内容。

b. 引导学生谈感悟：在莎莉文老师的帮助下，她从“水”这个字感悟到语言文字的奥秘。你从中感受到了什么？

（3）成功与辉煌。

海伦·凯勒四处为残障人士演讲，鼓励他们肯定自己，立志做一个残而不废的人。海伦·凯勒这份爱心，不但给予残障人士十足的信心，更激起各国人士正视残障福利，纷纷设立服务机构，辅助他们健康快乐地生活。于1924年组成海伦·凯勒基金会，并加入美国盲人基金会，作为其全国和国际的关系顾问。1946年任美国全球盲人基金会国际关系顾问，并开始周游世界，共访问35个国家。

a. 引导学生读书思考：读到这里你又知道了什么？

b. 引导学生谈感受：你感受到了什么？

（4）激发学生想象：假如海伦·凯勒有三天光明，她会去干什么？

学生提炼：（随着学生的回答出示。）

如果我有三天能用眼睛看见世界的话，

第一天：看朋友、亲人。

第二天：参观博物馆，戏院或电影院。

第三天：度过平凡人的一天。

【设计意图】学生了解海伦·凯勒不平凡的一生后，对书名产生疑问。为了帮助学生了解书的主旨，在课堂上给足学生阅读的时间，满足课上迫切的读书欲望，让学生真正走进书中。

（四）读书评，入书境

导入伟人对这本书的评价：请同学们读一读这些评价。

出示书评：

本书收录的海伦·凯勒的处女作《我的生活故事》一经出版即在美国引起了轰动，被誉为“世界文学史上无与伦比的杰作”。出版的版本超过百余种，在世界上产生了巨大的影响。而她的散文《假如给我三天光明》更是以其孤独的旷世之美征服了全世界的读者，成为广为传颂的经典名篇。十九世纪有两个奇人，一个是拿破仑，一个就是海伦·凯勒。拿破仑试图用暴力征服世界，他失败了；海伦·凯勒试图用笔征服世界，她成功了。

——马克·吐温

1. 交流书评内容。屏幕上出示：一摞摞的书。

2. 激发阅读欲望：读《假如给我三天光明》，读海伦·凯勒，你也会被她征服！

【设计意图】 书评的导读，使学生对这本书有了更加深刻的认识。

附：板书设计

如何阅读一本书
- 读封面，选好书
- 读内容，学方法——→兴趣
- 读书评，入书境

（曾获北京市基础教育课堂教学设计评选一等奖）

鼎湖山听泉
（第二课时）

胡美茹（北京光明小学怀柔分校）

一、教学目标

1. 品读语言文字，感受鼎湖山泉声的变幻莫测，悦耳动听，激发热爱大自然、亲近自然的美好感情。

2. 有感情地朗读课文，背诵第四自然段。

3. 理解作者是怎样具体写出泉水变幻莫测、悦耳动听的。

二、教学重点

1. 感悟泉声的变幻莫测、悦耳动听。

2. 有感情地朗读课文。

三、教学难点

理解作者是怎样具体写出泉水变幻莫测、悦耳动听的。

四、教学策略

“以读为本”与多种方法有机结合。

五、教学过程

预热：课前欣赏音乐，感受不同乐器演奏的声音特点。

（轻柔的小提琴演奏、清脆的琵琶演奏、厚重回响的大提琴演奏、雄浑磅礴的铜管齐鸣。）

【设计意图】文中把泉声比喻成了各种乐器演奏的声音，课前聆听，直观感受，为课文学习感悟各种泉声特点做铺垫。

（一）揭示课题，整体感知，导入新课

老师板书："鼎湖山看泉"。学生在与"鼎湖山听泉"比较中明白文章第二自然段写看泉内容，第四自然段是听泉内容。文章重点详细描写在鼎湖山听到的泉声，有详有略。

【设计意图】从课题入手，初步把握文章结构，明晰文章叙述重点。

（二）细读文本，感悟泉声的变幻莫测、悦耳动听

1. 自由读第四自然段，边读边体会：泉声给你留下怎样深刻的感受？（变幻莫测，悦耳动听）

2. 仔细默读第四自然段，画一画表现泉声变幻莫测、悦耳动听的句子，边画边想：作者用哪些方法具体写出泉声的变幻莫测、悦耳动听？做批注。

【设计意图】从写的角度进行教学设计，引导学生自主学习，在读书中感悟表达方法。

3. 交流反馈。

梳理自主学习的结果：比喻、排比、相反的词句……随着反馈引导学生深入感悟写法。

（1）比喻方法。把泉声比成各种乐器演奏的声音。

a. 多媒体播放泉水声、小提琴声，同时展现草丛流淌的小溪的景象。在形象直观的音、像结合中感受草丛中流淌的小溪的声音。

教师总结提升：淙淙流淌的小溪声音和小提琴的声音多么相似呀。它们的共同特点是——轻柔。作者抓住了小溪和小提琴声音的共同特点，运用了恰当的比喻。读一读，让我们感受到泉声的轻柔之美。

b. 作者用心细细地聆听、辨识、品味，他耳听泉声，脑海中浮现出了白天匆匆之中欣赏到的景象。引导学生找到作者白天欣赏到的景象，读一读相关的语句。

教师总结提升：联系上下文感悟文章内容，是一种很好的学习方法。

c. 读一读后面三句，感悟泉水声清脆、厚重回响、雄浑磅礴的声音特点。

引导学生展开想象：无数道细流汇聚于空谷的声音是怎样的厚重回响？飞瀑急流跌入深潭又是怎样的一种场面呢？回想着各种乐器声的特点，体会着读一读文中描写。

教师总结提升：轻柔的、清脆的、厚重回响的、雄浑磅礴的泉声，奏响了一曲变幻莫测、悦耳动听的泉之曲。体会着读一读这几句，耳边听着悦耳动听的泉声，想象白天欣赏到的景象。

d. 指名读、评读。

e. 引导学生发现第二自然段一处运用比喻的写法描写作者见到的景象的句子，读一读。

湿漉漉的绿叶，犹如大海的波浪，一层一层涌向山顶。

仔细读两句比喻句，比较有什么不一样的地方。引导学生把描写声音的这句话换成第二种比喻的表达形式。

那像小提琴一样轻柔的，是在草丛中流淌的小溪的声音；

那像琵琶一样清脆的，是在石缝间跌落的涧水的声音；

那像大提琴一样厚重回响的，是无数道细流汇聚于空谷的声音；

那像铜管齐鸣一样雄浑磅礴的，是飞瀑急流跌入深潭的声音。

改换成：

草丛中流淌的小溪的声音，像小提琴一样轻柔；

石缝间跌落的涧水的声音，像琵琶一样清脆；

无数道细流汇聚于空谷的声音，像大提琴一样厚重回响；

飞瀑急流跌入深潭的声音，像铜管齐鸣一样雄浑磅礴。

在比较中明白：这是比喻的两种不同表达形式，书中的比喻形式，更突出了声音的特点。作者先听到各种泉的声音，再去用心地辨识、品味，这是作者表达的需要。同一个意思，往往可以采用不同的表达方式，我们要根据表达的需要，恰当地选择句式。

（2）排比句式的运用。句式整齐，增强气势，很有层次。

全班合作朗读，用心品味这悦耳动听、变幻莫测的泉声。女生读前两个分句，男生读大提琴的声音，全体读铜管齐鸣的声音。

（3）对比。（相反的词语）

a. 找一找突出对比变化的词语，读一读。

b. 把后面略写声音的内容换个表达方式。

那忽高忽低的，是泉水正在绕过树根发出的声音；那忽急忽缓的，是泉水正在拍打卵石发出的声音；那忽清忽浊的，是泉水正在穿越草丛发出的声音；那忽扬忽抑的，是泉水正在流连花间发出的声音……

语言描写像泉水一样，富于变化。变化灵活才显文章的生动，语言的精当。

（4）抓住省略号感悟鼎湖山的泉声远非作者笔下写出的几种，还有很多的声音值得我们去聆听、品味。一个省略号，言虽尽而声无穷，给我们无尽的遐想。读书时，不仅品味语言文字，还要留心标点符号的运用。带着丰富的想象再来读读后面这句话。

4. 总结写法：作者运用了比喻、排比、对比的方法，让我们聆听到了一曲变幻莫测、悦耳动听的泉之曲。

5. 指导背诵。

（1）引读：老师也被生动形象的描写感动了，被美妙的泉声吸引了，也想和你们一起把自己的品味表达出来，可以吗？（推荐生读前面两句话，把我们带到那万籁俱寂的庆云寺。老师读描写声音的句子，学生进行辨识、品味，师生共同演奏一曲美妙的泉之曲）

那像小提琴一样轻柔的，__________；那像琵琶一样清脆的，__________；那像大提琴一样厚重回响的，__________；那像铜管齐鸣一样雄浑磅礴的，__________。还有一些泉声忽高忽低，忽急忽缓，忽清忽浊，忽扬忽抑，__________________。

（2）相信这么美妙的泉之曲早已深深地印在大家的心底，同学自主记一记这段话。

（3）借助提示背诵、积累。

【设计意图】利用联系上下文、对比、换句式训练等方法，引导学生们读中感悟内容，感悟语言表达，进行语言积累，为学习语言文字运用打基础。

（三）感受最后一段，总结全文

1. 作者躺在庆云寺的床上，欣赏了一首美妙的泉之曲。朦朦胧胧中，产生了一种深刻的感受。齐读最后一段。

2. 回顾全文，思考：题目是“听泉”，为什么花了那么多的笔墨写在山中看到的景色？（为听泉作铺垫，并写出了泉水的作用——孕育生机）

3. 短短四十分钟的鼎湖山旅行即将结束，最后，我们借助作者的一段话来结束今天这次愉快的鼎湖山之旅。

啊，我完全陶醉在泉水的歌唱之中。说什么“山不在高，有仙则名”，我却道，“山不在名，有泉则灵”。孕育生机，滋润万木，泉水就是鼎湖山的灵魂。这一夜，只觉泉鸣不绝于耳，不知是梦？是醒？梦也罢，醒也罢。我愿清泉永在。我愿清泉常鸣。

（四）布置作业：

1. 熟练背诵课文第四自然段，并摘抄在积累本上。
2. 选作：查找《鼎湖山听泉》原文，阅读。

【设计意图】丰富语言积累，拓展阅读面，激发学生阅读兴趣。

附：板书设计

鼎湖山听泉{孕育生机 / 变幻莫测 / 悦耳动听}热爱

（曾获“创新杯”全国教学艺术大赛一等奖）

零点降生的女孩
（第一课时）

朱东云（怀柔区第一小学）

一、教学目标

1. 认读五个字。
2. 默读课文。了解课文内容，背诵最后一个自然段。
3. 能说出自己看文后的感想。
4. 懂得要树立信心，把握自己的命运。

二、教学重点

了解课文内容，懂得要树立信心，把握自己的命运。

三、教学难点

了解课文内容，懂得要树立信心，把握自己的命运。

四、教学策略

“以读为本”与多种方法有机结合。

五、教学过程

（一）复习听写，引出话题

1. 听写。

（1）词语：瞬间、撒谎。

（2）老师说意思，请你根据意思写出词语，认真听：哭着哭着一下子停止了，露出了笑容。（破涕为笑）

（3）看拼音写词语：简陋、穿街走巷。

【设计意图】 为学生的顺利阅读扫清文字障碍，提示易错字。

2. 订正。

（1）照正确答案自己判。

（2）全对的同学给自己写一个100分，把你认为难写的字再写一写，注意写规范，写美观。（同时板书“撒谎”，再次强调）

【设计意图】 增强孩子的自信，同时引出谎言这个话题。

（二）导入新课，初知内容

说到这个词，生活中很多人都撒过谎，但是撒谎，也有善意的谎言。我们本学期学过的哪些课文就是用善意的谎言教育了我们？

预设：《唯一的听众》，老教授骗我说自己耳朵聋了；《母亲的纯净水》，妈妈骗我说白开水是纯净水；《我看见了大海》，继父骗我说要带我去看大海。同学们，我们的长辈竟然也撒谎，他们为什么要撒谎呢？今天我们要学习的仍然是与说谎有关的一篇文章，齐读课题。第15课，《零点降生的女孩》

【设计意图】 激发学生的阅读兴趣，对整单元课文有整体认识。围绕本单元的主题，抓住课文的情感线，引领学生理解课文内容。

（三）检查预习，读准字音

1. 指名读生字，读正确的其他同学跟着读，读错的给予纠正。

怔住、吝惜、蛮不讲理、愧疚、潜藏、省悟。

2. 指名读摘录文中的四字词语。

出人头地、随波逐流、无所事事、听天由命、自暴自弃、泪如泉涌、愧疚不安、源源不绝。

3. 理解它们的意思，重点理解：自暴自弃。

4. 开火车读课文，读的同学要读准字音，争取做到不丢字、不添字、不重复，其他同学认真听，看他达到要求没有。

（四）整体感知，理清顺序

1. 下面请大家快速浏览课文，思考：这篇课文主要讲了一件什么事？你是按哪种方法概括的？人物？事情的起因？经过？结果？

2. 谁能概括得更精练一些？（课文主要写了妈妈一个善意的谎言改变了作

者对零点降生女孩幸运的看法，从此树立了信心，并靠自己的努力考上了大学，最后她终于彻底省悟了。)

（1）文章的主要内容没有固定的答案，只要我们把各个方面的内容概括全面了，语言精练了，就是正确的。

（2）再指名读，其他同学注意听，想想你能根据文章的主要内容提出什么样的问题。(原来，“我”对“零点降生”的看法；现在，“我”对“零点降生”的看法；改变“我”看法的原因；作者明白了什么?)

（五）重点读悟，激活思维

1. 下面就让我们带着这个问题，按自学提示学习：

原来，“我”对“零点降生”的看法	现在，“我”对“零点降生”的看法	改变“我”的看法的原因

（1）自己填——小组讨论。

（2）集体交流。

原来：生死由命，成败在天；

现在：相信自己，成败在（勤奋、自信……）；

原因：谎言，事实。

a. 原来的看法：(板书：成败在天）谈谈。(第二自然段)

b. 现在的看法：(板书：成败在人）(第九自然段)

c. 改变作者“我”的看法的原因。

(a) 母亲的“谎言”。(板书：谎言）联系课文内容说说。(第四、第八自然段)

从母亲的语言、神态我们深深地感受到她是多么善良、多么慈爱呀！指名带感受读。其他同学边听边想象当时的画面。

(b) 作者的不断努力：结合第五、第六自然段谈。

2. 所以，从那一刻起，作者彻底省悟了，接读。

（1）是啊，作者曾经因为自己不是零点降生而自暴自弃，但在母亲善意的谎言下，她树立了自信，并通过自己的努力最终取得了成功。现在咱们静下心来想一想，你对作者、对母亲的做法有哪些看法?

a. “我”。

(a) 人的命运掌握在自己手中。(能联系课文内容来谈自己的感受)

（b）前途、幸福要靠自己的能力，不是从天上掉下来的。

（c）一个人命运的好坏有很多因素，主要是主观因素。

（d）自己立下的誓言，要努力去实现。

b. 母亲：善意的谎言体现出母爱。（能抓住母亲的语言、神态描写来谈。）

（2）小结：同学们的看法谈得真好！这篇课文让我们懂得了一个人的命运掌握在自己手中，辉煌的未来要靠自己去创造，也就是成败在人。想想在于人的什么？（板书：努力、勤奋、汗水……）

【设计意图】略读课文的教学讲究简略，但绝非不要精细，理想的做法是点面结合。本环节放手让学生自己填表，读、思、品、悟，为汇报交流做准备。教师则顺学而导，在文本精妙处，引领学生潜心会文，深入语言文字，体验情感脉搏，致力提升其阅读品质，努力使学生在阅读过程中言意兼得。

3. 渗透写法。

现在我们来回忆回忆本单元的几篇课文，对比一下这几篇课文的异同。（出示课题）

（1）相同点。

a. 内容：都用了一个善意的谎言。

b. 情感：父母对子女的爱。

（2）不同点。

a. 现在大家浏览一下每课的结尾，自己再体会着读一读，你发现了什么？（出示结尾）《母亲的纯净水》结尾处一语双关，使我们感受到母亲的这种思想教育就像“凉白开”一样质朴、纯洁；而《我看见了大海》一课的结尾含蓄地表达出“我”对继父的感激之情。

b. 本篇课文的结尾呢？（文章要说明的道理在结尾段已经写出来了，点明中心）是的，作者在文章的结尾直接表白了自己的写作目的，告诉了我们这篇文章要告诉我们的道理。这种结尾的方法叫做点明中心结尾。

总结：本单元的三篇课文都是在写善意的谎言，都是在体现父母对子女的爱，但前两篇文章的结尾表达含蓄，而今天我们所学的文章结尾是直接表达。我们在写作时可以根据自己的需要来选择不同形式的结尾。

（3）练习背诵：文章的结尾这么精彩，你们快快把它背一背，记下来吧。

（六）拓展延伸，综合学习

1. 这单元我们学习了三篇关于长辈对子女的关爱的文章，像这样的文章有很多，下面，请大家打开语文读本，默读第34课《学会看病》，思考：这位母亲又是怎样关爱自己的孩子的呢？把自己的感受批注在相关语句的旁边。开始吧。

2. 几篇课文中的父母都在用他们善意的“谎言”激励着儿女，并从不同角度给我们展现了亲人的关爱，使我们懂得了许多道理。

（七）巩固练习，丰富积累

1. 课内作业：同学们，让我们把本课引人深思的词句抄写在采集本上，积累下来吧。

2. 学了这篇课文之后，你一定有许多的感受，请以读后感的形式写在积累本上。

【设计意图】作业设计力求体现语文味和弹性化：题1意在引导学生积累规范经典的语言，积淀并提升语感；题2供学有余力的学生选作，力图从读到写，一课一得，促进学生语文素养的整体提高。

附：板书设计

零点降生的女孩

成败在天 —谎　言/事　实→ 成败在人（　　　）

古诗四首（《示儿》《题临安邸》）

（第二课时）

穆雪清（密云县第二小学）

一、教学目标

1. 学会《示儿》和《题临安邸》两首诗中的四个生字，了解诗句的意思，理解每首诗的内容。

2. 想象诗歌描写的情景，体会诗人表达的思想感情。

3. 能正确地朗读、背诵、默写，进而有感情地吟诵。

4. 适当进行拓展阅读。

二、教学重点

能正确地朗读、背诵、默写；了解诗句的意思，理解每首诗的内容；想象诗歌描写的情景，体会诗人表达的爱国感情。

三、教学难点

体会诗人表达的思想感情；领悟两首诗的特点。

四、教学方法

看注释、查词典、看资料；抓重点词理解诗句；联系背景，想象情境；拓展阅读；朗读。

五、教学过程

（一）情景引入，激发兴趣

1. 课件出示培根的话："读诗使人灵秀。"这节课我们继续学习古诗，感受古诗的魅力。

2. 引导学生回顾学习古诗的基本方法和要求。（随学生回答，在屏幕出示）

第一步，读通。（读生字表、查字典，把古诗读正确、读流利、读出节奏）

第二步，读懂。（看注释、查词典、看资料抓重点词解释，理解诗句的意思，进而理解全诗的意思）

第三步，悟情。（联系背景、想象情境体会诗人表达的思想感情）

第四步，吟诵。（有感情地背诵，正确默写）

3. 学生和老师一起板书诗题、作者。

【设计意图】进一步明确学习古诗的方法、要求，培养、提高学生自学能力。

（二）检测预习，引导读正确、了解大意

1. 课件出示两首诗：指名读——评价——强调字音字形，指导"祭""熏"的写法，再自由读、齐读两首古诗。

2. 根据学生预习情况，适当安排一定时间让学生读懂这两首诗。

3. 指名逐字逐句了解大意——其他学生倾听、纠正。

4. 指名串联诗句的意思，了解全诗大意，学生两人一组互相说，再指名说全诗大意。

【设计意图】努力构建自主学习方式，加强小组合作学习，给学生创设自主学习的平台。

（三）想象情境，体会情感

1. 体会《示儿》。

（1）读诗，体会到诗人怎样的情感？从哪一句或哪一个字体会到的？学生读诗自悟。

（2）想象"悲"从何而来。你联想到什么？（背景、诗句等）

（3）心事未了，愿望没有实现，用一句话或一个词说说是什么？（至死不渝、死不瞑目）该怎样读出来？自由读—指名读—评价—体会读。

（4）你感受到诗人什么样的情感？

板书：至死不变的爱国情怀。

（5）作者是怎样把这一感情表达出来的呢？再读后学生谈理解。

（作者临终之前想到什么就写什么，语言朴实，没有任何修饰性的语言，表达出了最真实的爱国感情。这种情感伴随了他的一生。）

（6）拓展阅读《病起书怀》。

a. 自由读——指名读。

b. 看注释，互相说说诗句的意思，再指名说说全诗的大意。

c. 介绍创作背景，引导学生认识到诗人一生“位卑未敢忘忧国”的精神境界。

d. 指名赏读。

（7）小结：在诗人九千三百多首诗中有相当一部分都是表达爱国情感的作品，最后以《示儿》这样一篇篇幅短小，但分量却很沉重的七言绝句作为压卷之作，无愧于诗人爱国的一生。课件出示全诗，学生配乐诵读。

2. 体会《题临安邸》。

（1）学完《示儿》你心中会产生什么疑问？（九州同亦未同？家祭告否乃翁？）

（2）引导学生根据课外资料解疑。（南宋灭亡，九州被元朝统一，家祭不敢告乃翁。）

（3）这是为什么？深入学习《题临安邸》后也许就找到了答案。课件出示全诗。

（4）这首诗表达了诗人怎样的感情呢？读“山外青山楼外楼，西湖歌舞几时休”，想象一下诗人在临安街头看到了什么，想到了什么，又有怎样的感受。

学生谈（不解、无奈、愤怒等），然后带着自己的感受读。

（5）“暖风熏得游人醉，直把杭州作汴州”，想象一下，你能看到游人中有哪些人吗？看到他们在干些什么吗？

学生谈后带着自己的感受读诗。

（6）看到这样的情景，诗人如此地愤怒，这是什么样的感情？

板书：忧愤深沉的爱国情怀。

指名读——自由读。

（7）作者是怎样把这一感情表达出来的呢？再读后学生谈。

（把自己看到的和感受到的结合起来写，语言朴实，感情强烈。）

（8）小结：南宋王朝的统治者就是因为整天沉醉于花天酒地中，不思抗金复国，最终被元朝所灭。

【设计意图】学生是学习的主人，教学以学生发展为本。依据新课标的要求，重视课程资源的开发与利用，加强课本内外、课堂内外的联系。努力构建自主学习方式，给学生创设更多的自主学习的平台。为体现语文课程审美性的特点，教学中努力在情感体验上下工夫。让学生在想象联想中入情、在理解感知中悟情、在诵读赏读中升情。

（四）拓展阅读，升华主题

1. 那么，如何才能国富民强呢？中国近代大学者梁启超的《少年中国说》中有这样一个片段。（课件出示）

（1）自由读后谈感受。

（2）指名赏读。

（3）小结：是的，只有像梁启超先生所说的那样，我们的国家才有前途。同学们，让我们怀着陆游那满腔的爱国之心，有感情地朗诵这段话，把我们少年的心声说出来吧！

2. 升华主题。（课件出示：居安思危）（配乐诵读两首古诗）

【设计意图】重视课程资源的开发与利用，沟通课内外联系，对学生进行爱国主义教育。

（五）作业

1. 背诵、默写两首古诗。

2. 结合现实生活和感受创作一首诗。（选作）

3. 阅读不同时代的爱国诗词，阅读自学自读课本中的《古诗四首》。（自愿）

附：板书设计

示　儿	题临安邸
陆游	林升
（至死不变）	（忧愤深沉）

忧国忧民的爱国情怀

深山风雪路
（第二课时）

曹洪珍（密云县果园小学）

一、教学目标

1. 了解邮递员老吕在长城旁荒凉险峻的山间邮路上默默工作的事迹，有感情地朗读课文，对老吕任劳任怨，不计个人得失，无私奉献的精神产生敬佩之情。

2. 学习通过感悟人物言行和心理来体会人物品质的方法。

3. 感悟本文写法：①通过人物语言、神态、心理等写人。②学习人物对话的几种常见的形式。

二、教学重点

细读“谈伤疤”“谈工作年限”“谈换工作”，抓住人物的言行和心理，体会老吕任劳任怨，不计个人得失，无私奉献的崇高品质。

三、教学难点

感悟本文写法。

四、教学策略

采取“读进去——读出来”的教学结构模式，以“自主学习”为主，“自主学习”与“合作学习”紧密结合。

五、教学过程

（一）创设情境，亲近人物

1. 出示老吕照片。

2. 师：同学们，请看这张照片，照片上这位身穿邮政制服，脖子上围着白色毛巾，斜背军用挎包，背靠深山，眺望远方的年过半百的老人，就是《深山风雪路》这篇课文的主人公老吕。他是我们土生土长的密云人，他在密云县石城邮政所工作了二十多年。

3. 你们了解他吗？了解他的工作环境吗？请就课下搜集的资料简要介绍。

4. 这节课，让我们走近老吕，进一步了解他。

【设计意图】用学生的亲眼所见、亲耳所闻来激发学生学习课文的兴趣。

（二）初读课文，整体感知

1. 自读课文，思考在深山风雪路上，“我”和老吕谈了哪些事情？你认为哪些事情是主要的？

2. 你觉得老吕是怎样的一个人，他给你留下了怎样的印象？

生简答。

【设计意图】自读自悟，了解课文内容，引导学生读书要抓住主要内容。初步感受人物品质。为学生“读进去”打下基础。

（三）细读课文，感悟品质

1. 默读课文，边读边思边标注。从文中哪些地方可以体会出老吕是这样的人？

2. 自读自悟后同桌或小组内交流，练习有感情地朗读。

3. 全班交流。

（1）从“谈伤疤”这件事，体会：老吕不居功自傲。

出示课件1：

“您的脖子……”我好奇地问。

“脖子？哦！炮弹皮碰的。”老吕平静地说。

（“脖子，哦！炮弹皮碰的！”老吕说。）

“在什么地方?”

“朝鲜”。

a. 读这段话，你知道了什么？（老吕在朝鲜战场上受过伤）你想到了什么？（结合课下查阅有关抗美援朝的资料，知道老吕是英雄。）

b. 读一读，比较我说话时的神态与老吕说话时的神态有什么不同。（课件中“好奇”“平静”变红色。）把原句换成括号中的句子好不好？从中体会到什么？（老吕对往日的辉煌极为平静，淡漠到了几乎忘记的程度）

c. 练习读出老吕此时的平静的心情，师生对读。

d. 师：谈到深深的伤疤，老吕是那样平静，而我呢？

出示课件2：

我心中一动，想到那炮火连天、冰天雪地的朝鲜战场上也曾留下老吕清新的脚印，我不由得肃然起敬。

e. 读这段。“我心中一动”。“我”此时想到了什么？

（想到老吕是从朝鲜战场上回来的英雄；想到这样一位功臣却在这边远的山区做一名小小的邮递员；想到刚才谈伤疤时那平静的态度。）

f. “我”敬他什么？（①在朝鲜战场上奋勇杀敌，光荣负伤。②不炫耀自己的过去。③不居功自傲，风雪天仍坚持为人民投递信件，无私奉献。）

g. 导读：通过和老吕交谈，“我”对老吕由不了解到对他产生敬佩之情，应怎样读？自由体会读，指名读。

（2）从“谈工作年限”这件事，体会：老吕从事邮递员工作之长，不畏路远，工作忘我。

出示课件3：

他告诉我，走这条邮路送信，已经二十五年了。我心里默默地算了一下，从邮政所到冷风口，一天来回五十里，二十五年，三十多万里路，足足绕地球四周半！

a. 自读，想象路途之远，体会老吕对工作的认真态度。

b. 课件中数字变红色。看课件练习朗读，指名朗读。

c. 师导读：二十五年如一日，三十多万里路，常人实难做到，可是老吕却做到了，真是太了不起了！齐读。

d. 老吕走的是一条什么样的路？

①找出描写深山风雪路的段落。（第一～第三自然段）你有什么感受？（路荒凉、险峻）

②想象当时情景，再读感受。

③师导读：就在这十里八里见不到一个人影的深山老峪里，就在这古长城

旁险峻的山间小道上，邮递员老吕一走就是二十多年啊！自由读第一、第二和第十七自然段，你又有什么新感受？（老吕对工作十分热爱，对工作有火一般的热情。）

④指名读第一、第二、第十七自然段。

（3）从“谈换工作”这件事，体会：老吕为别人着想，热爱工作。

出示课件4：

“您年纪大了，为什么不换换工作，还跑这山路呢？”

“那……怎么行！”老吕一急，说话也有点结巴了，“这两年虽说来了些新人，可还是不够用，我要是不跑，不是还得占人吗？再说我也走惯了这条路！”

“那怎么行！”老吕一急，说话也有些结巴了。

老吕说：“那怎么行！”

a. 比较句子，从提示语位置，体会老吕一心只想工作，对工作极端热情。

b. 师问：老吕走惯的是一条怎样的路？

（深山风雪路，路难走，危险，路途远。）

c. 师导读：就是这样的一条路，就是这样的一份工作，可当“我”让老吕换换工作时，老吕怎么样了？（生读“那……怎么行！”）

d. 师再导读：对往日的功劳是那样平静，二十年如一日奔波在这条山间小道上，心甘情愿把这些困难留给自己，一提换工作就急了，我们能不被老吕这火一般的工作热情感动吗？自由朗读第十八～第二十自然段。指名读。

（4）也是，毕竟岁数不饶人啊！三四年后会有什么变化？老吕在想些什么？

我们边走边读，说话间到了分手的时候，老吕托我捎一些报纸，于是去冷风口的小路上又出现了一串清晰的脚印。

a. 回顾全文，“清晰的脚印”在文中重复出现几次？每次出现的用意有何不同？

在文中画出，联系上下文读一读，独自思考后可小组讨论。

交流：

第一次出现，是为引出主要人物老吕。此时正在深山风雪路上为人民送信。

第二次出现，说明老吕辉煌的过去。

b. 读第二十四自然段，讨论为什么说山间小道上的脚印是这样地默默无闻，然而又放着光彩。“小道上的脚印”指代什么？

（5）老吕走远了，他隐没在雪雾里，他消失在狂舞飞旋的雪花中。这一刻，你觉得老吕像什么？让我们借物赞美他吧！

（四）赏读课文，感悟写法

1. 课文中哪处描写最吸引你，请你放声读一读，在旁边简要地写出吸引你的理由。

2. 全班交流。

（五）借鉴写法，学写片段

1. 老吕忘我工作，无私奉献的优秀品质是怎么体会到的？（通过人物对话，揭示人物精神。采取多种对话形式，详细描写人物的语言、神态、心理等。）

2. 学习对话的几种形式，围绕一个意思写一段话。

附：板书设计

深山风雪路	默默无闻	语言
	不居功自傲	神态
	无私奉献	心理

（曾获“2006 年北京市基础教育优秀课堂教学设计评选”一等奖）

金色的鱼钩
（第二课时）

郑晓琴（密云县穆家峪镇中心小学）

一、教学目标

1. 有感情地朗读课文，了解红军长征途中，一位老炊事班长为了照顾三个生病的小战士过草地而光荣牺牲的感人故事，从而对老班长那种对革命事业高度负责精神及无微不至关心战友的崇高品质产生敬佩之情。

2. 学习作者抓住人物的语言、动作、神态展现人物内心的表达方法；能体会到外貌描写对表现人物品质的作用。

3. 准确理解“在这个长满了红锈的鱼钩上，闪烁着灿烂的金色的光芒”一句话的深刻含义。

二、教学重点

学习作者抓住人物的语言、动作、神态、外貌展现人物内心的表达方法；能体会到外貌描写对表现人物品质的作用。

三、教学难点

理解“在这个长满了红锈的鱼钩上，闪烁着灿烂的金色的光芒”一句话的深刻含义。

四、教学准备

1. 搜集、了解红军长征的有关知识。

2. 多媒体教学课件。

五、教学过程

（一）整体回顾，引导学生质疑梳疑

1. 谈话导入：这节课，就让我们翻开发黄的历史纸页，走进草地深处，了解由一个小小鱼钩引发的感人的故事吧。齐读课题。

2. 整体回顾：就是这个小小的鱼钩，挽救了三位小红军的生命，文章讲述了一件什么事？

3. 质疑、梳疑。

（1）初读课文后，你有哪些疑问？

（2）对学生的问题进行梳理，重点出示两个问题。

a. 为什么说这个“长满了红锈的鱼钩上，闪烁着灿烂的金色的光芒”？

b. 课文为什么以“金色的鱼钩”为题？

（二）细读理解，引导学生解疑释疑

1. 结合初读，组织学生谈对“在这个长满了红锈的鱼钩上，闪烁着灿烂的金色的光芒”这句话的理解。

2. 通过初读课文，结合课题，同学们提出了两个很有思考价值的问题。

找到这句话：“在这个长满了红锈的鱼钩上，闪烁着灿烂的金色的光芒。”读一读，谈谈你对这句话的理解。

【设计意图】结合学生对课文的初读情况，了解学生的现有认知，进而顺学而导。

3. 品读重点，深化理解人物品质。

（1）出示阅读提示：文中的哪些情节或场面集中表现出老班长这一崇高品质，进而让我们激动不已？自读，标画，批注。

【设计意图】学习重在学法指导，将指导学生阅读篇幅较长文章的方法以提示的方式巧妙无痕地加以渗透，使学生知做法，更知学文方法。

（2）小组交流互动。

4. 集体研读理解。结合学生汇报，教师相机引导品读重点句子。

（1）学习“硬咽草根鱼骨头”片段。

a. 指名朗读，问：你仿佛看到了怎样的画面？

b. 结合生活实际，想象老班长当时的感受。带着这种感受读一读。

c. 针对这一段动作描写，有没有不同的读法？

d. 转换角色导读：是呀，老班长，这些东西怎么能吃呀？明知不可为而为之，你这究竟是为了什么呀？结合上下文来回答。

想到这些，就不难理解老班长会有这样的做法——导读。

此时他的耳边也许还听到了什么话语。（指导员的话）想着指导员的嘱托，老班长才有了这惊人的举动。

【设计意图】结合学生生活实际，联系上下文，进行滚动式阅读，能促使学生透过老班长的动作、神态描写，走进其内心深处。此外，抓住作者对主人公言行、神态、外貌等描写的语句，感受人物的崇高精神，做到读写的巧妙结合。

e. 指导朗读“我端起搪瓷碗，觉得这个碗有千斤重，怎么也送不到嘴边”到“可是我的心里好像塞了铅块似的，沉重极了”。

（2）品读“奄奄一息让鱼汤”片段。

a. 师：这是老班长的临终遗言，想想当时的情形，你该怎么读？

b. 导读：

老班长，在生命的最后关头，你只想说……这是老班长最大的心愿呀！

老班长，在你弥留之际最牵挂的是……

在你想这是老班长深深的自责呀！

师：言为心声，更何况是生命的最后时刻，老班长始终不忘的是……这就是老班长。短短的几句话，就让我们看到了他那颗金子般的心。这就是……

（把生的希望让给别人，把死亡留给自己，临终前仍念念不忘自己的责任，不忘党的重托，不忘奉献最后的光和热。）

师：听着老班长还未说完的话语，看着奄奄一息的老班长，回想着他为我们所做的一切，我们该怎样呼唤？

【设计意图】运用多种形式引导学生读书，充分发挥读书的多功能作用。

5. 结合理解，准确释疑。

（1）联系课文内容，说说你对课文结尾一句话的理解，然后写下来。（引导学生从高度概括人物高尚品格与篇末含蓄点明中心这两方面来认识。）

（2）再读读结尾一句话，现在，你怎样理解它的意思？写下来。

（3）指名读，解决课始的疑问：课文为什么以“金色的鱼钩”为题？

（四）比较阅读，指导学生深层探究

1. 再次引导学生质疑：课文学到这儿，还有什么疑问吗？

（1）画出文中几处描写“老班长”外貌的语句。你从老班长的外貌描写中读出了什么？

第一次：“炊事班长快40岁了，个儿挺高，背有点驼，四方脸，高颧骨，脸上布满皱纹，两鬓都斑白了。因为全连数他岁数大，对大家又特别亲，大伙儿都叫他‘老班长’。”

第二次：望着他那十分严峻的布满红丝的眼睛，我一句话也说不上来，竟扑倒在他怀里哭了。

第三次：老班长看到这情况，眉头拧成疙瘩。

老班长看着我们吃完，脸上的皱纹舒展开了，嘴边露出了一丝笑意。

第四次：“瘦得只剩皮包骨头，眼睛深深地陷了下去，还一直用饱满的情绪鼓励着我们。”

（2）连起来读一读，你从老班长的外貌描写中感受到了什么？

（3）回忆《草地夜行》一文的写法，比较两篇课文有什么异同。（相同点：题材相同，都是些红军过草地的事；时代相同；写法相同，都是抓住人物言行表现人物品质。不同点：《草地夜行》只有一次外貌描写；《金色的鱼钩》有多次外貌描写；《草地夜行》有三次环境描写，属于侧面烘托；《金色的鱼钩》中的外貌，属于直接描写。）

2. 小结外貌描写的作用：文中的几处外貌描写可不是作者的无意之笔，这些描写都突出了老班长忠于革命、舍己为人的高尚品质，表达得多么巧妙呀。

【设计意图】通过比较阅读，唤醒学生对同一主题、相同写法的课文知识的迁移，达到举一反三，学以致用的效果。

3. 总结本文的表达方法。

（1）精当的剪裁。

作者重点选取了三天的事来详细地描写，一是小梁看见老班长吃鱼骨头的那一天，二是老班长命令他们喝鱼汤的那一天，三是老班长牺牲的那一天。

（2）生动的描写。

抓住人物的外貌、语言、动作、神态细致入微地描写，揭示了人物的崇高内心世界，使人读来如见其人、如闻其声。

（3）朴实的语言。

像讲故事一样按照事情的发展顺序娓娓道来。

（4）深邃的题目。

4. 结语：同学们收获真不小。让我们永远记住这个故事，记住这位老班长，记住这个金色的鱼钩吧。

（五）布置作业

1. 把这个故事动情地讲给家人听。

2. 搜集有关红军长征的故事，办一期手抄报。

3. 写一篇读后感。

4. 读著名报告文学作家王树增历时六年精心打造的巨著《长征》，也可看电视连续剧《长征》。

附：板书设计

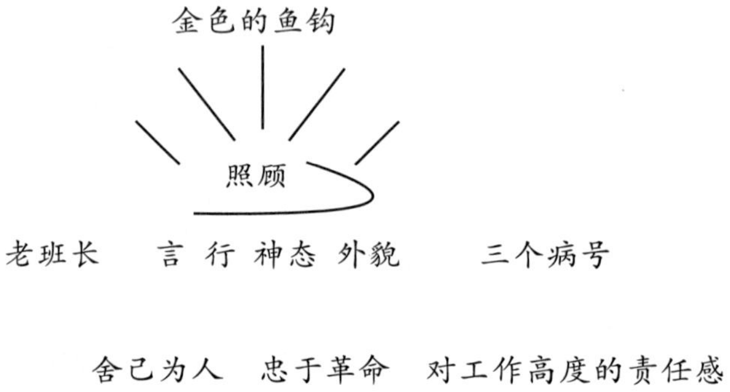

（曾获中国教育学会小学教育专业委员会举办的第三届全国小学课堂教学交流研讨会活动录像课一等奖、北京市密云县骨干教师录像课评比一等奖）

松坊溪的冬天
（第一课时）

李红亮（密云县太师屯镇中心小学）

一、教学目标

1. 感受松坊溪平时和冬天美丽动人的景象，体会作者热爱祖国山河的思想感情。

2. 有感情地朗读课文，背诵并抄写喜欢的段落。

3. 领悟作者观察的方法，抓住景物特点写具体的表达方法，前后对比、衬托的方法。

二、教学重点

感受松坊溪平时和冬天美丽动人的景象，体会作者热爱祖国山河的思想感情。

三、教学难点

领悟作者观察的方法，抓住景物特点写具体的表达方法，前后对比、衬托的方法。

四、教学准备

安排学生预习课文，熟读全文，理清文章脉络。

五、教学过程

（一）检查——读准字词

这节课我们学习《松坊溪的冬天》一文。（板书课题）注意生字“坊”的读音。再读读如下生字所带的词语或句子：

山垄、玛瑙、云絮、赤裸、橙色。

在枫树和枫树的中间，还有几棵高大的树，在赤裸的高枝间，挂着那么多的橙色果实，那么多小红灯般的果实，这是山上的野柿子成熟了。

【设计意图】字词教学，做到字不离词，词不离句。

（二）初读——整体感知

1. 这是一篇写景的美文。说说阅读写景文章的一般方法、要求是什么？

教师补充：阅读写景文章，需弄清它描写的是什么时间、哪个地方的景色；了解这里的景物有何特点，感受字里行间抒发了怎样的情感；领悟作者的表达顺序与方法。

2. 本文描写的是什么时间、哪个地方的景色？又是按照怎样的顺序展开的？启发学生浏览全文，然后说一说。（随机板书：松坊溪、平时、冬天、时间顺序）

（三）细读——体悟欣赏

1. 松坊溪平时的美丽景色。

（1）放声朗读第三～第六自然段，边读边想象松坊溪平时的美丽景色，了解其景物的特点，体会作者的思想感情。

（2）教师分别引读第三～第六自然段，使学生进一步了解大溪石（形态各异）、鹅卵石（色彩缤纷）、溪水（清澈透亮且溪声悦耳）等景物的特点，感受融于描写之中的喜悦、赞美之情，领悟作者的观察方法（抓住景物，突出特点，进行有序观察），语言特色（比喻、排比、反复、拟人）以及段落的层次、条理。（先总述再分述后总结，分述语段又是先概括后具体）

【设计意图】此环节既“读进去”又“读出来”；既为引导学生领悟全文前后对比、衬托之法作了铺垫，又最大限度地节省了教学用时。

2. 松坊溪冬天的迷人景色。

（1）默读第七～第二十二自然段，思考并批注：松坊溪的冬天又是怎样一番迷人的景色？字里行间表达了“我”怎样的思想感情？作者在观察、描写方面又有怎样的特点？

【设计意图】 让学生直接接触语言材料，使“自读”成为阅读教学的起始环节、基本环节，这既增加了教学密度，发挥了学生的主体作用，又符合学生阅读理解的规律。

（2）引读（提示学生跟随教师加上肢体动作）第七～第十一自然段，指导学生进一步感受松坊溪初冬特有的美丽风光，领悟作者的观察顺序（由远及近，再由近及远）及“反复”修辞手法的作用。

【设计意图】 借助引读、肢体动作，使学生在理解内容、体会情意的同时，又自然领悟到作者观察与表达的方法。

（3）指导朗读第十二～第二十二自然段，感受雪中、雪后松坊溪的动人景色。

a. 感受“大雪飘飞”的美丽图景：师生合读（加上肢体动作）第十二～第十四自然段，引导学生感受作者观察视野的变化（由空中到地面，由整个松坊村到眼前的松坊溪）以及语段中蕴含的惊喜之情；指导有感情地朗读第十五自然段，启发学生联系生活实际想象雪花的形状，体会雪花由小到大、雪越下越大的景象，揣摩比喻的精当、语言的优美与节奏。

【设计意图】 把指导朗读与启发联系生活实际展开想象紧密结合，让学生准确感受到句子所描写的具体景象并深刻领悟到课文描写语言的特色。

b. 感受“雪中溪石”的美丽图景：引导学生将第十六自然段与第三自然段（描写大溪石的句子）对比朗读，在感受雪中溪石美好样子（形态、颜色），了解同一景物在不同季节的不同景象，领悟作者语言变化的基础上，鼓励学生背诵、积累优美语段。

【设计意图】 将前后相关语段适时重组，使学生在前后对比、滚动性阅读的过程中，既感受到同一环境、同一景物在不同季节里的不同景色，又领悟到作者抓住景物特点进行生动描写的方法。

c. 感受“雪中石桥”的美丽图景：引导学生朗读第十七自然段，并与第三自然段“溪上有一座石桥”一句比较，体会雪中石桥的美丽，领会作者丰富的想象、精当的用词。

d. 感受山村“白雪世界”的美丽图景：教师引读第十八～第二十二自然段（带着肢体动作），指导学生在感受雪后山村美好景象、体会其中饱含赞美之情的同时，进一步领悟作者的观察方法（由近及远，再由远及近）、表达方法（动静结合、见闻与感受结合）及语言特色（排比、反复）。

【设计意图】由理解语段到想象图景，再到欣赏和积累语段，在培养学生阅读能力、语感能力的同时，也发展了学生的想象能力、审美能力。

（四）精读——探究领会

再次浏览全文，想想还有什么疑难问题。（预设问题：题目是《松坊溪的冬天》，课文主要描述的也是松坊溪冬天的迷人景色，可作者为什么还要描写松坊溪平时的美丽景象？通过组织研讨探究，进而让学生领会作者通过衬托、比较，突出松坊溪冬天动人景色的表达手法。）

【设计意图】为教负责，为学负责；充分发挥了学生的主动性，突出了第三学段“篇章”教学重点。

（五）练笔——内化运用

1. 抄写文中你喜欢的两三个自然段，想象松坊溪的美丽景色，感受字里行间表达出的思想感情，了解作者观察与表达的顺序，体会作者把眼前景物写具体的方法。

2. 仿照课文第三 ~ 第六自然段中的某一段，写一段话，把某种景物的特点写具体。

附：板书设计

松坊溪的冬天

一、平时景象

二、冬天美景 { 初冬 / 雪中 / 雪后 }　　喜悦　热爱　赞美

（时间顺序）（抓住景物特点）（衬托、情景交融）

给自己起个笔名
（情境习作指导第一课时）

陈玉文（平谷区第八小学）

一、教学目标

1. 通过创设让学生给自己起个笔名的活动情境，激发学生写作兴趣。
2. 指导学生在观察中体验，让生活、观察、思维、语言与写作同步完成。
3. 培养良好的观察习惯和观察能力，让学生学会从生活中摄取作文素材。

二、教学重点

创设情境，在整个活动中做到无痕指导，引导学生在情境中观察、思考、表达。

三、教学难点

在情境中抓住典型人物详细描写。

四、教学策略

当堂创设情境，给学生提供写作素材，当堂指导。

五、教学过程

（一）简介文人笔名及含义

1. 简介一些文人的笔名。

鲁迅，原名周树人。一生用了 140 多个笔名，比如飞迅、子明、风声、巴人、自树、迅行、阿二、阿法、周树、梦文、雪之、孺牛等等。1918 年，发表了中国现代文学史上第一篇白话文小说《狂人日记》，首次使用笔名“鲁迅”，从此“鲁迅”这个笔名就闻达于天下了。许寿裳曾对此笔名作过解释：“（一）母亲姓鲁；（二）周鲁是同姓之国；（三）取愚鲁而迅速之意。”

老舍是中国现代小说家、剧作家。原名舒庆春，笔名有“舍予”“老舍”。

台湾女作家陈平笔名三毛。三毛本人曾说过：“起初起此名，是因为这个名字很不起眼，另有一个原因就是说自己写的东西很一般，只值三毛钱。”

李尧棠，巴金是他的笔名，由来是这样的：俄国思想家克鲁泡特金的作品《告少年书》对巴金影响非常大。书中这样跟少年人说：“你们长大想做什么事？做医生！医生也救不了国家。你想做律师！做律师也救不了。做工程师也不能救贫穷，所有的工作都不能救穷人和挽救这个世界的不道德，所以说你只有一个办法，跟我去搞革命，把旧的社会制度打碎，然后我们建立新的理想化的社会。”巴金看后非常感动，他拿着书读了哭，哭了笑，笑了又读，被激进的安那其主义所感召。“巴金”这个笔名便是用安那其主义者巴枯宁和克鲁泡特金两人名字中的一个音合成的。

陈子展，作家。笔名：楚狂、楚狂老人、于时夏、何如、湖南牛、大牛。

2. 了解笔名的含义和要求。

笔名就是作者发表作品时用的别名。可以是一个字、两个字、三个字……但不能太长，不能成为句子。它是自己理想、目标、心境、爱好、志向等的标志。

【设计意图】通过介绍这些文人的笔名，让学生了解笔名的意义和起法，激起学生也来为自己起笔名的兴趣。

（二）给自己起个笔名

1. 给自己起个笔名。

想不想给自己也起个笔名？写下来。随机引导学生观察写笔名过程中同学的表情、动作，体会自己的心情。

2. 收笔名，回顾过程。

（1）将学生写的笔名收上来。

（2）回顾过程。

从上课到现在我们都做了些什么？（介绍文人笔名、给自己起笔名）你们在写笔名时，表情都是什么样？当时都在想什么？

【设计意图】这个让同学给自己起笔名的环节有三个特点：一是简单，任何一个同学不用过多准备就能完成，所以他们没有压力；二是兴趣，在孩子已经感知文人笔名的基础上，他们会有一种表现的欲望，想给自己也起个笔名，表达一下自己的志向等；三是体验，让孩子们人人参与其中，这样做的目的就是能让学生在很短的时间内把思维集中起来，教师有意创设情景，让学生关注那冥思苦想起笔名表现出的种种神态和自己当时那些真实的心理活动，这就是有意识地为孩子创造素材。所以回忆活动的环节，就是在给学生提供写作的真实体验和感受。有素材了，就有话可说了，就有东西可写了。

（三）读笔名的游戏

1. 交代游戏规则。

这次游戏是“点名”！（举起手中的卡片）你们的名字都在这里，我点谁的笔名，谁要立即站起来回答“××到”。如果有同学忘记自己的笔名了，我们就用掌声把他送到讲台上，让他把名字写在黑板上。然后我们一起喊他一遍，记住他的名字，行不行呀？

2. 创设紧张的情境，让学生产生心理体验。

准备点名！我看看第一个被请起来的是谁。准备了啊！（小声地）我要点名了！（停顿，在教室走动，神秘地）我要点名了！（学生看教师走动）点名了啊！我还发现一个问题呢，我走到哪里，同学们的眼神都跟着我过来了。什么感觉呀？

【设计意图】在点笔名这个游戏开始前，教师首先故弄玄虚，卖卖关子，创设紧张氛围，让学生产生一种紧张、担心和害怕的心理。点笔名游戏过程中教师没有忘记对作文的指导，在这种无痕指导下，学生学会观察同学们的表情、动作和语言。

3. 点名后简介自己的笔名。

（四）指导写出文章重点部分

1. 明确记录内容。抓住语言、动作、神态和心理描写；抓住典型的人物具体描写。

2. 动笔。以“老师开始点名了”开头记录文章重点部分。

3. 片段欣赏。指两名同学读，全班交流，评析优缺点。

【设计意图】让学生把本节课的学习过程即作文的重点部分用文字的形式记下来，只是我的教学目的之一，其实更重要的是想让学生学会观察的方法。所以，我总是告诉学生：听听他是怎么说的，看看他是怎么走上讲台的，注意看他的表情多有趣等。尤其在同学们报新名字和点名时，几次叫停：一是问怎么站起来的；二是问怎么走上讲台的；三是问在写完名字以后动作神态怎样。这种做法其实就是告诉学生此处要注意观察，帮助学生建立良好的观察习惯，知道什么时候该仔细观察，该观察什么，怎么观察。

（五）指导全文

1. 引导学生谈全篇布局。重点引导谈详略问题，结尾处理。

2. 出示习作要求并分析。

习作要求：（1）把这个精彩的课堂全过程记录下来，做到有顺序，重点部分突出；（2）重点部分抓住印象深刻的典型人物细致刻画；（3）给你的文章加个准确、新颖的题目。

【设计意图】让学生心中明重点，明详略，明布局，以便课下完成完整的作文。

附：板书设计

题目：____________________

（略）文人笔名

给自己起笔名（同学神态，自己心情）

（详）点笔名（神态，动作，心情，抓住典型人物）

（略）感受、体验、心情

（曾获2010年北京市基础教育优秀课堂教学设计评选二等奖）

一个这样的老师
（第二课时）

倪晓静（平谷区第二小学）

一、教学目标

1. 抓住怀特森老师的语言、动作、神态以及学生们在课上的表现，感悟怀特森老师的良苦用心。同时通过第十二～第十四自然段的学习，更全面深刻地体会怀特森老师对学生产生的深远影响及独具一格的教师形象。

2. 有感情地朗读课文。

3. 正确评价怀特森老师，写出自己的真实感受。

二、教学重点

1. 研读怀特森老师的语言、动作、神态以及学生们在课上的表现，感悟怀特森老师的良苦用心。

2. 通过第十二～第十四自然段自主学习，紧紧抓住两次“正视”，深刻、全面地体会怀特森老师对学生产生的深远影响。

三、教学难点

学习第九、第十自然段，体会怀特森老师的良苦用心。

四、教学过程

（一）听写词语，导入新课

1. 听写词语。面面相觑、狡黠。（强化“觑”“黠”的正确书写；明确词语在文中的准确意思。）

2. 练读词语，回忆课文内容。

饶有兴趣、郑重其事、胸有成竹、绝迹、惊呆、狡黠、编造、怀特森老师、凯蒂旺普斯。

3. 用简洁的语言概括“凯蒂旺普斯”事件。（依学情指导学生说清楚：在什么情况下谁做了什么。结果怎么样。）

过渡：我们都得了0分，真是不可思议！“老师”在学生心目中是多么神圣！可是有关凯蒂旺普斯的一切，居然是老师自己编造出来的！他为什么要这样做？他究竟是一个怎样的老师呢？（板书:?）这节课我们继续学习第30课——《一个这样的老师》。

（二）细读课文，深入感知

1. 凯蒂旺普斯事件，感悟怀特森老师用心良苦。

（1）默读第一～第十自然段，体会：怀特森老师是一个怎样的老师。

阅读提示：

a. 默读第一～第十自然段，画出描写怀特森老师语言、动作、神态的句子，反复读一读，体会怀特森老师是一个怎样的老师。

b. 边读边做批注。

【设计意图】让学生通过默读、画句子、做批注、讨论、交流等方式，帮助学生对人物的认识从粗浅走向深入。

（2）集体交流——怀特森老师是一个怎样的老师。

教学估计一：怀特森老师是一个博学（知识丰富）的老师。

（关注第一、第二自然段，通过“面面相觑、惊奇、绝迹、没有人知道”等词语或句子，体会怀特森老师的博学，了解学生们对他的喜欢这层意思。）

教学估计二：怀特森老师是一个（捉弄人、狡猾、胡编乱造……）的老师。

通过“狡黠、编造”等词语和学生的反应来体会。

（3）抓重点句，体会孩子们被捉弄后的气恼与愤怒。指导朗读。

引：面对这样一个捉弄人的老师，同学们有什么反应？

（根据学情相机出示）

“那你为什么要在课堂上郑重其事地讲？为什么还要考试？这种老师算什么老师！”

“从来没有过？那你那天拿的头骨是怎么回事？”

a. 学生练读，指名读，教师引读。

b. 指名读。

【设计意图】采取引读方式，激发学生的愤怒之情，使学生通过到位的朗读来表达自己的内心感受。

（4）感悟老师的良苦用心。

a. 师生角色体验，理解怀特森老师的用意。

难道你们自己没有想过吗？既然是绝迹了，那就什么也没留下。我向你们描述它的夜间视力、皮毛的颜色，以及许多根本不存在的现象，还给它起了个可笑的名字，你们竟一点也没有起疑心，这就是你们不及格的原因。

【设计意图】这是本堂课的教学难点，引领学生进行角色体验，帮助学生解读文本。

b. 依托文本，引导学生说出怀特森老师的用意。老师想通过这件事让大家学会思考，认真分析，学会怀疑，敢于质疑。（适时板书：思考、分析、怀疑、质疑。）

c. 交流体会。怀特森老师是一个怎样的老师？

估计：特殊、用心良苦、与众不同，教给我们学习方法……（随即板书：与众不同）

过渡：上怀特森老师的课，每一节课都是不寻常的探索，他虽然只教我们科学课，但他那独特的教学思想，给我们带来了深远的影响。下边请同学们默读第十二～第十四自然段，看看在今后的学习、生活中我们发生了怎样的变化。

2. “新怀疑主义”，体会怀特森老师给学生带来的深远影响。

（1）默读第十二～第十四自然段，思考：在今后的学习、生活中我们发生了怎样的变化。

（2）集体交流体会。

a. 课堂上：接着他站起来，正视着老师的眼睛，说出怀疑的理由。

提问：“正视”什么意思？你从这个词感受到了什么？（联系上文引导学生体会课堂上学生们理直气壮、很有勇气和自信心，以及敢于质疑、坚持真理的坦荡和毅力。）

小结：当我们的怀疑正确时，它促使老师也去纠正错误，在这样的课堂上，不仅是我们自己，连老师也受益匪浅呀！

b. 生活中：我正视着他的眼睛，告诉他："你错了。"

提问：又一个"正视"，你从中体会到了什么？（联系全文，帮助学生明确怀特森老师带给作者本人的深远影响。①明白了老师的良苦用心后，"我"从心底里佩服他。②我在生活中也能够自然而然地运用"新怀疑主义"，告诉对方"你错了"。）

（3）小结。看！思想的力量是多么的巨大，怀特森老师用自己独特的教学方式教会了孩子们怎样学习，怎样生活。这篇文章的作者是美国著名作家大卫·欧文，他写的《第一家爸爸银行》风靡全球。他取得这样的卓越成就，我想，与怀特森老师带给他的深远影响是分不开的。

板书：深远影响。

（三）读写结合，总结全篇

1. 用两三句话表达出对怀特森老师的敬佩之情。学生练写，教师巡视指导。

2. 展示交流，互相启迪。

3. 教师总结。

附：板书设计

一个这样的老师

博学

与众不同	思考
非同一般	分析
深远影响	怀疑

（曾获2011年第三届全国小学课堂教学交流研讨展示活动"教学设计"二等奖）

白　杨
（第二课时）

马俊生（北京小学大兴分校）

一、教学目标

1. 默读课文，深入了解白杨的特点。

2. 理解含义深刻的句子，体会爸爸服从祖国需要，扎根边疆、建设边疆的思想感情以及他对下一代的希望。

3. 体会课文借物喻人的表达方法。

4. 能有感情地朗读课文。

二、教学重点

深入了解白杨的特点。体会爸爸服从祖国需要，扎根边疆、建设边疆的思想感情以及他对下一代的希望。了解课文借物喻人的表达方法。

三、教学难点

体会爸爸服从祖国需要，扎根边疆、建设边疆的思想感情以及他对下一代的希望。了解课文借物喻人的表达方法。

四、教学过程

（一）复习反馈，走近白杨

1. 引语：同学们，这节课我们继续学习第 26 课《白杨》。

板书课题：白杨。

齐读课题。

2. 浏览课文，整体关注文本。

提问：回忆课文向我们介绍了哪儿方面内容。

板书：树、人。

3. 回顾白杨的外在特点。

提问：上节课我们用文中的一个词归纳出白杨的什么特点？

板书：高大挺秀。

（二）品读文本，走进白杨

1. 引语：这属于白杨的外在特点。那么文中除了介绍白杨的外在特点，还介绍了白杨其他什么特点呢？请默读第一～第十三自然段，把描写白杨其他特点的语句画下来，并用简单的词语在旁边概括出白杨的其他特点。

2. 指名回答。根据学生的回答引入对第十三段内容的学习。

出示第十三自然段。

（1）指名朗读，引导学生说出自己的批注。

（2）订正学生批注，使批注训练落到实处。

a. 抓住“哪儿……哪儿……”一句，启发学生谈体会。

提示：本文是说哪里需要白杨树？还有哪里需要白杨？引导学生说明理由。体会白杨在什么地方都能活。

b. 引读：将“哪儿……哪儿”替换成“干旱的地方”“贫瘠的土地”“没有人烟的地方”。

【设计意图】通过替换、引读，学生能够深入理解白杨适应范围广的特点。

c. 抓住“不管……不管……总是……”一句，启发学生谈体会。

板书：适应力强、生命力强。

（3）引导学生修改自己的批注。

【设计意图】通过对关键句的品读讨论加深对文本的理解，通过交流、修改批注，把指导学生掌握批注方法，培养批注能力落到实处。

3. 小结：在风沙面前，白杨像城墙一样巍然屹立；在雨雪面前，白杨像青松一样挺拔高洁；在干旱面前，白杨像骆驼一样耐旱耐渴；在洪水面前，白杨像中流砥柱一样牢固坚定。这就是白杨坚强不屈的品格。

4. 多种形式有感情地朗读第十三自然段，使学生的情感因理解的加深而与文本产生共鸣。

(三) 联系白杨，走近父亲

1. 引语：同学们的朗读让我们仿佛看到了高大挺秀的白杨树，感受到了适应力强、生命力强的白杨树。作者介绍完白杨树的外在特点、内在精神后，为了让我们更深入地了解白杨这种树，下面应该介绍一下白杨的种类、用途，可是作者在这里笔锋一转，却写了这样一段话——

(1) 出示：父亲只是在向孩子们介绍白杨树吗？不是的。他也在表白着自己的心。而这孩子们还不能理解。

(2) 提示：自由读这段话，说说你的理解，想想你能提出什么问题。

(3) 指名朗读，谈理解，并提出自己的疑问。

根据学生的提问板书学生的质疑：表白什么样的心？不理解？

2. 引语：大家提的问题都很有价值，我们要解决这些问题，就要先了解父亲是个怎样的人。

出示边疆建设者图片资料。

3. 引导学生理解第十五自然段，了解父亲要表白的心。

(1) 出示第十五自然段。

(2) 指名读这段话，引导学生说说从中得到哪些信息。

(3) 根据文本信息拓展填空——为解疑做铺垫。

引语：有“只晓得”的内容，可能还会有“不晓得”的，他们都不晓得什么？同学们结合刚才的资料和文本内容能推测出他们不晓得什么吗？

a. 出示拓展填空一：他们只晓得爸爸在新疆工作，是自愿去的；妈妈也在新疆工作，也是自愿去的。他们却不晓得（　　　）。他们只晓得爸爸这回到奶奶这里来，是接他们到新疆去念小学，将来再念中学。他们却不晓得（　　　）。他们只晓得新疆是个很远很远的地方，要坐几天火车，还要坐几天汽车。他们却不晓得（　　　）。

b. 引导学生独立口头填空后交流。

(4) 结合拓展填空一，再次拓展填空，并解疑。

引语：孩子们不晓得爸爸到底想表白怎样的心，我相信孩子们不晓得的内容你们一定晓得。

a. 出示拓展填空二：他们只晓得爸爸在新疆工作，是自愿去的；妈妈也在新疆工作，也是自愿去的。他们却不晓得（　　），而我们晓得（　　）。他们只晓得爸爸这回到奶奶这里来，是接他们到新疆去念小学，将来再念中学。他们却不晓得（　　　），而我们晓得（　　　　）。他们只晓得新疆是个很远很远的地方，要坐几天火车，还要坐几天汽车。他们却不晓得（　　　　），而我们却晓得（　　　　）。

b. 学生三人一组口头填空。

（先商量我们晓得什么，然后三人分工读一读。教师巡视。）

c. 指名两组汇报。

【设计意图】此环节，引导学生以文本为根，先引导学生质疑，再适时适度地引用资料，用拓展教材的填空课件帮助学生课内外结合解疑，不仅巧妙突破难点，落实重点，还实实在在地教给了学生解疑的思维方法。

4. 回顾刚才学生的质疑。（父亲要表白什么样的心？为什么孩子们还不了解？）同学们真是父亲的知音，父亲的心声大家听懂了。孩子们虽然一时还不能理解父亲的心声，但听了父亲的叙说也多了一些知识。

5. 引导学生理解第十六自然段，了解边疆建设者的情怀。

（1）出示第十六自然段，指名朗读、理解这段话。

引语：孩子们听了爸爸的叙说，多了一点关于白杨树的知识，我们听了爸爸的述说又多了哪些知识呢？

a. 出示拓展填空三：现在呢，我们听了爸爸的叙说，多了一点知识：在通向新疆的路上，有许许多多的（　　　）。这儿需要（　　　），（　　　）就在这儿生根了。而（　　　）不管在哪里，总是那么（　　　），那么（　　　）。

b. 指名填空。（指板书“人”，强调有许许多多像父亲一样的人。）

【设计意图】设计这个环节，一是能引导学生进一步了解边疆建设者服从祖国需要，扎根边疆、建设边疆的思想感情。二是循序渐进地感悟到文本“人”与“树”的合一，为后边深入理解借物喻人的写法做好铺垫。

6. 引导学生理解第十七自然段，进一步理解边疆建设者的心。

（1）出示第十七自然段。

（2）再次引导学生质疑、解疑：默读思考，你又读懂了什么？你有什么不理解的地方？

小结：通过大家的发言，可见同学们已经非常理解边疆建设者了，边疆建设者们不愧是最可敬的人，他们不仅把自己的一生献给边疆建设，还要让孩子们继续为边疆做奉献。

（四）回顾全文，感悟写法。

1. 结合文章题目和内容，体会借物喻人的方法。

2. 讲授借物喻人的方法。

用下面的句式说一说：父亲就像（　　　　　　　　）白杨，在大戈壁（　　　　）。

强调：要想用好借物喻人，物和人之间必须有相似点。

3. 了解本文的布局方法。

浏览课文，说说作者是怎样用借物喻人的写法表现物与人的联系的。

预设：兄妹对话——白杨的形状；爸爸的话（1）——白杨的性格；爸爸的话（2）——人的精神。

4. 拓展练习，巩固新的写作方法。

（1）提问：了解了这些写作知识，我们想一想哪些物可以用来比喻什么人，要注意物与人之间不仅要形似，更要神似。

（2）引入古诗，引导学生判断、交流古诗中的借物喻人写法。

例：春蚕到死丝方尽，蜡炬成灰泪始干；大雪压青松，青松挺且直……

【设计意图】在此引入古诗为的是检验学生对借物喻人写法的掌握，同时帮学生建立起新知识点与积累的联系，为今后的学与用铺路。

（五）作业。

学习借物喻人的写法，写一篇不少于300字的习作。

附：板书设计

白杨

高大挺秀

树　　生命力强　　人……

适应性强

借物喻人

母亲的纯净水

（第二课时）

赵海丽（北京小学大兴分校）

一、教学目标

1. 有感情地朗读课文。结合课文内容，体会重点语句的意思，理解母亲在细微处对子女的关爱。

2. 抓住文章的线索，理解课文内容，懂得“穷”的真正含义。

3. 能对文中人物进行评价，并写出来。

二、教学重点

结合课文内容，体会重点语句的意思。

三、教学难点

理解母亲的话，明白其中的道理。

四、教学过程

（一）复习导入，整体回顾

今天我们继续学习《母亲的纯净水》。板书：母亲的纯净水。

请同学们浏览课文，回忆一下本文主要讲了什么内容？（1～2 名学生回答）

（本文记叙了一个小女孩，每逢上体育课的时候，都带着一瓶妈妈准备的纯净水。一天，同学说她的纯净水像是凉白开，她很尴尬，当即扔掉了那瓶水。回家后，她责问妈妈，妈妈给她讲了自己的看法，小女孩想明白了，以后一直非常喜欢喝母亲的纯净水。）

【设计意图】让学生从整体回顾、把握课文，唤起学生的原认知。

（二）精读品悟，深入思考

1. 母亲的纯净水引发了女儿心情的起伏不平，请你在文中找出女儿感情变化的词语。

要求：先读读有关的句子，再提炼出词语。

根据学生回答板书：不安、高兴→尴尬→委屈、酸楚→沉静→喜欢。

【设计意图】抓住女儿心理变化的一条线索，统领全文，同时培养学生在文章中提取有用信息和概括的能力。

2. 默读课文，找出引起女儿感情变化的原因。然后交流。

（1）体会不安、高兴。

过渡：这种心情是在每周二和周五吃过午饭，女儿接过母亲递给她瓶子的时候产生的。

根据内容，口头填空：（课件出示）

a. 她有点不安，因为__________________；她为那瓶纯净水高兴，因为__________________。

b. 从“……自己就不再觉得很丢脸了”看出，她觉得__________________很丢脸。

【设计意图】带领学生深入走进女儿的内心世界，感受到她的矛盾心理，体会到她内心的失落与沮丧。

（2）理解“尴尬、委屈和酸楚”。

过渡：母亲爱孩子，为了不让女儿觉得丢脸，她用纯净水的瓶子装凉白开。没想到被同学发现了。此时的“我”感到很尴尬，站在母亲面前，“我”又感到莫名的委屈和酸楚，是因为——

（当纯净水被同学发现是凉白开时，觉得自己在同学面前很没面子，低人一等，后来即使知道了母亲是对的，喝凉白开、纯净水，对身体而言没有什么区别，有一点儿理解了母亲。可是一想到同学们嘲笑的脸，想到我和同龄人物质上的差距，心里很不是滋味，委屈和酸楚一齐涌上心头。）

【设计意图】能联系上下文理解让女儿尴尬、酸楚和委屈的原因，感受到女儿有一点儿理解母亲了，但她还是心里不舒服。

（3）理解母亲的话。

是什么原因让女儿的感情从波澜起伏一下子变得沉静了呢？（母亲的话）课件出示：

我们是穷。但是穷有什么错？富也罢，穷也罢，都是日子的一种过法。穷人不见得可怜，富人也不一定高贵。再穷，也得看得起自己。要是看不起自己，心就穷了，那可就真穷了。

a. 读一读母亲的话，说说你对穷的认识。

（穷不是错误，而是日子的一种过法；穷人、富人与可怜高贵没有直接关系；再穷也要看得起自己，人穷心不穷。）

b. 变红所有的“穷”。联系上下文想一想：母亲是怎样看待“穷”的？（穷所显示的内涵有所不同。）

（4）由此可以看出这是一个怎样的母亲？（对女儿在小事上及时教育，心不穷。）

（5）是母亲的话让原本委屈、酸楚的小女孩改变了想法，坦然地接受了穷的现实，你能感受到母亲是怎样说服她的吗？试着读一读母亲的话。（自由读、指名读。）

让我们再听听母亲的教诲——（指名读）

【设计意图】能结合课文内容，体会重点语句的意思，从中理解母亲的心。设计让学生以母亲的身份再读这一段，深化对“穷”的认识。

3. 母亲的话如春雨一般，默默地滋润着女儿，教育着女儿，最终女儿真的想明白了母亲的话。引读：“那天晚上，她想明白了母亲的话：……”课件出示：

穷没什么，它不是一种光荣，也绝不是一种耻辱，它只是一种相比较而言的生活状态，是她需要认识和改变的一种现状。如果把它看做是一件丑陋的衣衫，那么它就可能遮住心灵的光芒；如果把它看做是一块宽大的布料，那就可以把它做成一件温暖的新衣，甚至，还可以把它当做魔术师手中的那种魔布，用它变幻出绚丽多姿的未来。

（1）默读批注，想一想，她明白了什么？（穷不是一种光荣，也绝不是一种耻辱，它只是一种相比较而言的生活状态，是她需要认识和改变的一种现状。）

（2）再读一读这句话，你有什么新的理解？

本句使用了生动的比喻。如果把穷看做是一件丑陋的衣衫（就是消极的态度、不可改变的现实），就会没有斗志，听天由命。如果把穷看作一块宽大的布料或魔术师手中的魔布（就是积极的态度，魔幻的），就可以通过自己的努力改变。穷并不可怕，需要我们正确地看待它。面对困境，一个有志之人要有勇气改变自己的生存环境，勇敢地创造自己辉煌的未来。

课件出示：口头填空：

穷是________________________________

过渡：穷是不怕困难的勇气，是改变命运的动力，是催人奋发向上的力量。

【设计意图】这段话内涵深刻，道出了女儿的心理。充分让学生联系文章内容去理解，口头填空加深了对“穷”的理解。

（3）让我们用朗读来体会女儿沉静的心理。（指名2~3人读，师评价）

（4）看到你们动情地朗读，老师也想一起加入，我们对读母女的话，感受她们心灵的碰撞。

【设计意图】通过学生朗读，教师适时评价，从读中听出女儿是一个怎样的孩子。师生对读，将妈妈的话与女儿明白了的句子融为一体，让学生与文本的情感共鸣，有利于学生对重点语句的理解与把握。

4. 后来，女儿通过自己的努力，考上了大学，找到了一个不错的工作，有了不菲的薪水，可以随心所欲地喝各种名贵的饮料。但为什么还喜欢喝凉白开？课件出示：

她认为，没有任何一种饮料比得上母亲的“纯净水”。

（1）说说你对这句话的理解。

（2）双关：一种指母亲为女儿准备的凉白开。渗透出母亲的爱。一种指净化心灵的水，质朴、纯洁的思想教育。女儿理解了母亲的良苦用心，是母亲的纯净水教育了女儿，使她正确看待穷，并激发她用自己的努力，去改变自己的生存环境，创造自己的未来，所以在心理上觉得什么也比不上母亲的凉白开。

【设计意图】让学生知道作者运用双关的写法，写出了母亲的纯净水对女儿的教育意义。

5. 课文学到此，文中的两位主人公一定给你留下了深刻的印象，快速浏览课文，请你评价一下母亲或女儿，写在稿纸上，要有理有据。5分钟后交流。（实物投影评价、修改）

母亲：在体育课带纯净水这件平常的小事上对女儿进行教育。一向节俭，理解别人，疼爱女儿，严格要求。心不穷。善解人意。伟大。

女儿：虽虚荣但在母亲的教育下知错就改。牢记妈妈的教导，依然是懂事的孩子。

【设计意图】评价人物是学生学习完文本后真情的一种自然流露，引导学生纵观全文，有理有据地评价，回答问题有条理。

（三）感情升华，拓展阅读

这是一个平常的母亲，平常在于日常的点滴节俭；这是一位伟大的母亲，她的善解人意，她的用心良苦，她的谆谆教诲影响孩子的一生。这是一个懂事的女儿，她能用心去体会，面对贫穷的现实生活，内心产生强大的动力，努力改变它。有人把乔叶的这篇文章称之为“励志美文”。其实本文的作者就有类似的经历。（课件出示作者的经历。）

今天，老师在班级博客中向你们推荐一篇乔叶描写自己小时候的文章——《坐在最后一排》。（快速出示首段和尾段）

（四）布置作业，课外延伸

1. 读乔叶的文章《坐在最后一排》，找出“我”情感变化的词语；选择评价文中一个人物。

2. 也许你和妈妈曾经或正在有不解和冲突，今天学习了这篇文章，或许我们就理解了母亲。何不马上提起笔告诉她……写一个小片断。

附：板书设计：

母亲的纯净水

关爱↓教育

女儿：不安、高兴→尴尬→委屈、酸楚→沉静→喜欢

（曾获“十二五”科研规划课题“解析关键教学事件，提高学科教学实效性”年度成果评选活动一等奖）

老人与海鸥
（第二课时）

陈　霞（大兴区滨河小学）

一、教学目标

1. 抓住描写老人语言、动作、神态以及描写海鸥动作的语句，体会其中蕴涵的深厚感情。有感情地朗读课文。

2. 揣摩作者是如何把老人与海鸥之间的感情写具体的。

二、教学重点

抓住描写老人语言、动作、神态以及描写海鸥动作的语句，体会其中蕴涵的深厚感情。有感情地朗读课文。

三、教学难点

揣摩作者是如何把老人与海鸥之间的感情写具体的。

四、教学过程

（一）回顾课文，整体感知

这节课我们继续学习第 18 课，出示课文插图，齐读课题。

浏览课文，想想课文主要写了一件什么事。

【设计意图】出示课文插图，创设了情境；回顾课文的主要内容，为深入学习做好了铺垫。

（二）自主学习，共议交流

过渡：老人和海鸥之间建立了深厚的感情，当人们把他的照片带到翠湖边时，一件意想不到的事情发生了。自由读第十五～第十九自然段，哪些语句让你感动？画下来，并与同桌交流自己的感受。

【设计意图】引导学生进入到第二部分的学习，给学生一个自主学习的空间，让学生通过读课文，从字、词、句中感受海鸥对老人的深厚情感。

集体交流：

1. 一群海鸥突然飞来，围着老人的遗像翻飞盘旋，连声鸣叫，叫声和姿势与平时大不一样，像是发生了什么大事。

（1）学生谈感受。

预设：从“叫声和姿势与平时大不一样”，体会到它们好像知道老人去世了，海鸥与老人心有灵犀。从“翻飞盘旋，连声鸣叫”体会到海鸥们心里着急。

（2）带着你的体会读出来。（指名读）

2. 海鸥们急速扇动翅膀，轮流飞到老人遗像上方，像是前来瞻仰遗容的亲属。过了一会儿，海鸥们纷纷落地，竟在老人遗像前后站成了两行。它们肃立不动，像是为老人守灵的白翼天使。

（1）你感受到了什么？

预设：学生从“急速”体会到海鸥们焦急的心情。从“轮流，瞻仰”体会到海鸥对老人的尊敬与爱戴。从“肃立不动”体会到对老人的敬仰、怀念。

（2）带着你的这种感受来读一读。（指名读）

教师小结：海鸥是通人性的，它们也和人一样有感情，它们与老人之间的情感真是至亲至近哪！

3. 当我们不得不去收起遗像的时候，海鸥们像炸了营似的朝遗像扑过来。它们大声鸣叫着，翅膀扑得离我们那样近，我们好不容易才从这片飞动的白色旋涡中脱出身来。

（1）从这句话中你体会到了什么？

预设：从“像炸了营似的朝遗像扑过来”体会到海鸥舍不得离开老人。

（2）带着这种依依不舍之情读一读吧！（自由读）

过渡：海鸥们真是舍不得离开老人呀！他们用自己特殊的方式表达对老人的留恋，这种感情没有人不为之动容，不为之震撼，不为之感动！我们一起来对读，再次感受这动人的场面。（出示课件）

当我们把老人的遗像带到翠湖边——一群海鸥突然飞来，围着老人的遗像翻飞盘旋，连声鸣叫，叫声和姿势与平时大不一样，像是发生了什么大事。

当我们从老人的相片旁退开——海鸥们急速扇动翅膀，轮流飞到老人遗像上方，像是前来瞻仰遗容的亲属。过了一会儿，海鸥们纷纷落地，竟在老人遗像前后站成了两行。它们肃立不动，像是为老人守灵的白翼天使。

当我们不得不去收起遗像的时候——海鸥们像炸了营似的朝遗像扑过来。它们大声鸣叫着，翅膀扑得离我们那样近，我们好不容易才从这片飞动的白色旋涡中脱出身来。

【设计意图】对海鸥送老人的三个场面，教师有感情地引读，使学生在朗读中深入感受海鸥送老人的悲壮场面。

过渡：海鸥们是多么舍不得离开老人呀！它们为什么会对老人有这样的举动呢?

预设：因为老人很爱海鸥，与海鸥建立了深厚的感情。

学习第一部分：

你从哪儿看出老人与海鸥之间建立了深厚的感情呢？默读第一～第十三自然段，在书中作简单的批注。

【设计意图】默读有利于深入思考。这一环节，给足了学生自主学习的时间，让学生踏踏实实地默读课文，深入思考，抓住重点词句体会老人对海鸥的爱。

集体交流：

1. 喂海鸥。

老人把饼干丁很小心地放在湖边的围栏上，退开一步，撮起嘴向鸥群呼唤。立刻便有一群海鸥应声而来，几下就把饼干丁扫得干干净净。老人顺着栏杆边走边放，海鸥依他的节奏起起落落，排成一片翻飞的白色，飞成一篇有声有色的乐谱。

（1）学生谈感受。

预设：从老人喂海鸥饼干丁感受到老人喂海鸥动作的娴熟，他们之间那种默契的配合。

（2）指名朗读。

教师适时评价：多么和谐美好的画面呀！真是翠湖边一道亮丽的风景线！

2. 唤海鸥。

在海鸥的鸣叫声里，老人抑扬顿挫地唱着什么。侧耳细听，原来是亲昵得变了调的地方话——“独脚”“灰头”“红嘴”“老沙”“公主”……

（1）谈感受。

预设：抓住“亲昵”体会老人与海鸥之间深厚的感情，从“……”了解老人给每一只海鸥都取了名字。

（2）指名分角色朗读第四～第九自然段。

过渡：老人不仅为海鸥起了朴实的名字，还能在飞快闪过的白色翅膀中认清每一只海鸥，可见，他与海鸥结下了深厚的情谊。

3. 谈海鸥。

学生抓住老人谈海鸥时的语言进行汇报。

导语：从老人的言谈话语中使我们感受到老人对海鸥的喜爱和赞美。我们深深地体会到了老人对海鸥无私的爱。（板书：爱）正是因为老人生前对海鸥无私的爱，才会有海鸥意想不到、令人震撼的举动，在老人去世后，来为老人送行。（板书：送）

【设计意图】学生充分自读自悟后，从喂海鸥、唤海鸥、谈海鸥三个方面进行汇报，抓住描写老人语言、动作、神态的语句深入品读、感悟。

（三）课外延伸，情感升华

课件出示：

他背已经驼了，穿一身褪色的过时布衣，背一个褪色的蓝布包，连装鸟食的大塑料袋也用得褪了色。朋友告诉我，这位老人每天步行二十余里，从城郊赶到翠湖，只是为了给海鸥送餐，跟海鸥相伴。

1. 学生齐读，谈感受。

预设：老人十分节俭，身体状况不佳，却不辞辛苦来为海鸥送餐。

2. 从搜集的资料中，你对这位老人还有哪些了解？

学生交流资料。

教师总结：就是这样一位老人，他舍不得吃，舍不得穿，舍不得坐公交车，每天步行二十余里来给海鸥送餐，即使在他生命的最后一刻，心中牵挂的还是海鸥。老人的行为感动了你，感动了我，感动了所有人！人们为了纪念他，为他修了一座铜像。（出示图片）

如今，每到海鸥飞临翠湖的时候，就有许多人像当年的老人一样，来给海鸥喂食。老人虽然已经故去，但他的这颗爱心将在人间永远传承下去！

【设计意图】资料的引入使学生对这位老人有了更深入的了解，使情感得到了升华。

（四）布置作业

写一篇读后感。

附：板书设计

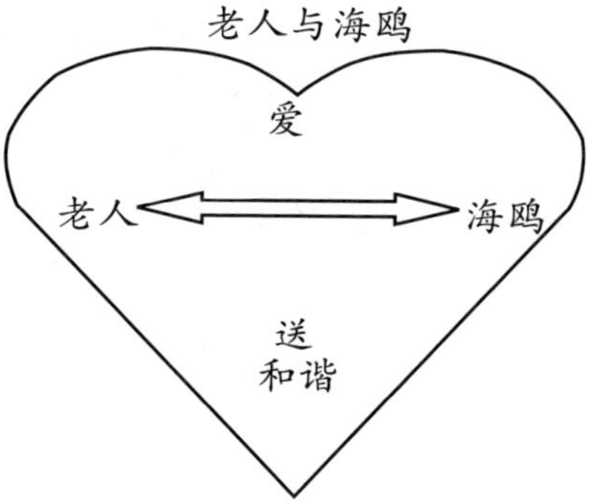

（曾获大兴区优秀课堂教学设计一等奖、大兴区小学课题系列成果一等奖）

古诗四首(《送孟浩然之广陵》《芙蓉楼送辛渐》)

（第一课时）

高海红（大兴区滨河小学）

一、教学目标

1. 学会四个生字，理解它们在诗句中的意思。
2. 借助字典、注释，理解两首古诗的意思。
3. 品味重点诗句，通过反复诵读和想象，体会诗人表达的情感。
4. 背诵并默写两首古诗。

二、教学重点

朗读、背诵并默写两首古诗。

三、教学难点

品味重点诗句，通过反复诵读和想象，体会诗人表达的情感。

四、教学策略

“以想象促朗读”与多种方法相结合。

五、教学过程

（一）起势：课前交流，创设情境

（课前组织学生背诵古诗）

同学们，刚才我们背诵了古诗，是呀，春天我们会吟：好雨知时节，当春乃发生。秋天，我们会诵：停车坐爱枫林晚，霜叶红于二月花。今天我们再来学习《古诗四首》中的前两首《送孟浩然之广陵》《芙蓉楼送辛渐》。

（二）承接：整体通读，了解诗意

1. 请大家齐读诗题。

2. 自由读两首古诗，注意要读准字音。

3. 字音解决了，请看自学提示。（自学时板书课题）

自学提示：

1. 看注释、查字典，了解两首诗的意思。

2. 还有不懂的地方，请同学、老师帮助。

（三）聚焦：分步解读，感悟诗情

学习《送孟浩然之广陵》。

1. 齐读诗。

2. 解诗题。说对诗题的理解，体会“之”的意思。

3. 明诗意。

预设：李白送老朋友孟浩然去扬州，正是三月那阳光明媚、繁花锦簇的时候，诗人望着那只小船越走越远，消失在碧蓝的天空里。老朋友看不见了，只见长江水滚滚向天边流去。

4. 通过想象体诗情。

边听边想象在你脑海里出现了怎样的画面。

预设：繁花似锦的长江两岸，诗人与孟浩然道别，李白伫立江边，望着朋友乘坐的帆船越走越远，最后都消失在水天相接的地方了，还舍不得离开，还在望。

过渡语：你们又是从哪些地方感受到这份真情的？

预设：从“故人”“孤帆”感受俩人情意深厚。从“碧空尽”“天际流”感受诗人对孟浩然的不舍之情。（齐读后两句）

5. 再现画面，深化感悟。（课件：背景＋诗句＋音乐）

今日一别，不知何时相聚，在这阳春三月的美景中，让我们和诗人一起再送孟浩然一程——（齐读整首诗）

6. 想象画面，背诵诗文。（课件：图片＋音乐）

学习《芙蓉楼送辛渐》。

1. 齐读《芙蓉楼送辛渐》。

过渡语：世间离别情万种，多有诗人诉心声。请大家齐读《芙蓉楼送辛渐》。

2. 明诗意：说一说整首诗的意思。

3. 悟诗情。

（1）体会孤寂之情。

过渡语：如果说诗人李白把那依依惜别之情融进了远去的孤帆、滔滔的江水之中，那么王昌龄又把自己的浓浓之情融入到哪些景物中呢？

预设：融进“楚山”，诗里说楚山孤，老朋友走了，诗人的心里感到孤单寂寞。

融进“寒雨”，“寒”字更能衬托临别时的情景，显出秋天的萧瑟，也更能衬托出诗人此刻心中的孤单寂寞之情。

过渡语：好朋友要走了，诗人仅仅是因为好朋友的离去而感到孤单寂寞吗？

预设：他现在正是被贬的时候，朝廷不重用他。

过渡语：是呀，朋友要走，自己又不被朝廷重用，面对着满江的烟雨和孤独的楚山，诗人孤寂之感油然而生——（齐读前两句）

（2）感悟高尚品德。

过渡语：一个“孤”字，一个“寒”字，如情感的引线，引出了他的临别之言——读“洛阳……在玉壶。”诗人为亲友捎去的是一颗怎样的心呢？让我们伫立在芙蓉楼旁，再现那个离别的清晨。

a. 口语交际。

师：朋友呀，我辛渐就要去洛阳了，在座的王昌龄，我知道你此时的心情孤单寂寞，亲友们问起你的情况，我跟他们说什么呢？

生：如果他们问起我，你就说：“我的心像装在玉壶里的冰一样纯洁透明。”

师：看得出，你虽然被贬，但你的志向没有改变，放心吧，我会把你的话捎到的。今后，你打算怎么办？

生：我今后还要继续造福百姓，帮他们修水利，建学堂，让他们都过上好日子！

师：你真有一颗爱民之心！你是诗人，用诗的语言告诉他们吧。

生：读“洛阳亲友如相问，一片冰心在玉壶”。

b. 引读："洛阳亲友如相问，一片冰心在玉壶。"

过渡语：此时此刻诗人怀着的到底是一颗怎样的心呢？

预设：爱民之心，造福百姓之心，爱国之心，高尚纯洁之心，壮志不改之心。

过渡语：这是一颗高尚纯洁的心，这是一颗壮志不改的心，这也是诗人对洛阳亲友的一片真心——（学生读"洛阳亲友如相问，一片冰心在玉壶"。）

过渡语：这句肺腑之言广为流传，从一千多年的唐朝传到了今天，就让我们和所有的亲友们一起共勉——（学生读"洛阳亲友如相问，一片冰心在玉壶"。）

过渡语：这发自肺腑的话语震撼着我们的心灵，就让我们怀着诗人的志向再来读这首诗。

（四）聚焦：回归整体，感知异同

1. 感知异同。

过渡语：人行千里外，情在一送中。请大家再看这两首诗，你发现有哪些相同与不同？

预设：

相同：融情于景，诗人把自己的情感融进了景物描写中；都是送别诗，送老朋友；都有江、楼；作者都是唐朝人。

不同：《芙蓉楼送辛渐》一诗更侧重于抒发诗人坚守节操的志向。

过渡语：同样的送别，不同的情怀，无论是抒依依惜别之情，还是言高尚纯洁之志，都表达了诗人的真情。因为有了真情，这些诗句才成为千古绝唱！

2. 默写古诗。

（1）同桌互背，互查。

（2）重点指导："鹤""壶"字。

（3）默写其中一首。

（五）收合：作业与延伸

过渡语：在我国古代，由于交通不便，造成别离容易相见难，直至今天，还流传着很多送别名句——

莫愁前路无知己，天下谁人不识君？（高适）

劝君更尽一杯酒，西出阳关无故人。（王维）

桃花潭水深千尺，不及汪伦送我情。（李白）

海内存知己，天涯若比邻。　　　　（王勃）

出示课件：

这些都是古诗文化的瑰宝呀，真心地希望你们去读、去品、去背，让这些诗句“随风潜入夜，润物细无声”地浸在你们心里，相信咱们每一位同学都会“腹有诗书气自华”的。

附：板书设计：

古诗四首

送孟浩然之广陵	芙蓉楼送辛渐
________	________
________	________
________	________
________	________
依依惜别	高尚纯洁

送别表真情

（曾获北京市第六届小学语文青年教师阅读教学观摩活动现场课一等奖、2011 年全国小学语文教学设计大奖）

新型玻璃
（第二课时）

王海涛（大兴区黄村镇第一中心小学）

一、教学目标

1. 通过朗读课文，了解五种新型玻璃的特点和作用，对新型玻璃产生兴趣。

2. 学习批画概括的阅读方法，初步感知关联词的作用及数字说明方法。

3. 能够结合课内外知识，以第一人称的形式把自己知道的新型玻璃的情况跟同学进行交流。

4. 通过阅读，了解发明创造来源于生活，为生活服务。激发学生爱科学、学科学的兴趣。

二、教学重点

通过朗读课文，了解新型玻璃的特点和作用，对新型玻璃产生兴趣。

三、教学难点

能够结合课内外知识，以第一人称的形式把自己知道的新型玻璃的情况跟同学进行交流。

四、教学策略

由趣导学，引导学生自主阅读，以“扶—放”为教学主线贯穿课堂。用电教媒体手段，辅助学生理解；以教师评价做引导，渗透阅读方法；充分利用课本资源，指导学生感悟语言，实践语言。通过读书画批、讨论交流、听说训练，提高学生的语文素养和学习能力。

五、教学过程

（一）检查复习，搭设阶梯，梳理文章思路

上节课我们学习了第30课的生字、新词，并初步了解了课文内容，知道这是一篇科普的文章，今天继续学习这篇课文。

1. 老师板书课题，学生和老师一起书空“玻璃”。齐读课题。

2. 检查字词：（课件出示）

自动报警、坚硬安全、反射调光、阻热挡寒、消除噪音。

夹丝网防盗玻璃、夹丝玻璃、吃音玻璃、变色玻璃、吸热玻璃。

（1）学生读准字音。

（2）速读课文，把词语分类。

（3）学生分类，板书玻璃名称。

过渡：这节课，我们就来通过读书，详细了解这五种玻璃。

【设计意图】检查复习，回顾课文。通过一读一分搭设阶梯，降低学生在本课时要区分五种玻璃的特点和作用的难度，也为阅读概括做好了铺垫。

（二）扶放阅读，引领习法，落实语文训练

1. 师生合作，细读习法。

（1）引读第一自然段。

（2）细读第二自然段。

a. 指导学生默读、画批语句，了解提炼夹丝网防盗玻璃的特点和作用。

（a）它为什么能报警呢？默读用直线画出句子。（课件出示句子）

（b）指名读句子，老师引导归纳、板书。

（c）这么神奇的玻璃有什么用途呢？默读用波浪线画出句子。

（课件出示）

这种玻璃叫“夹丝网防盗玻璃”，博物馆可以采用，银行可以采用，珠宝店可以采用，存放重要图纸、文件的建筑物也可以采用。

（d）老师引导归纳。板书：防盗。

b. 句式训练。

（a）朗读感受排比句式——自读句子：还能读出什么？（用途广）

指导读出感受。

（b）语言训练——课件出示材料。读懂一篇课文的方法：默读、朗读、边读边思考。

（c）回归读文。

（3）归纳阅读方法。

现在你了解夹丝网防盗玻璃了吗？了解了它什么？是怎样了解的？

引导学生总结：认真读每一句话，画出描写特点和作用的句子，用简洁的词语概括。

板书：默读—画批—提炼。

你能自己这样读书，了解其他四种玻璃的特点和作用吗？

2. 自主阅读第三～第六自然段，了解四种玻璃。

（1）出示自学要求。（课件）

①认真默读第三～第六自然段，读懂句子。

②画出描写玻璃的特点、用途的词句，试着用简洁的语言描述。

③同组交流填表。

④选一种玻璃介绍特点、用途。

（2）学生自主阅读，老师巡视指导。

（3）汇报交流：以不同的形式引导阅读，渗透学读方法，朗读体会重点句子。（一生介绍，一生书写）（实物投影展示学生的画批）

夹丝玻璃：（投影展示学生的画批）

（1）引导学生抓重点词理解坚硬、不易碎的特点。

（2）朗读感知关联词"即使……仍然……"的作用。

变色玻璃：（引导学生感知提炼重点字词画批、概括的阅读方法）

（1）结合学生的画批展示，指导感知提炼重点字词，概括特点、作用。

（2）出示图片：变色玻璃动画，变色眼镜，帮助学生理解感知。

吸热玻璃：（引导学生感知、总结、概括和批注的阅读方法）

（1）结合学生的画批展示，指导、感知批注：用简洁的词、句概括总结特点、作用。

（2）图片拓展吸热玻璃的用途。

吃音玻璃：（引导学生通过朗读，感知数字说明法）

（1）结合学生的画批展示，帮助学生提炼、理解特点、作用。

（2）通过阅读，引导学生抓住"40 分贝、12 分贝"，感受玻璃的作用，体会数字的说明作用。

（3）读句子感受关联词"如果……就""尽管……还是"的表达作用。

【设计意图】 因为文章介绍五种玻璃的段落内容与结构相似，教学以第二自然段为例进行阅读指导，第三至第六自然段自学交流，采用“先扶后放”的教学形式，引领学生在阅读中习法、用法，落实语文训练。

（三）创设情境，丰富文本，加强语言实践

新型玻璃虽然作用很大，但很多人并不了解它们，为此，现代科技大厦要举办一个“新型玻璃展销会”，你愿意带上这几种新型玻璃去参加吗？

1. 引导学生叙述介绍的内容和方式。

我们都带哪些玻璃去？课件出示：可以介绍课文了解到的；可以介绍课下搜集的；也可以根据生活需要，介绍自己想象设计的新型玻璃。

用什么方式介绍呢？课件出示：可以自己扮演玻璃，进行自我介绍；可以以销售经理的身份介绍自己的产品。

2. 讨论介绍的方法：结合板书先介绍名称，再介绍特点和作用。

要求：可以结合生活实际，用自己的话说；声音要洪亮，把特点、作用说明白，让人听清楚。

3. 自己准备。

4. 指名展示：引导学生角色扮演，师生互动交流，在情境交流中无痕评价。

【设计意图】 充分利用课本资源，创设语言情境，引导学生从扶着读文到放开说话训练，让学生在快乐中，学文习法，运用语言，发展语言。

（四）深化延伸，激发探究，拓展语文学习

1. 课件拓展更多新型玻璃图片，激发学生探究的欲望。（我还听说了一些新奇的玻璃，但只找到图片，你们能帮助我了解它们的详细信息吗？课下告诉我）

2. 总结——齐读课文最后一个自然段。

附：板书设计

新型玻璃

默读——画批——提炼

夹丝网防盗玻璃	自动报警	防盗
夹丝玻璃	坚硬，不易碎	安全防碎
变色玻璃	反射变色	调光
吸热玻璃	阻热挡寒	保温
吃音玻璃	隔音	消除噪音

只有一个地球
（第二课时）

师立军（大兴区黄村镇第一中心小学）

一、教学目标

1. 正确地朗读课文，能结合课文内容了解人类的生存“只有一个地球”的道理，知道保护地球生态环境的意义，把握课文主要内容。

2. 抓住关键词语，感受重点句子在表达文章内容和思想感情上的作用。

3. 感受保护地球生态环境的意义，并产生从我做起、精心保护地球的感情。

二、教学重点

理解课文内容，了解只有一个地球和我们要精心保护地球的道理。

三、教学难点

抓住关键词语，感受重点句子在表达文章内容和思想感情方面的作用。

四、教学策略

读讲结合，借助多媒体，体会说明方法，认识地球是我们唯一的家园。

五、教学过程

（一）复习导入

1. 浏览课文，回忆：课文是从哪几个方面介绍地球的？

2. 全班交流，整体回顾课文内容。

【设计意图】回顾课文的主要内容，为本节课的学习做好准备。

（二）问题引领，深入理解课文

1. 根据自学提示自学课文。

（课件出示自学提示）

（1）默读课文，思考：课文分别利用了哪些语句具体说明地球特点？标记在书上。

（2）认真读一读这些语句，把你的理解和体会写在旁边。

（3）和同学交流你找到的内容及你的体会。

【设计意图】让学生带着问题自学课文，引导学生运用正确的阅读方法，培养他们阅读批注的好习惯，为后面的学习做好准备。

2. 全班交流，体会表达特点。

（1）理解美丽。

a. 读出相关语句，体会地球的美丽。

b. 都来读一读这部分内容，边读边想象，你的脑海里浮现出怎样的画面？（出示第一段）

c. 相机出示课件：美丽的地球。

d. 应该怎样用朗读来表现地球的美丽呢？（比较朗读，教师评价）

——地球仅仅是外表美丽吗？你再来读一读这一段，你还能感受到什么？（地球像母亲）

（2）理解地球的渺小。

a. 学生读相应的句子。

b. 出示句子。（地球是一个半径6300千米的星球，在群星璀璨的宇宙中，就像一叶扁舟。）指名读。

c. 出示句子。（地球是一个半径只有6300千米的星球，在群星璀璨的宇宙中，就像一叶扁舟）指名读。

比较表达效果的不同，指名朗读，同时强调说明文一定要用词准确。

d. 理解这句话的说明方法。

【设计意图】通过比较、朗读，进一步认识列数字、打比方等说明方法的作用。通过朗读、想象、观察等环节，引导学生感受地球的可爱，为下文的学习做好铺垫。

（3）认识资源问题。

a. 指名朗读相应的段落。

b. 为什么说地球上的资源是有限的呢？课文为我们举了这样一个例子（出示课件：拿矿产资源来说，它不是上帝的恩赐，而是经过几百万年，甚至几亿年的地质变化才形成的。）你从这句话中读懂了什么？

c. 交流指导：在这句话中，否定了什么？肯定了什么？强调了什么？

d. 怎样读出这句话所要表达的意思。（强调关联词语在表达中的重要作用。）

【设计意图】通过体会关联词语的表达效果，认识到资源有限的问题。

e. 以煤为例，讲解矿产资源的不可再生。

【设计意图】通过必要的课外资料补充，让学生进一步认识资源有限这个问题。

f. 带着你们的感受再来读一读第三自然段。

g. 强调用词准确和举例子的方法。

（过渡）不可再生资源是这样，那地球上还有哪些资源呢，它们又面临着怎样的问题呢？

①朗读第四自然段，从这一段中你知道了什么？

②出示课件，展示人类破坏资源的画面。

③引导学生说出自己的想法。

【设计意图】通过图片的展示，让学生更直观地认识到人类对地球的毁坏。

④理解无法移居。

（a）指名朗读第六、第七自然段，找出解释这个问题的答案。

（b）出示。（在以地球为中心的40万亿千米的范围内，没有适合人类居住的第二个星球。）

40万亿千米有多远呢？老师帮你们算了一下，乘坐最快的波音飞机要走450多万年。

（c）出示。（至少在以地球为中心的40万亿千米的范围内，没有适合人类居住的第二个星球。）对比着读一读，你又能读出什么呢？（在更大的范围内也可能没有）

（d）科学家还设想在离我们较近的星球上建造移民基地，可是又有多少人能够去居住呢？（资料说明）

【设计意图】 通过对重点词语的理解、课外资料的说明，引导学生进一步认识地球的重要性。

（三）回到开始，升华情感

（1）小结过渡：同学们，通过刚才的学习，我们进一步了解了我们这位地球母亲，她是那么慷慨，又是那么脆弱，我们一刻也不能离开地球，难怪我们的宇航员会由衷地发出这样的感叹。（齐读）

（出示投影：我们的地球太可爱了，同时又太容易被破坏了。）

（2）他是想告诉我们——（出示投影：我们只有一个地球，如果它被破坏了，人类别无去处。如果地球上的各种资源枯竭了，我们很难从别的地方得到补充。我们要精心地保护地球，保护地球的生态环境，让地球更好地造福于子孙后代！）

（3）指导学生交流资料谈感想。

（4）小结说明顺序，强调主题。

（5）让我们向全人类发出这样的号召吧！（再读：我们只有一个地球，如果它被破坏了，人类别无去处。如果地球上的各种资源枯竭了，我们很难从别的地方得到补充。我们要精心地保护地球，保护地球的生态环境，让地球更好地造福于子孙后代！）

附：板书设计

只有一个地球

	母亲	打比方
保护		列数字
	全人类	举例子

自己的花是让别人看的
（第二课时）

王淑芬（昌平区城北中心小学）

一、教学目标

1. 有感情地朗读课文，背诵课文第三自然段，积累课文中优美的语言。

2. 了解作者所介绍的德国风景与风俗特点。结合上下文与生活实际体会含义深刻的语句，从中受到启示与教育。

二、教学重点

感知德国景色的奇丽，民族的奇特。

三、教学难点

理解“人人为我，我为人人”的思想境界。

四、教学策略

“以读为本”与多种方法有机结合。

五、教学过程

（一）整体感知，把握主要内容

课文主要讲了什么内容？找到作者季羡林先生四五十年后再次来到德国看到家家户户窗口上都开满了鲜花，深有感触地说的两句话，读一读。

根据学生发言相机出示：

多么奇丽的景色！多么奇特的民族！

【设计意图】以学生为主体，以学情为依归，抓住学生课前提出的关键问题，以学定教，顺学而导，让教与学得到和谐统一。

（二）自主探究，感悟景色的奇丽

作者为什么发出这样的感慨？

1. 出示自学提示：默读课文，画出描写景色奇丽的句子，圈出体现景色奇丽的词语，想想从中能感受到什么。在旁边做批注。

2. 汇报交流：根据学生发言相机出示句子。

走过任何一条街，抬头向上看，家家户户的窗子前都是花团锦簇，姹紫嫣红。许多窗子连接在一起，汇成了一个花的海洋，让我们看的人如入山阴道上，应接不暇。

（1）抓重点词语，适时引导。

a. 花团锦簇、姹紫嫣红。

想象花团锦簇、姹紫嫣红是怎样的画面，从这家家户户窗前花团锦簇、姹紫嫣红的画面让你感受到了什么？

有感情地朗读。

b. 花的海洋、应接不暇。

理解“应接不暇”的意思。

小结提升。花多得像无边无际的海洋，顾得上看这边，来不及看那边；看了那边，又顾不上看这边。多么奇丽的景色呀！

（2）小结引读，感悟“奇”。

奇就奇在走过这条街——

家家户户的窗子前都是花团锦簇，姹紫嫣红。许多窗子连接在一起，汇成了一个花的海洋，让我们看的人如入山阴道上，应接不暇。

奇就奇在走过那条街——

家家户户的窗子前都是花团锦簇，姹紫嫣红。许多窗子连接在一起，汇成了一个花的海洋，让我们看的人如入山阴道上，应接不暇。

奇就奇在走过任何一条街——

家家户户的窗子前都是花团锦簇，姹紫嫣红。许多窗子连接在一起，汇成了一个花的海洋，让我们看的人如入山阴道上，应接不暇。

（3）多媒体播放，感悟“奇”。

（4）有感情地朗读，体会“奇”。

（三）合作学习，感悟民族的奇特

1. 自学提示：默读课文，用曲线画出体现民族奇特的句子，在旁边做批注，然后在小组内说说让人奇特的理由。

2. 相机引导，出示文字片。

家家户户都在养花，他们的花不像在中国那样养在屋子里，他们把花都栽种在临街窗户的外面，花朵都朝外开，在屋子里只能看到花的脊梁。

（1）学生谈奇特的理由。

（2）教师相机引导，小结提升。

（3）对比引读，感受奇特。

中国人只是一部分人在养花。而德国——家家户户都在养花。

中国人喜欢把花养在屋子里，而德国人——他们把花都栽种在临街窗户的外面。

我们在屋子里能够看到娇艳的花朵，而他们——在屋子里只能看到花的脊梁。

（4）创设情境指导朗读：假如你是第一次来到德国，看到德国人这样养花，你会怎样？

（5）有感情地朗读。

3. 相机引导，出示文字片。

每一家都是这样，在屋子里的时候，自己的花是让别人看的；走在街上的时候，自己又看别人的花。

（1）学生谈奇特的理由。

（2）教师适时小结，感悟民族的奇特。

4. 理解难句：德国人这奇特的养花方式让你感受到了什么？相机出示：

人人为我，我为人人。我觉得这一种境界是颇耐人寻味的。

（1）结合上下文、结合生活实例谈理解。

（2）教师相机引导：“人人为我，我为人人”，谁是前提？为什么？

5. 小结导读，加深理解。

“我为人人”在文中指的是——

家家户户都在养花，他们的花不像在中国那样养在屋子里，他们把花都栽种在临街窗户的外面，花朵都朝外开，在屋子里只能看到花的脊梁。

“人人为我”在文中指的是——

走过任何一条街，抬头向上看，家家户户的窗子前都是花团锦簇，姹紫嫣红。许多窗子连接在一起，汇成了一个花的海洋，让我们看的人如入山阴道上，应接不暇。

正是因为有了这种“人人为我，我为人人”的思想境界，才让我们看到了这样奇特的民族——

家家户户都在养花，他们的花不像在中国那样养在屋子里，他们把花都栽种在临街窗户的外面，花朵都朝外开，在屋子里只能看到花的脊梁。

正是因为有了这种“人人为我，我为人人”的思想境界，才让我们看到了这样奇丽的景色——

走过任何一条街，抬头向上看，家家户户的窗子前都是花团锦簇，姹紫嫣红。许多窗子连接在一起，汇成了一个花的海洋，让我们看的人如入山阴道上，应接不暇。

【设计意图】抓住民族的奇特展开教学，通过品读重点句、关键词，通过对比谈感受，循环往复、循序渐进有层次地朗读，加深学生的情感体验，顺势揭示出“人人为我，我为人人”的思想内涵。

（四）小结提升，探究“奇”观

1. 奇丽的景色与这奇特的民族有什么关系呢？

2. 小结：正是这奇丽的景色才折射出这样奇特的民族，也正是这样奇特的民族才能够创设出这样奇丽的景色。而这一切都源于“人人为我，我为人人”的思想境界。

【设计意图】在理解奇丽的景色、奇特的民族内容后，追问二者的关系，让学生明白这奇丽与奇特的前提是“人人为我，我为人人”的思想境界。

（五）发挥想象，探究梦境

正是因为有了这种“人人为我，我为人人”的思想境界，才让季老把德国当成了自己的第二故乡，感叹之余，作者内心又涌起另一种情思：作者在梦中会梦见什么？

【设计意图】这样设计的目的一是读写结合，以读促写，二是检查学生是否真的走进了作者的内心，是否与作者产生情感共鸣。

附：板书设计

自己的花是让别人看的

奇丽 { 花团锦簇　姹紫嫣红
花的海洋　应接不暇 }

奇特　人人为我　我为人人

一个这样的老师
（第二课时）

张 丽（昌平区昌盛园小学）

一、教学目标

1. 了解怀特森老师独特的教育方法、思想，以及它对学生的深远影响，在此基础上理解人物的特点。

2. 体会本文描写人物的写作方法。

3. 正确、流利、有感情地朗读课文。

二、教学重点

了解怀特森老师独特的教育方法、思想，以及它对学生的深远影响，并在此基础上理解老师的特点。

三、教学难点

体会本文描写人物的写作方法。

四、教学策略

“自主合作探究”的教学策略。

五、教学过程

（一）回顾全文，感知内容

1. 这节课我们继续学习第30课，大家齐读课题。（学生齐读课题）

2. 在第一课时学习的基础上，我想你们对怀特森老师一定有了自己的印象。谁来说说？

3. 课文写了怀特森老师的什么事？我们打开书，快速地浏览课文，说一说。

预设：两件事。

（1）在科学课上，怀特森老师给“我们”介绍了一种他编造的动物，并对“我们”进行了测试，结果“我们”都得了零分。

（2）怀特森老师讲的每一节课都是不寻常的探索。

（二）自主学习，深入感知

1. 出示自学提示。

a. 默读课文第一～第十自然段，在这件事中，“我们”对怀特森老师的态度发生了怎样的变化？

b. 你是从哪儿感受到的？画一画有关句子，请把你的感受简单标注在旁边。

2. 学生充分自学。

3. 学生交流，老师巡视。

4. 全班交流。

交流1：态度变化。

（1）在这件事中，“我们”对怀特森老师的态度发生了怎样的变化？谁来说说。

预设1：

学生有可能只说到“喜欢、敬佩、欣赏……和愤怒、气愤……”，教师引导：“我们”对怀特森老师的态度是从“喜欢、敬佩、欣赏……”一下子到了“愤怒、气愤……”吗？启发学生找到“怀疑、不满……”，然后随机板书。（怀疑、不满……）

预设2：

学生有可能只说到“怀疑、不满……和愤怒、气愤……”，教师引导：“我们”对怀特森老师最初是什么态度？启发学生找到“喜欢、敬佩、欣赏……”，然后板书“喜欢、敬佩、欣赏……”

（2）看到这些，此时你有问题产生吗？（让学生质疑）

交流2：学习“喜欢、敬佩、欣赏……”的部分。

（1）同学们最初对怀特森老师是非常喜欢、敬佩、欣赏……（选其一）从哪儿感受到的？

（2）学生汇报。

交流3：学习“怀疑、不满……”的部分。

（1）可“我们”对怀特森老师这种喜欢没有维持多久，接下来“我们”的情感变成了“怀疑、不满……”从哪儿感受到的？

（2）学生汇报。

（3）“我”当时的这种态度该怎样读？自己试着读读这段话。（适时指导朗读）

交流4：学习“愤怒、气愤……”的部分。

过渡：面对同学们的不满，怀特森老师是如何解释的呢？谁来读读怀特森老师的话？（出示怀特森老师的话）

“很简单，”怀特森老师眼里闪过狡黠的光芒，解释道，“有关凯蒂旺普斯的一切都是我编造的，这种动物从来就没有过。你们笔记里记的都是错的，错的当然就不能得分了。”

（1）同学们面对怀特森老师这样的解释，又变成了“愤怒、气愤……”（学生一起说）。从哪儿感受到的？

（2）学生汇报。

（3）老师适时指导朗读。

交流5：此时，你觉得怀特森老师是一位怎样的老师？

过渡：孩子们，听我说：“难道你们自己没有——”

交流6：再谈怀特森老师。

“难道你们自己没有想到吗？既然是‘绝迹’了，那就什么也没有留下。我向你们描述它的夜行视力、皮毛的颜色，以及许多根本不存在的想象，还给它起了个可笑的名字，你们竟一点也没有起疑心，这就是你们不及格的原因。”

（1）从这段话中，你明白什么了？

（2）自己再小声地读读这段话，想想从中你明白什么了。

（3）学生交流。

（4）此时，你认为怀特森老师又是一个怎样的老师？

【设计意图】学生通过自学、交流、感悟、角色转换，逐步走近怀特森老师，逐渐使怀特森老师的形象更立体化。

（三）比较阅读，体味写法

1. 自己小声读读课文的第十一自然段。

2. 读了这个小故事，你认为这又是一位怎样的老师？

3. 这个小故事与上一个故事比较，你发现在写法上一样吗？

4. 怀特森老师希望我们从这两件事上学到点什么呢？（出示）

书本上写的，老师说的，并不是一贯正确的，事实上没有谁是一贯正确的。我们应该时刻保持警惕，用事实，用科学的方法，纠正错误，而且应当有坚持真理的毅力。

【设计意图】进一步体会怀特森老师独特的教育方法，教育思想，培养学生抓词品句、揣摩文章写作方法的能力。

（四）体会变化，深化情感

下面让我们默读课文的后三个自然段。“我们”对怀特森老师的态度又发生了怎样的变化？

1. 让学生多说几个这样的词语。（敬佩、佩服、敬重。）

2. 从哪儿感受到的？

3. 学生抓后三自然段的有关句子。

4. 再说到其他课堂时，老师出示“正视”这两句话。

（1）从“正视”中你体会出了什么？

（2）读出体会。

5. 此时此刻，你认为“怀特森”又是一个怎样的老师？

6. 学法指导。

你们发现了吗，这后三个段落看似与怀特森老师没有关系，能否删去呢？

（五）拓展升华，感悟总结

1. 让我们带着自己的理解自由读题目。

2. 我想，你们从这节课中一定学到了点什么，把你们的收获、感受或者想说的用一两句话写在纸上。（让学生写）

3. 展示交流。

（六）布置作业，拓展延伸

1. 写话：没写完的继续完成。

2. 阅读语文读本：《如果感到幸福你就跺跺脚》。

3. 选读：《第一家爸爸银行》。

附：板书设计

一个这样的老师

↓

喜欢		与众不同		思考	
不满		用心良苦		分析	有详有略
愤怒	→	独具一格	←	质疑	侧面描写
敬佩		影响深远		探索	

百合花开
（一课时）

王海山（昌平区城北中心小学）

一、教学目标

1. 能读准本课的易错字的读音，能够联系上下文理解词语的意思，体会重点语句对表达文章情感所起到的作用。

2. 在阅读训练中培养学生独立阅读思考的能力，培养学生养成自觉积累的习惯。

3. 引导学生理解课文内容，懂得在任何艰难困苦的情况下，都要坚持自己的信念，只要坚持就会获得成功。

二、教学重点

理解课文内容，引导学生理解百合花成功开放的原因，学习文中所传达的自强不息、逆境中求生存的顽强精神。

三、教学难点

引导学生理解“我们要全心全意地、默默地开花，用花来证明自己的存在”这句话的深刻含义。

四、教学策略

“讲练结合”，根据导学提示进行自主学习。

五、教学过程

(一) 谈话导入，揭示课题

同学们，今天我们来一起学习第十二课。请同学们齐读课题《百合花开》。

(二) 初读课文，整体感知

1. 学生自由读一遍课文，注意读准字音，想想课文写了一个怎样的故事。

2. 字词练习，强调字音。

(1) 正确朗读下面的词语。

花苞、不屑、讥讽、谨记。

(2) 读准带点字的正确读音。

附近 (fǔ/fù)　　结籽 (jiē/jié)

一模一样 (mó/mú)　　千里迢迢 (tiáo/zhāo)

3. 处理重点字词，初步感知文章的主要内容。

(1)“结籽”的“结”字到底应怎么读呢?

(2) 明确:“模”的字音。思考：文章中说的是谁和谁一模一样?

(3) 思考：千里迢迢是什么意思? 文章中谁千里迢迢来干什么?

4. 教师小结：刚诞生的百合，和杂草一模一样的百合，现在却吸引了无数的人前来欣赏，百合有着怎样的经历呢?

(三) 导学提示，自主学习

1. 学生默读课文，根据导学提示，自主学习。

2. 教师巡视，相机对学生进行指导。

(四) 交流反馈，深入理解

1. 抓住重点词语，理解百合的遭遇。

(1) 抓住一对反义词和一对近义词，体会百合遭受的嘲笑与鄙夷。

①指名说说找到的词语。

反义词：私下—公开。近义词：嘲笑—讥讽。

②出示：

百合的心里很高兴，附近的杂草却很不屑，它们在私下嘲笑着百合:“这家伙明明是一株草，偏偏说自己是一株花，还真以为自己是一株花，我看它顶上结的不是花苞，而是头脑长瘤了。”

公开场合，它们则讥讽百合："你不要做梦了，即使你真的会开花，在这荒郊野外，你的价值还不是跟我们一样。"

（2）指导朗读，读出讽刺的意味。

①指导朗读，读出杂草们对百合的轻视。

②找出第六自然段中表示"看不起"的词语。（不屑）

③从课文中找出和"不屑"意思相近的一个词语。（鄙夷）

（3）抓住重点词语，理解百合处境的艰难。

①指名说说"鄙夷"的意思。

②提问：蜂蝶和鸟雀对百合又说了些什么？

2. 品读排比句，感悟百合的品格。

（1）过渡：面对着杂草的不屑，听着蜂蝶和鸟雀的劝告，百合会怎样说呢？

出示：

百合说："我要开花，是因为我知道自己有美丽的花；我要开花，是为了完成作为一株花的庄严使命；我要开花，是由于自己喜欢以花来证明自己的存在。不管有没有人欣赏，不管你们怎么看我，我都要开花！"

（2）思考：这段话使用了什么修辞方法？有什么作用？

（3）交流，抓住排比句的作用，深入感悟百合想要开花的坚定信念与强烈愿望。

（4）朗读练习，加深对这段话的理解与感悟。

【设计意图】抓住重点句段进行分析，既对学生进行了语言训练，又引导学生感悟到百合不怕讥讽，一心想要开花的坚定信念。

3. 抓住人们对百合的欣赏，感悟百合的美丽。

出示文字，师生接读：

许多孩童跪下来，闻嗅百合花的芬芳；许多情侣互相拥抱，许下了"百年好合"的誓言；无数的人看到这从未见过的美，感动得落泪。

（1）提问：更让你感动的是什么？请你结合百合的经历谈一谈。

（2）语言表达训练：这个时候的杂草、蜂蝶和鸟雀，面对百合开出的美丽的花朵，听着人们对百合的赞美，它们会说些什么呢？

【设计意图】建立文本前后之间的联系，深入理解百合成长历程中所遭到的困境，并感受到百合坚毅的性格，培养学生深度思考和语言表达的能力。

4. 理解难句，体味性格。

此时的百合面对大家的赞美不骄傲、不张扬、不满足，因为它们始终牢记着第一株百合说过的话。

出示：

我们要全心全意地、默默地开花，用花来证明自己的存在。

（1）学生谈谈对这句话的理解。

（2）教师总结提升：

不管是面对成长过程中的重重困难，还是面对开放后人们的声声赞赏，百合花始终一心一意地、默默无闻地开放，因为只有用花才能证明自己的存在。在我们的人生道路中，也会遇到这样或那样的困难，只要我们认准目标，努力地走好自己的路，就一定能成功。

【设计意图】 通过对难句的理解，既培养了学生的概括能力、理解能力，又进一步深化了对主题的理解。

5. 资料拓展，深化主题。

（1）介绍林清玄的经历。

（2）简介霍金、海伦·凯勒、张海迪、金晶。

（3）教师小结：希望你们每个人都像文中的百合一样，在今后的学习生活中，无论遇到怎样的困难，都要坚持自己的信念，并不断为之付出努力，只要坚持就会获得成功。

（五）作业布置，课外延伸

1. 有感情地把课文朗读给家人听。

2. 写一篇 300 字左右的读后感。

附：板书设计

全心全意

百合花开　　　　证明自己

默默开花

杨氏之子

（第一课时）

申　静（昌平区二毛学校）

一、教学目标

1. 会写六个生字，认识三个生字。

2. 能正确、流利地朗读课文，初步感受文言文简约的表达特点。

3. 能通过注释及联系上下文等方法，理解词和句子的意思，了解课文内容，感受杨氏子应对的巧妙之处，体会他的“甚聪惠”。

4. 初步感知文言文的学习方法。

二、教学重点

1. 能通过注释及联系上下文等方法，理解词和句子的意思，了解课文内容，感受杨氏子应对的巧妙之处，体会他的“甚聪惠”。

2. 能正确、流利地朗读课文。

三、教学难点

能通过注释及联系上下文等方法，理解词和句子的意思，了解课文内容，感受杨氏子应对的巧妙之处，体会他的“甚聪惠”。

四、教学策略

学生“自主学习”与教师相机点拨相结合，文本阅读与拓展阅读相结合。

五、教学过程

（一）揭示课题，初步感受文言文的表达特点

1. 出示课题，了解“文言文”知识，初步感知文言文的表达特点。

（1）学生交流搜集的“文言文”资料。

（2）出示补充资料，感受文言文表达的特点和学习方法。

2. 理解课题，初步感受文言文的表达特点。

（1）理解“之”和“子”的意思。

（2）创设情境，初步感受文言文的表达特点。

【设计意图】通过谈话、资料、创设情境等教学形式，引导学生初步感知文言文的学习方法和表达特点，激发学生的学习兴趣。

（二）初读课文，初步感知课文内容，体会文言文的学习方法

1. 交流预习情况，初步感知课文内容，掌握课文字词。

（1）出示带有生字的课文指名读，读准多音字。

（2）听写，检查字词掌握情况。

借助字理，理解“曰”的字形和字义。

（3）指导学生读好停顿，读通句子。

2. 交流对重点字词的理解，了解课文内容。

导语：通过课前预习，你弄懂了哪些字词的意思？还有哪些不懂的字词？

重点指导：

（1）通过“惠”和“慧”比较，了解通假字的知识。

（2）通过对“家禽”字义的理解，体会古今字义的不同。

3. 用自己的话说说故事的内容，感受如何翻译、理解古文。

【设计意图】引导学生运用已有的学习方法，进行自主学习，通过交流自学成果，了解课文内容，理解重点字词的意思，初步了解课文内容，感受古文的学习方法。

（三）精读品味，体会杨氏子回答的精妙，感受杨氏子的“甚聪慧”

导语：你觉得杨氏之子是个怎样的孩子？用书上的句子怎样说？

1. 小组讨论：你从哪些语句中能感受到杨氏子“甚聪慧”？

2. 班内交流，感受如何品析文言文的语言。

孔指以示儿曰：“此是君家果。”

儿应声答曰：“未闻孔雀是夫子家禽。”

为设果，果有杨梅。

（1）抓住对话描写的句子，从“会听、会说、反应快”等方面感受杨氏子“甚聪慧”。

（2）抓住“夫子、未闻、为设果”等词语，体会孩子有礼貌，有教养。

（3）体会朗读，感受杨氏子语言的精妙。

（4）拓展思维训练，尝试运用文言文的表达方式，感受杨氏子语言的精妙。

李指以示儿曰：“此是君家果。”儿应声答曰：“____________________”

黄指以示儿曰：“此是君家果。”儿应声答曰：“____________________”

（5）拓展杨氏子知识，进一步体会杨氏子“甚聪慧”。

3. 总结文章表达特点，积累语言。

小结：用55个字，就把一个小故事生动地展现在我们面前。文章结构非常严谨：先总写杨氏子甚聪慧，然后通过一件小事，抓住人物的语言和动作，具体写如何聪慧。

（四）熟读成诵，多形式朗读，指导背诵

（1）按照停顿读。

（2）按照古文行款方式读。

（3）尝试背诵。

【设计意图】多种形式朗读课文，训练学生熟读成诵，同时感受中国文化的特色。

（五）作业布置，学以致用，拓展延伸

1. 介绍《世说新语》，激发学生的阅读兴趣。

2. 布置作业，尝试运用学法理解文言文。

（1）积累精彩的语言。

（2）选择《世说新语》中的一则故事进行阅读，读懂后把故事内容讲给大家听。

附：板书设计

杨氏之子

	杨梅	杨氏子	读
甚聪慧			译 析
	孔雀	孔君平	积 拓

会听　会说　反应快　有教养

“凤辣子”初见林黛玉

（第二课时）

孙元伟（昌平区巩华中心小学）

一、教学目标

1. 品读描写人物外貌、语言的句子，感受王熙凤这一鲜活的人物形象，领略经典名著的魅力。

2. 学习作家抓住细节描写刻画人物性格的写法，并能在今后的习作中尝试运用。

3. 初步了解正面描写和侧面描写表达方法的作用。

4. 激发学生对古典文学名著《红楼梦》等作品的阅读兴趣。

二、教学重点

通过品读描写人物外貌、语言的句子，感受王熙凤这一人物形象的特点，领略经典名著的魅力。

三、教学难点

学习作家抓住细节描写刻画人物性格的写法。

四、教学策略

采取观其行、听其言、察其心的深度文本对话阅读策略，体会作者刻画人物形象的方法。

五、教学过程

（一）回顾“小嘎子”“严监生”，引出“凤辣子”

谈话导入：引导学生回忆《人物描写一组》中作者传神刻画出的小嘎子和严监生两个人物，引出这节课的主要人物——王熙凤。

（二）品读“外貌”描写，感知奢侈华美，性格张扬

1. 视频直观导入，初感人物形象。

播放视频，体会王熙凤的笑声，初步感知王熙凤放诞无礼的性格特点。

2. 品读描写王熙凤外貌的语句，整体感知人物。

头上戴着金丝八宝攒珠髻，绾着朝阳五凤挂珠钗；项下戴着赤金盘螭璎珞圈；裙边系着豆绿宫绦双鱼比目玫瑰佩，身上穿着缕金百蝶穿花大红洋缎窄裉袄，外罩五彩刻丝银鼠褂，下罩翡翠撒花洋绉裙。一双丹凤三角眼，两弯柳叶吊梢眉。身量苗条，体格风骚，粉面含春威不露，丹唇未启笑先闻。

（1）指导学生把语句读通读顺。

（2）自由读，思考：读了这段外貌描写，王熙凤给你留下了怎样的印象？课文又是从哪些方面来介绍王熙凤的外貌的？

预设：

印象：长相漂亮、衣着华丽。

外貌：从“穿着、长相”方面介绍。

3. 品读描写“穿着”的语句，体会王熙凤的特点。

（1）出示文字，学生自由朗读，体会王熙凤穿着、装饰的特点。

头上戴着金丝八宝攒珠髻，绾着朝阳五凤挂珠钗；项下戴着赤金盘螭璎珞圈；裙边系着豆绿宫绦双鱼比目玫瑰佩，身上穿着缕金百蝶穿花大红洋缎窄裉袄，外罩五彩刻丝银鼠褂，下罩翡翠撒花洋绉裙。

引导学生抓住穿着中衣服的质地、样式以及头戴的装饰，来体会王熙凤穿着的“奢侈华美”。

教师随机板书并指导学生做笔记，培养良好的阅读习惯。

（2）出示饰物的图片，感受其穿戴的华美，体会性格特点。

预设：王熙凤好炫耀、张扬。

（3）品读“穿着”的语句，体会表达顺序。

①学生自由朗读，思考：作者是按照什么顺序描写王熙凤的穿戴的？画出

能表示顺序的相关的词语，体会一下这样写有什么好处。

②学生自学后，进行交流。

预设：作者是按照从上到下的顺序来写的，这样表达条理清晰。渗透观察和写作方法。

（4）指导朗读，感受人物特点。

在充分理解的基础上指名读，感受王熙凤穿着的华美，体会作者这样写的好处。

4. 品读描写“长相”的语句，体会性格特点。

出示语句，采用师生接读的方式读句子。

一双丹凤三角眼，两弯柳叶吊梢眉。身量苗条，体格风骚，粉面含春威不露，丹唇未启笑先闻。

（1）引导学生抓住重点词语感知人物特点。（美丽、厉害）

（2）指导学生齐读：大声地、有节奏地读，体会王熙凤的特点。

5. 体会外貌描写的作用。

引导学生思考：作者为什么要抓住王熙凤的这些穿着和长相来写？这样写有什么好处？

（预设：这些描写更能突出王熙凤的奢侈华美、性格张扬，写人物的外貌不能面面俱到，要抓住最能体现人物特点之处来写。）

【设计意图】通过品味外貌来感悟人物的特点，然后落实到写法上。

（三）品味人物“语言”，体会逢迎取宠，卖弄权势

1. 学生按照自学提示自读课文。

学习提示：默读第三自然段，画出描写王熙凤语言的句子，想一想你又看到了怎样一个王熙凤。在书中做简单批注。

2. 交流句子，指名读所画的三个句子，画不完全的进行补注。

3. 读第一处语言，品弦外之音。

（1）出示语句，自由读，思考：你读懂了王熙凤在说什么了吗？读懂她话中的弦外之音了吗？

这熙凤携着黛玉的手，上下细细的打量了一回，便送至贾母身边坐下，因笑道：“天下真有这样标致的人物！我今儿才算见了！况且这通身的气派，竟不像老祖宗的外孙女儿，竟是个嫡亲的孙女。怨不得老祖宗天天口头心头，一时不忘。只可怜我这妹妹这样命苦，怎么姑妈偏就去世了。”

（预设：王熙凤不仅很夸张地夸奖了林黛玉，还巧妙地夸奖了贾母以及贾母的嫡亲孙女。）

（2）引入资料，了解背景：王熙凤是在什么样的情况下说这些话的？

林黛玉儿时丧母，与父亲相依为命。林黛玉的母亲贾敏是贾母最喜欢的小女儿，年轻即早逝，贾母甚至连最后一面都未见，甚是伤心，因此把所有的爱都给了这个外孙女。几次去接黛玉都未果，这次终于把黛玉接进贾府，贾母甚是欢心，更是对黛玉疼爱有加，生怕受一点儿委屈。

（3）再追问：王熙凤为什么要这样说？（预设：为了讨贾母欢心）

（4）师简介原著中的王熙凤，引导学生体会人物性格：王熙凤是怎样一个人？（预设：逢迎取宠）

（5）指导朗读，感受王熙凤的八面玲珑，逢迎取宠。

4. 学生自由交流另外两处语言描写。

（1）从第二处语言描写中体会：见风使舵、逢迎取宠。

正是呢，我一见了妹妹，一心都在他身上了，又是欢喜，又是伤心，竟忘记了老祖宗，该打该打。

（引导学生通过品读语句，揣摩人物内心，体会人物的性格特点。）

（2）从第三处语言一连串的问话中体会：虚假。

妹妹几岁了？可也上过学？现吃什么药？在这里不要想家。要什么吃的，什么玩的，只管告诉我。丫头老婆们不好了，也只管告诉我。

（引导学生通过品读语句，揣摩人物内心，体会人物的性格特点。）

（3）指名朗读第三段语言，感受王熙凤的虚情假意、卖弄权势的特点。

5. 观看《红楼梦》相关视频，使学生进一步直观地感受王熙凤这一人物形象。

【设计意图】学生通过自主阅读批画，找到描写王熙凤语言的句子，感悟王熙凤的性格特点。教师引导学生在明白了表面意思的基础上去揣摩其弦外之音，并结合相关背景资料，帮助学生深入领会王熙凤的性格特点。同时培养学生不动笔墨不读书的习惯以及随堂记笔记的学习习惯。

（四）认识侧面描写，总结写作方法

1. 出示文中侧面描写的语句。（林黛玉和贾母对王熙凤的感觉和评价）

黛玉纳罕道：这些人个个皆敛声屏气，恭肃严整如此，这来者系谁，这样放诞无礼。

贾母笑道："你不认得他，他是我们这里有名的泼皮破落户儿，南省俗谓作辣子，你只叫他'凤辣子'就是了。"……

2. 引导学生思考：这些句子是描写什么的？你从中体会到什么？

（教师引导学生初步了解文中林黛玉对王熙凤的感觉以及贾母的评价都属于侧面描写，并感知侧面描写有助于刻画人物性格特点。）

3. 指导朗读。

（五）布置作业，拓展延伸

1. 总结写作方法。

作者抓住人物外貌和语言来刻画王熙凤的特点，这属于人物的正面描写。同时，文中还写了林黛玉对王熙凤的感觉以及贾母的评价，这些都属于侧面描写，文章正是通过正、侧面描写向我们展示了一个穿着奢侈华丽，性格张扬卖弄、逢迎取宠的王熙凤的形象。

2. 作业。

（1）带着自己的体会再读课文。

（2）推荐阅读：同步阅读读本《童年的玩与学》的第 299 页 ~ 308 页之《人物描写一组》（孔乙己、周朴园、翠翠、小萝卜头、大地主泼留希金、守财奴的弥留之际），并摘录自己喜欢的语句。

（3）推荐阅读《红楼梦》。

附：板书设计

"凤辣子"初见林黛玉

正面描写 { 外貌：奢侈华丽　　张扬
　　　　　语言：逢迎取宠　　卖弄

侧面描写

跨越百年的美丽
（第二课时）

高春杰（昌平区教师进修学校）

一、教学目标

1. 理解文章内容，能有感情地朗读课文，背诵第四自然段。

2. 体会作者对居里夫人巨大贡献和人格精神的赞美，感受作者的表达方法，理解“跨越百年的美丽”的深刻内涵。

3. 能联系上下文理解课文中含义深刻的句子，体会居里夫人为科学献身的精神。

二、教学重点

体会作者对居里夫人巨大贡献和人格精神的赞美，感受作者的表达方法，理解“跨越百年的美丽”的深刻内涵。

三、教学难点

能联系上下文和资料理解含义深刻的句子，体会居里夫人伟大的科学精神和高尚的人格。

四、教学策略

“自主学习”与多种方法有机结合。

五、教学过程

（一）导入新课，引导交流，感知美丽

1. 激情导入，引出课题。

这节课我们继续跟随作者梁衡一起走近居里夫人这位伟大的女性，深入感受她——跨越百年的美丽。

2. 交流自学，初步感知。

通过上节课的学习，我们对课文有了初步的了解，同学们提出了不懂的问题，并结合这些问题进行了自主学习，现在请大家打开书，我们来交流一下。

课件出示自学要求：居里夫人的“美丽”表现在课文中的哪些方面？找出文中含义深刻的句子，画下来，谈谈你的理解或提出不懂的问题。

（1）交流预习的成果，居里夫人的美丽表现在哪些方面？

初步感知居里夫人的美丽具体表现在四个方面：外貌、坚定执着、献身科学、淡泊名利。

（2）交流居里夫人的淡泊名利，体会数字说明的巧妙。

（二）引导质疑，品味文本，感悟美丽

1. 引导质疑，抓住含义深刻的句子。

课件出示：

玛丽的性格里天生有一种更可贵的东西，她坚定、刚毅、顽强，有远大、执着的追求，这种可贵的性格与高远的追求，使玛丽·居里几乎在完成这项伟大自然发现的同时，也完成了对人生意义的发现。

2. 走进文本，自读批划。

出示自学要求。默读课文，思考：为什么说这项发现是伟大的？这里的“人生意义”指的是什么？在感受深刻处进行批注。

在学生自主学习，小组交流的基础上引导全班交流。

（1）通过事例，感受发现的伟大，感悟执着与坚定。

a. 抓住相关词句感受居里夫人提取镭的艰难。

b. 播放视频，直观感悟艰辛。

（播放视频）让我们通过这生动的画面去感受提炼的艰难。

我们看到的只是短短一瞬，可是这样的日子居里夫人却是整整持续了——三年又九个月，这是怎样的三年又九个月呀？（艰苦、坚持不懈、锲而不舍、面临失败、渺茫、充满期待、充满希望、充满幸福、充满乐观……）

c. 教师总结，情感提升。

居里夫人就是经过了这样充满艰辛又饱含坚定执着的三年又九个月，最后她终于提取出了镭，完成了科学史上的伟大发现，此时，作者不禁发出这样的赞叹：

这点美丽的淡蓝色的荧光，融入了一个女子美丽的生命和不屈的信念。玛丽的性格里天生有一种更可贵的东西，她坚定、刚毅、顽强，有远大、执着的追求。这种可贵的性格与高远的追求，使玛丽·居里几乎在完成这项伟大自然发现的同时，也完成了对人生意义的发现。

小结：这镭，的确是伟大的发现。

d. 总结写法，感悟作者选材的巧妙。

小结：是啊，提炼镭就是这样的艰难！过程复杂、条件恶劣、时间漫长、危害性极大，而且希望渺茫……作者为什么要选取这样一件事？

提到了居里夫人，我们自然就想到了镭；提到镭，就想到了被誉为“镭的母亲”的居里夫人。这样的事例叫典型事例，最能突出人物的精神品质。

【设计意图】通过品析词句引导学生感受居里夫人提取镭的艰辛，以及居里夫人对科学事业的执着与坚定，体会作者抓住典型事例表现人物思想品质的方法。

（2）结合文本及资料，感悟“人生意义的发现”。

a. 结合资料理解镭的珍贵及对人类的意义。

出示资料：

地球上的镭极少，每一克重的镭，要值美金十万元左右，它可以算是世界上最贵重的东西了，镭的放射线能够影响活着的东西，像癌一类的病症，用镭照射，就可以痊愈。镭的发现在科学界爆发了一次真正的革命。

b. 结合居里夫人的话感受她的人生意义在于为人类及科学的献身精神。

课件出示：

对于居里夫人而言，她人生的意义不在于__________，而在于________。

（3）总结提升，指导朗读。

总结：正像大家所说的，她的人生意义不在于美貌、金钱和荣誉，而在于不断地探索、不断地发现、不断地奉献。我们通过结合大量的资料、联系上下文，理解了含义深刻的句子。而作者能写出这样含义深刻的语言，也正是由于他对居里夫人有着全面、深刻的了解，有着强烈的敬仰之情。

（4）抓住排比句式，感受居里夫人的成就，体会对居里夫人的赞美与崇敬。

课件出示：

她从一个漂亮的小姑娘，一个端庄坚毅的女学者，变成科学教科书里的新名词“放射线”，变成物理学的一个新的计量单位“居里”，变成一条条科学定律，她变成了科学史上一块永远的里程碑。

a. 感知表达方式的特点，体会居里夫人的成就之大。

b. 教师引读，感受排比的表达效果，体会作者的赞美、崇敬之情。

因为她开创了“放射学”这门新学科，所以她从一个漂亮的小姑娘，一个端庄坚毅的女学者，变成——科学教科书里的新名词“放射线”。

因为她提炼了镭，人们后来用她的名字作为放射性强度的单位，所以她变成——物理学的一个新的计量单位“居里”。

因为她在科学道路上不断探索，不断地发现，所以她变成——一条条科学定律。

因为她终身献身科学，将自己的美丽容貌、自己的青春，乃至生命都奉献给了科学事业，所以她变成了——科学史上一块永远的里程碑。

c. 通过数字感知成就大。

课件出示：

她一生共得了 10 项奖金、16 种奖章、107 个名誉头衔，特别是获得了两次诺贝尔奖。

（课件出示居里夫人所获得的各种奖项）

作者只用了这几个具体的数字就让我们体会到了居里夫人一生不朽的功勋。

d. 有感情地朗读，尝试背诵。

【设计意图】引导学生通过联系上下文、结合资料理解镭的发现是伟大的发现，从而感悟居里夫人的“人生意义”，突破教学难点。

（三）回归整体，关注表达，升华美丽

1. 结合板书，回归整体。

2. 品读外貌，体会作用。

出示：

……一位年轻漂亮、神色庄重又略显疲倦的妇人走上讲台，全场立即肃然

无声。

玛丽·居里穿着一袭黑色长裙，白净端庄的脸庞显出坚定又略带淡泊的神情，那双微微内陷的大眼睛，让你觉得能看透一切，看透未来。

从外貌描写中你感受到了什么?

小结：我们似乎从她的外貌能看到她的内心，作者这样描写居里夫人的外貌，是为了突出表现人物的精神品质。

3. 关注结尾，体会引用的好处。

（1）出示结尾。

著名科学家爱因斯坦说过："在所有的世界著名人物中，玛丽·居里是唯一没有被盛名宠坏的人。"

从爱因斯坦的评价中，你体会出爱因斯坦怎样的情感?

引导学生感受这是爱因斯坦对居里夫人毫不吝惜的、极尽的赞美，这也是作者的赞美!

（2）引导感受结尾的妙处：引用名人对她的评价作为文章的结尾，更具有说服力。

4. 升华"美丽"，理解题目。

这跨越百年的美丽仅仅能跨越百年吗? 这种美丽能持续多久? 理解美丽的"永恒"。

题目中饱含作者对居里夫人的赞美之情，让我们再来读读题目，读出美丽、读出久远。

【设计意图】 回归整体，感悟"跨越百年的美丽"的深刻内涵。

（四）布置作业，拓展阅读，延伸美丽

1. 有感情地朗读课文，背诵课文第四自然段。

2. 拓展阅读《科学家的故事》或梁衡的文章《觅渡》。

【设计意图】 强化学生的积累，引导学生课外阅读，扩大学生的阅读量，体现大语文教学观。

附：板书设计

	外　貌			描写
跨越百年的美丽	坚定执着	发现	人生意义	典型事例
永恒	献身科学			
	淡泊名利	奉献		

“凤辣子”初见林黛玉
（第二课时）

张艳超（延庆县第三小学）

一、教学目标

1. 通过自主阅读、勾画批注、小组交流、集体讨论、有感情地朗读等方法感受王熙凤泼辣张狂、口齿伶俐、善于阿谀奉承、见风使舵、喜欢使权弄势、炫耀特权和地位的特点。

2. 在阅读中领悟“用人物的动作、语言、外貌等描写表现人物性格特点”的写作方法。

3. 通过品悟文本、声像结合、想象朗读以及原文再现的方法，激发学生阅读名著的欲望。摘录课文中描写人物的精彩句段。

二、教学重点

理解课文内容，感受“凤辣子”的形象特征，激发学生阅读名著的欲望。

三、教学难点

抓住描写人物的语句，深入文本，采用多种方法感受人物形象。

四、教学策略

抓住对人物的描写，联系历史背景和生活实际，对比品析人物的性格特点。

五、教学过程

（一）介绍背景，激发兴趣

1. 揭示课题。

介绍作品作者，记住作品名《红楼梦》和作者曹雪芹。

2. 弄清人物关系，介绍背景。

问题：通过预习课文，谁知道课文写了哪几个人物？主要写的是谁？

背景资料：这个大家族中有众多的公子们小姐们，伺候他们的仆人就有几百个，内部事务纷繁复杂，需要有人掌管。贾母是这个大家族中年龄最长，地位最高的权威人物，她把这个管理家庭内部事务的权力交给了她最欣赏、最信任的孙子媳妇王熙凤。林黛玉是贾母的外孙女，老家在南方，因为母亲刚刚去世，贾母特别疼爱她，就把她接到贾府来生活。课文写的就是贾母带着一家主仆迎接黛玉的情景，重点写的是王熙凤的表现。

学生回忆预习情况，弄清人物关系，了解故事的背景。

（二）初读课文，感知形象

1. 指名读课文，提示其他同学一边听，一边静心思考王熙凤是个怎样的人。

2. 引导全体同学整理出初步感受。

预设：漂亮，高贵，热情，关心别人，没有礼貌，能说会道。

3. 总结，引出下一个环节：通过初读课文，我们初步感受到王熙凤的外貌漂亮、高贵，待人接物热情、真诚，言谈举止不拘小节，没有礼貌，下面我们深入品读课文，相信同学们会有更深、更新的体会。

（三）品读课文，体会形象

1. 引导交流对外貌描写的语句的理解。

（1）出示穿着描写的句子：

头上戴着金丝八宝攒珠髻，绾着朝阳五凤挂珠钗，项上戴着赤金盘螭璎珞圈，裙边系着豆绿宫绦双鱼比目玫瑰佩，身上穿着缕金百蝶穿花大红洋缎窄裉袄，外罩五彩刻丝石青银鼠褂，下罩翡翠撒花洋绉裙。

a. 指名谈体会：

预设：衣服很漂亮，首饰很昂贵，气质高贵，体会出高贵之中透着一种奢华。

b. 引导读出体会到的漂亮。

c. 课件变色，强调“金、银、珠、钗、璎珞、玫瑰、翡翠”等词语。

d. 引导：你再仔细品读这些词语，又有什么新的体会？

e. 引读加深理解。

（2）品味描写容貌的语句：

a. 仔细品味“三角眼、吊梢眉、威”等词语，有什么新的体会？

b. 总结，我们通过粗读课文，感受到王熙凤的漂亮，细细品读之后体会到她的奸诈威严，请同学们继续汇报细读课文的感受。

2. 品味王熙凤语言的句子。

（1）出示：

只听后院中有人笑声，说：“我来迟了，不曾迎接远客。”

a. 引导讨论，你从中读出了什么？

b. 放视频。

c. 再次读这句话，又有什么新的理解？（或者问，她为什么这样做？）

（2）出示：

这熙凤携着黛玉的手，上下细细的打量了一回，仍送至贾母身边坐下，因道：“天下真有这样标致的人物，我今儿才算见了！况且这通身的气派，竟不象老祖宗的外孙女儿，竟是个嫡亲的孙女，怨不得老祖宗天天口头心头，一时不忘。只可怜我这妹妹这样命苦，怎么姑妈偏就去世了！”说着，便用帕拭泪。

a. 引导学生抓住动作描写体会出王熙凤是在讨好贾母。

b. 放视频，体会。

（3）出示：

“妹妹几岁了？可也上过学？现吃什么药？在这里不要想家，想要什么吃的，什么玩的，只管告诉我，丫头老婆们不好了，也只管告诉我。”

a. 引导同学仔细品读，有什么新的理解？

（抓住“只管”体会出炫耀权势）

b. 引导再次品味从这一连串的问题中发现什么问题。

预设：为什么问吃药的问题？为什么没有回答？

c. 出示原文：

一面又问婆子们：“林姑娘的行李东西可搬进来了？带了几个人来？你们赶早打扫两间下房，让他们去歇歇。”后面也没有回答。

（小组讨论为什么没有回答，是因为没有给黛玉留回答的机会，目的是讨好贾母，可见热情之中含着虚伪。）

3. 总结写作方法：这些表面的热情、漂亮，背后的威严、虚伪，作者是怎么表达出来的？

（领悟出本文的写作方法，明白侧面描写也可以表现人物形象。）

4. 出示原文中仆人眼中的王熙凤形象。

“如今合家大小除了老太太，太太两个人，没有不恨他的，只不过面子情儿怕他.……嘴甜心苦，两面三刀，上头一脸笑，脚下使绊子，明是一盆火，暗是一把刀，都占全了。”

（四）拓展延伸，创作形象

1. 王熙凤协理宁国府的片段。

那人道：“小的天天都来的早，只有今儿，醒了觉得早些，因又睡迷了，来迟了一步，求奶奶饶过这次。”

2. 出示原文中王熙凤的所作所为。

凤姐冷笑道：“我说是谁误了，原来是你！你原比他们有体面，所以才不听我的话。明儿他也睡迷了，后儿我也睡迷了，将来都没了人了。本来要饶你，只是我头一次宽了，下次人就难管，不如现开发的好。”登时放下脸来喝命：“带出去，打二十板子！”……“明日再有误的，打四十，后日的六十，有要挨打的，只管误！”

（五）激发阅读，走进红楼

1. 总结：今天同学们领略了王熙凤性格的一个侧面，其实她和《红楼梦》是一团谜，二百多年来，不知道有多少红学专家研究她。她到底是个怎样的人？如果想要真正了解她，就让我们走进《红楼梦》吧！

2. 出示作业。

（1）积累描写王熙凤容貌的语句。

（2）阅读儿童版《红楼梦》。

（曾获2012年延庆县随班就读评优一等奖）

匆　　匆

（第二课时）

史月红（延庆县第四小学）

一、教学目标

1. 抓住重点句段，体会作者表达的思想感情，懂得时间宝贵，树立珍惜时间的意识。

2. 感受语言的优美和作者的表达方式，积累语言。

3. 有感情地朗读课文。

二、教学重点

1. 抓住重点句段，体会作者表达的思想感情。

2. 感受语言的优美和作者的表达方法，积累语言。

三、教学难点

借助生活实际和课外资料来理解含义深刻的句子，体会作者的思想感情。

四、教学策略

自主感悟，深入探究。

五、教学过程

（一）回顾课文，整体感知

这节课我们继续学习朱自清先生的经典散文《匆匆》，快速浏览课文，回忆通过第一课时的学习，你知道了什么。

【设计意图】学生在回忆、梳理的过程中整体把握课文内容，初步感知作者的情感基调。

（二）品读课文，感悟“匆匆”

1. 倾听——配乐朗读，听文章感受“匆匆”。

（1）著名作家余秋雨说了，散文就是读者与作者的悄然对话与共同的思考。既然是读者与作者对话，那么就让我们先来倾听吧，现在就请同学们欣赏著名艺术家孙道临朗诵的《匆匆》。

要求：一边听一边在书上你认为时间匆匆而逝的地方做上记号。播放朗诵《匆匆》。

（2）学生把勾画的地方读出来。

小结：同学们善于倾听，就能听出这么多感受来。让你们有感受的地方遍布全文，而它们又非常集中地表达一个意思——那就是时光匆匆。这就是散文最明显的特点——形散神聚。

【设计意图】名家范读，语言的感染力强，有效地营造出时光匆匆的氛围，有利于感染学生，激发学生的共鸣。学生在倾听的过程中并关注文本，把能表现时间匆匆而逝的地方勾画下来，读书交流，为下一环节打下基础。这一环节既培养了倾听习惯，又调动了多种感官参与学习。

2. 思考——默读批注，进文本感悟内涵。

默读课文，特别关注刚才那些给你留下深刻印象的地方。一边读一边思考，争取读懂一到两处，把你体会到的情感批注在旁边。

【设计意图】让学生静下心来，潜读文本，进行深入思考。

3. 对话——汇报交流，与作者产生共鸣。

（1）抓修辞，感悟时光匆匆——体会抽象事物具体化。

语段一：

燕子去了，有再来的时候；杨柳枯了，有再青的时候；桃花谢了，有再开的时候。

预设：学生抓住“一去不复返”及“去、来”“枯、青”“谢、开”等几组反义词体会到时光的一去不复返。

设疑：作者没有开门见山写日子一去不复返，而是写这一句，为什么呢？

语段二：

在默默里算着，八千多日子已经从我手中溜去；像针尖上的一滴水滴在大海里，我的日子滴在时间的流里，没有声音，也没有影子。

学生谈体会，老师相机引导：结合生活实际，你算算，八千多日子相当于多少年？把这二十多年比作一滴水，这一滴水对于作者来说，是大是小？（大）对于时间的大海来说，是大是小？（小）小到何种程度？此时你感受到了什么？

有感情地朗读：读出时光的易逝及作者的紧张、痛苦。

作者运用了什么表达方法把感受表达得淋漓尽致？还有哪儿是比喻手法的运用？

语段三：

过去的日子如轻烟，被微风吹散了，如薄雾，被初阳蒸融了。

作者把无影无形的时间比作了什么？你觉得这种比喻好吗？好在哪儿？

语段四：

太阳它有脚啊，轻轻悄悄地挪移了：我也茫茫然跟着旋转……但是新来的日子的影儿又开始在叹息里闪过了。

a. 预设：学生抓住“跨过、飞过、闪过、溜走”等拟人的手法，从中体会到时间的稍纵即逝；学生抓住句中的排比句“洗手的时候……便从凝然的双眼前过去”，从中感受到日子在生活中的小事中不知不觉地飞逝。

b. 想想生活中还有哪些小事让我们感受到时光匆匆。

照样子写话：____________的时候，日子____________。

C. 指导朗读：读出时间匆匆而过的样子。

（2）悟问句，追问生命价值——体会情感表达强烈化。

作者通过比喻、拟人等手法，将抽象的时间变得可看，可感。再读课文，你还发现这篇课文什么样的句式特别多？找出来读一读，结合上下文你体会到了什么？

a. 设疑：“我留着些什么痕迹呢？我何曾留着像游丝一样的痕迹呢？”这两个问句一样吗？为什么要反复问同一个问题？

b. 追问：你觉得怎样才算是留下了深深的生命痕迹？可以举例来说明。（学生可以选择著名作家、战斗英雄、航天英雄或身边平凡的人表达自己的想法）

c. 朱自清先生虽然只活了 50 岁，却留下了非常宝贵的文学遗产。（出示：

朱自清介绍）谈谈你的感受吧！

d. 再次设疑：对于首、尾反复的两个问句："但是，聪明的，你告诉我，我们的日子为什么一去不复返呢?""你聪明的，告诉我，我们的日子为什么一去不复返呢?"你有什么新认识？两个问句表达的意思完全一样吗？

e. 指导朗读：是啊，生命只有一次，时光一去不复返！带着你新的感受再读最后一段。

【设计意图】 两次设疑以及资料的适时补充帮助学生深入理解文本内容，体会作者情感，并很好地体会到作者反复追问，表达强烈感受的表达效果。

（三）赏读课文，领悟写法

有感情地放声朗读课文，说一说你最喜欢哪些描写，它们在表达上有什么特点。

（四）布置作业，拓展延伸

1. 背诵课文，并把喜欢的句子抄写下来。

2. 阅读课后的《明日歌》。搜集珍惜时间的名言警句，也可以找朱自清的其他文章读一读。

附：板书设计

匆匆

时光飞逝　　　（修辞）

生命价值　　　（问句）

草地夜行

（第二课时）

陈　倩（顺义区杨镇中心小学）

一、教学目标

1. 能联系上下文了解老红军和小红军草地夜行的艰难；抓住人物的言行揣摩人物的心理，结合环境描写，体会红军战士忠于革命、舍己救人、无所畏惧、勇往直前的革命精神。

2. 能有感情地朗读课文，理解最后一个自然段的意思。

二、教学重点

抓住人物的言行揣摩人物的心理，结合环境描写，体会红军战士忠于革命、舍己救人、无所畏惧、勇往直前的革命精神。

三、教学难点

有感情地朗读课文，理解最后一个自然段的意思及作用。

四、教学策略

以自读探究、共议交流为主进行教学，读中抓住人物的言行体会其精神品质。

五、教学过程

（一）回顾课文，依疑导入

这节课，我们继续学习第30课，大家齐读课题。上节课我们初读了课文，谁来说一说课文主要写了一件什么事？上节课同学们对课文内容提出了哪些问题？

【设计意图】 学生的疑问正是教学的目标之一，也是教师因需定教的前提。

（二）依学习提示自学探究

学习提示：默读课文夜行部分第十二～第十七自然段。

1. 老红军是怎样说、怎样做的？画出相关语句，读一读，把感受批注在语句旁。

2. 可以结合课外资料理解、感受。

【设计意图】 高年级学生已经具备一定的阅读能力，教师要创设情境，放手引导学生依疑自读自悟，培养学生写批注的能力。

（三）对话交流，共享收获

导语：老红军是怎样说、怎样做的？汇报时先读出相关的句子，再结合语句谈谈你的感受。

若学生先结合老红军掉入泥潭而交流时，教师顺势引导："这是老红军救小红军时的言行，看来这儿深深地打动了你，那么在掉入泥潭之前他是怎样说、怎样做的呢？"

1. 天黑下雨，背"我"行。

（1）焦急之下背"我"行。

a. 生生交流：抓住"焦急""可火了""别磨蹭了"和"不容分说"等词语，感受老红军焦急的心情。

b. 教师引导，了解恶劣环境和"我"的情况。

c. 朗读体验：带着感受再读第十三自然段，体会老红军此时是多么着急。

（2）天黑下雨仍旧背"我"行。

我一再请求他放下我，他也不肯，仍旧一步一滑地背着我向前走。

a. 抓住"一步一滑"交流感受。

b. 创设情境，对话"请求"："我"趴在老红军背上，一再请求他放下。"我"会怎样请求呢？

c. 整合中朗读体验，强化感受。

师：老红军忍受着饥饿和疲惫背着"我"艰难地向前行，我一再请求他放下我，怎么说他也不肯——（生接读）仍旧一步一滑地背着我向前走。

师：老红军不仅背着自己的物品、背着我的枪、空干粮袋，还背着

“我”，他太累了，我一再请求他放下我，怎么说他也不肯——（生接读）仍旧一步一滑地背着我向前走。

师：天这么黑，又下起雨来，路更不好走了，我一再请求他放下我，怎么说他也不肯——（生接读）仍旧一步一滑地背着我向前走。

2. 陷入泥潭，不幸牺牲。

（1）陷入泥潭，先想战友。

a. 从老红军的“小鬼，快离开我”“我掉进泥潭里了”这些话中体会到老红军在危险面前首先想到是小红军的安危。

b. 带着感受朗读——读出不顾安危。

如果体会有一定困难，则出示对比句读一读，再谈感受。

“小鬼，快离开我！”他急忙说，“我掉进泥潭里了。”

“我掉进泥潭里了。”他急忙说，“小鬼，快离开我！”

【设计意图】引导学生感受语序的变化，表达的意思、情感也会发生变化。

c. 评价老红军：老红军是一个怎样的人？

（2）牺牲之时，舍己为人。

这时候，他用力把我往上一顶，一下子把我甩在一边，大声说：“快离开我，咱们两个不能都牺牲！……要……要记住革命！……”

a. 抓住动作“一顶”“一甩”，体会老红军危险面前舍己为人的高尚品质。

b. 抓住“快离开我，咱们两个不能都牺牲”体会面临死亡老红军仍想着“我”；“……要……要记住革命！……”体会老红军临终前忠于革命的崇高品质。

c. 朗读，想象，进入情境：边读边想象当时的情境。

d. 结合言行评价老红军。

导语：面对死亡，老红军毫不犹豫地把生的希望让给了小红军，把死的危险留给了自己。这是多么崇高的品质！老红军给你留下了怎样的印象？

e. 指名分角色读第十四、第十五自然段，其他同学想象当时的情景。

（3）牺牲之后，令我悲痛、敬佩。

a. 教师范读第十六、第十七自然段，引入情境。

b. 自读这一段，想一想：此时此刻，小红军心里会想些什么？

c. 配乐朗读第十七自然段。

（4）角色朗读，再现情境。

自己轻声朗读第十二~第十七自然段，边读边想象当时的情景。

3. 牢记嘱托，大步前行。

（1）自己读一读第十八自然段，想一想知道了什么。

预计学生能够结合环境描写感受环境更恶劣，处境更困难。那么教师及时引导体会环境描写的作用。

a. 找出课文中描写环境的句子，读一读，谈谈感受。

b. 体会环境描写的好处。

【设计意图】体会环境描写是本课的一个教学重点。联系三次环境描写，引导学生体会环境越是恶劣，越能表现出人物品质，从而体会环境描写的烘托作用。

（2）联系课文内容，体会“我”的变化原因：开始小红军“一步一挨”向前走，为什么现在能“迈开大步”向前走？

提升：老红军舍己为人、忠于革命的精神鼓舞着“我”，使“我”坚定了革命信心，要继承老红军的嘱托，迈开大步向前走。

（3）抓住重点词语理解：“光明大路”指什么呢？

引导体会：无边的风雨、无边的黑暗让我们想象到了当时环境的恶劣，那么这两个词语只是说草地中的环境吗？结合红军长征的背景谈谈理解。

学生结合长征资料理解，这里的“光明大路”是指红军的长征之路、北上抗日之路、革命之路，红军战士就是沿着这条路北上抗日，建立新的革命根据地。

（4）齐读第十八自然段，边读边体会小红军的心情。

（四）总结全文，升华情感

革命队伍中有无数个像老红军这样的战士，他们面对困难，勇往直前，危险面前，舍己为人，心中牢记革命任务，让我们永远记住这个感人的故事。

（五）布置作业，拓展阅读

必做：1. 练习有感情地朗读课文。

2. 摘录感人的语句。

选做：1. 把搜集到的有关长征的故事讲给同学们听。

2. 读一读《红军不怕远征难》一书。

附：板书设计

草地夜行

老红军

背

一步一滑

顶、甩

“我”一步一挨————→迈开大步向前走

要记住革命

后　记

十年的课改实践，北京市广大小学语文教师、学校教学干部和教研员默默地耕耘，无悔地求索，在课改这片希望的田野上洒下了无数的汗水。他们勤于思考，勇于实践，不断创新，取得了丰硕的成果。

《北京市小学百所名校优秀教学设计及论文集萃》精选了近600位教师的教学设计和论文，涉及人教版、北师大版、北京版多种版本教科书。

本套书主要包含两部分内容。一部分是优秀的教学设计，这些教学设计具体展示了每位教师课堂教学"实况"，便于广大教师从"实况"中进一步领会每位优秀教师是如何把自己的教育思想付诸实践的。这些优秀的教学设计会成为给大家解决困惑的钥匙，帮助大家备好课，上好课。另一部分是优秀的教学论文，这些论文详尽地讲述了自己对语文学科特点和规律的认识，以及根据课改精神和新课标要求实施语文教学的基本经验，会对广大语文教师有很大的启发。

提高小学语文教育质量的关键在于建设一支思想素养和业务素养优良的小学语文教师队伍，有了这支高素质的教师队伍，才能有高质量的小学语文教育。正如2011年版《义务教育语文课程标准》指出的那样："教师应确立适应社会发展和学生需要的语文教育观念，注重吸收新知识，不断提高自身的综合素养。"我们相信，这套书的出版，能促使广大教师深层次地探讨教学改革与创新，并从中分享优秀教师的教学智慧和教学经验，不断地丰富自己，完善自我。

这部集萃，汇聚着的是教学一线的老师们勤于思考、勇于实践的生命之声，浸润着的是一些对小学语文教学有想法的思考者的心血与汗水，充盈着的是真实课堂里生成的精彩篇章。它立足思考，源于课堂；它求异求新，成于实践。

崔峦先生是我国小语界德高望重的专家。他虽然日常工作繁忙，但当我们请他为这套书作序时，先生欣然应允，令人十分感动。

感谢各位编委为这套书组织、初审等付出的辛劳；更要感谢我市百所名校的校长、老师们的全力支持。

这套优秀教学设计和论文集萃得以出版，得到了语文出版社领导和相关同志的大力支持，他们同样付出了艰辛劳动，向他们表示深深的谢意。

课程改革发展得很快，语文教学研究也非常活跃。我们希望这套书能够真正成为小学语文教师有益的朋友。

李春旺

2013 年 6 月